# NOUVELLE BIBLIOTHÈQUE
## D'UN
## HOMME DE GOÛT,

ENTIÈREMENT REFONDUE, CORRIGÉE ET AUGMENTÉE,

*Contenant des jugemens tirés des Journaux les plus connus et des Critiques les plus estimés, sur les meilleurs ouvrages qui ont paru dans tous les genres, tant en France que chez l'Étranger jusqu'à ce jour;*

Par A.-A. BARBIER,

BIBLIOTHÉCAIRE DE S. M. IMPÉRIALE ET ROYALE, ET DE SON CONSEIL D'ÉTAT;

Et N. L. M. DESESSARTS,

Membre de plusieurs Académies.

TOME PREMIER.

A PARIS,

Chez DUMINIL-LESUEUR, Imprimeur-Libraire, rue de la Harpe, N°. 78.

M. DCCC. VIII.

# NOUVELLE BIBLIOTHÈQUE D'UN HOMME DE GOÛT.

*Se trouve à Paris.*

Chez
- Arthus-Bertrand, Libraire, rue Haute-Feuille, N°. 23;
- Barrois l'aîné, Libraire, rue de Savoye, près celle des Grands Augustins;
- Fantin, Libraire, quai des Grands Augustins;
- Treutell et Wurtz, Libraires, rue de Lille;
- P. Mongie l'aîné, Libraire, Cour des Fontaines;
- Brunot-Labbe, Libraire, quai des Augustins.

# DISCOURS

## PRÉLIMINAIRE.

Peu d'ouvrages ont été conçus sur un plan aussi heureux que *la Bibliothèque d'un Homme de Goût*. Quoi de plus agréable, en effet, que de trouver réunies dans quelques volumes, les opinions que des censeurs judicieux ont émises non-seulement sur les chefs-d'œuvres de la littérature ancienne et moderne, mais encore sur tous les ouvrages qui, sans les égaler, peuvent former une bibliothèque choisie ? L'avantage que *la Bibliothèque d'un Homme de Goût* a sur les catologues de livres ordinaires, est de joindre à l'indication des ouvrages, le sujet qui y est traité, la manière dont il est traité, et le jugement qu'en ont porté des critiques renommés par leur esprit et leurs connoissances. La réunion de ces jugemens doit avoir bien plus de poids que l'opinion d'un seul individu, le supposât-on doué des connoissances les plus étendues et du goût le plus pur. Il est impossible, en effet, qu'un seul homme ait lu avec assez d'attention les bons ouvrages qui ont paru dans tous les siècles, dans toutes les langues, sur toutes les matières, pour en porter un jugement précis, clair et impartial. Le Cours de Littérature de M. de la Harpe vient à l'appui de cette assertion. On convient déjà assez généralement que les jugemens de cet habile critique sur les auteurs anciens, n'ont ni la profondeur, ni la justesse que l'on pouvoit attendre d'un littérateur aussi distingué; ses opinions sur les auteurs modernes sont encore plus répréhensibles sous le rapport de la prévention et de la partialité.

Il y avoit donc beaucoup d'avantage

à recueillir des jugemens portés en différens temps par des critiques judicieux sur des productions qu'ils ont pu examiner avec l'attention la plus réfléchie, d'autant plus qu'il est aisé de faire disparoître les traces de prévention qui pourroient exister dans ces jugemens. Aussi l'abbé de la Porte, écrivain laborieux et infatigable, n'eut pas plutôt découvert qu'on avoit publié *la Bibliothèque d'un Homme de Goût*, en 1772, à Avignon, en deux petits volumes in-12 (1), qu'il s'empressa, quelques années après ( en 1777), de faire paroître quatre volumes in-12 sous le même titre.

Cette Bibliothèque devint, par les nouvelles richesses qu'elle avoit acquises, un ouvrage très-utile. Mais la rapidité avec laquelle l'abbé de la Porte travailloit, l'empêcha de corriger les fautes de son prédécesseur, et lui en fit

---

(1) Ces deux volumes ont été réimprimés l'année suivante sous le titre d'*Amsterdam*.

commettre de nouvelles. Il faut qu'il y ait un mérite réel dans cet ouvrage, pour que le public l'ait recherché jusqu'à ce jour, malgré les fautes nombreuses et grossières qui le défigurent.

J'avois conçu depuis long-temps l'idée de corriger celles que j'ai pu découvrir, et de continuer cette Bibliothèque dans les mêmes vues et d'après les mêmes principes qui dirigèrent ses premiers auteurs. Mon projet étoit exécuté en grande partie dès 1788. Mais M. Desessarts ayant donné, en 1798 et 1799, une nouvelle édition de cette Bibliothèque, je lui parlai des matériaux que j'avois recueillis dans le même dessein, et je les lui offris. Il a bien voulu, depuis, accepter mon offre, et nous nous sommes réunis pour donner une nouvelle édition de *la Bibliothèque d'un Homme de Goût*, aussitôt que celle qu'il avoit faite seroit épuisée. Pendant que j'achevois la composition du troisième volume de mon Dictionnaire des ouvages anonimes et pseudonymes, je me suis livré à ce nouveau travail, et je n'ai rien négligé pour rendre *la Bibliothèque d'un Homme de Goût* digne de son titre.

L'édition de 1777 a servi de base à mes recherches. Celle de M. Desessarts a fourni des secours précieux dans plusieurs parties. J'y ai puisé beaucoup d'articles curieux, dont plusieurs ont été retouchés par M. Desessarts, et notamment la plus grande partie des articles relatifs aux orateurs du barreau et surtout aux orateurs qui se sont le plus distingués dans nos différentes assemblées nationales (1).

---

(1) Outre ces articles, qu'on ne trouve pas dans les premières éditions de *la Bibliothèque d'un Homme de Goût*, M. Desessarts s'est chargé de la rédaction des tables particulières de chaque volume, et de la table générale qui sera imprimée à la fin du cinquième volume. Le plan qu'il avoit adopté pour la table de son édition a été trouvé excellent : c'est le même qu'il a suivi, à quelques légers changemens près, dans la rédaction de la table de cette édition.

Une des plus grandes difficultés que j'avois à vaincre, étoit de faire disparoître les erreurs et les inexactitudes, qui ne sont que trop multipliées dans l'édition de 1777 : je vais indiquer quelques-unes de celles que j'ai rectifiées.

Le premier éditeur avoit dit que nous possédions une assez foible traduction en prose des épigrammes de Martial, publiée à Avignon en 1753, in-12. L'abbé de la Porte a répété cette assertion, sans se donner la peine de la vérifier. Il s'agit d'un volume petit in-12, contenant un choix d'épigrammes de Martial, traduites très-platement en français, avec le texte en regard ; ce n'est que depuis six mois que nous avons une nouvelle traduction complète de cet auteur; mais elle est si médiocre, qu'il est douteux qu'elle fasse oublier celle de l'abbé de Marolles.

Dans le chapitre de l'Histoire Universelle, Vincent de Beauvais, de l'ordre des frères prêcheurs, est présenté comme ayant publié son *Miroir Historial* vers le milieu du treizième siècle. Cette manière de parler feroit croire que l'imprimerie existoit à cette époque, tandis que cette admirable invention ne remonte qu'au milieu du quinzième siècle. *Le Miroir Historial* de Vincent de Beauvais ne parut qu'en 1473, 4 vol. in-fol. L'abbé de la Porte s'est exprimé, au sujet de cet ouvrage, avec la même inexactitude que son prédécesseur ; il a aussi répété, d'après lui, que l'abbé Goujet n'a point parlé dans sa *Bibliothèque française*, des poëtes dramatiques. La vérité est que l'abbé Goujet parle des poëtes dramatiques qui ont vécu dans l'intervalle de temps dont il nous a laissé l'histoire.

L'abbé de la Porte est bien moins excusable d'avoir ajouté à ces inexactitudes, une foule d'erreurs plus graves les unes que les autres : voici les plus frappantes.

Pecquet, ancien premier commis des

finances, publia, en 1733, une traduction en prose de la célèbre pastorale de Guarini, intitulée : *le Berger Fidèle*. Le premier auteur de *la Bibliothèque d'un Homme de Goût*, en rendit un compte avantageux d'après la Bibliothèque Française de l'abbé Goujet (1). Cette version, sans être parfaite, parut à ces deux auteurs l'emporter beaucoup sur celle en vers de l'abbé Torche, pour *l'exactitude*, *la fidélité*, et pour les agrémens du style.

Après avoir copié cet article, l'abbé de la Porte affirme qu'on donna, en 1759, une nouvelle traduction du *Pastor fido*, pleine de défauts. « Son auteur, ajoute-t-il d'après *l'Année Littéraire* de Freron (2), paroît avoir de l'esprit; mais il est diffus, mais il n'a aucune étincelle du feu de son original, nul coloris : on ne dira pas de cette version

―――――――――――

(1) Tome VIII, p. 77.
(2) Année 1759, t. VII, p. 289 et suiv.

que c'est *une belle infidèle* ; c'est une copie entièrement défigurée du tableau le plus agréable. » Il ne s'agit cependant ici que d'une nouvelle édition de la traduction de Pecquet. Ainsi, dans une même page, l'abbé de la Porte cite deux jugemens contradictoires sur le même ouvrage.

Dans plusieurs endroits, il métamorphose tantôt des volumes in-4°. en in-12, tantôt des in-12 en in-4°. Ici, il avance qu'un ouvrage en 3 volumes n'en a qu'un ; là, il assure que les Mémoires de Charles Perrault forment 7 vol. in-12., tandis qu'ils ne sont composés que d'un seul.

Dans le compte qu'il rend du *Mercure Historique* de Vittorio Siri, il dit que la traduction de cet ouvrage, par Requier, qui se donna successivement volume par volume, en est au moins actuellement en (1777) à son XX<sup>e</sup>. tome in-12. Cette traduction n'a que 18 volumes et ils ont paru vers 1766 ;

ce qui l'a induit en erreur, est la traduction des Mémoires secrets du même Vittorio Siri, par le même Requier : elle pouvoit avoir 20 volumes au moment où l'abbé de la Porte écrivoit; Requier l'a portée jusqu'au 50e., et l'original italien n'est pas encore entièrement traduit.

L'abbé de la Porte n'a pas plus soigné l'impression de son ouvrage que le fonds de ses articles : les noms propres sont défigurés de la manière la plus étrange dans une infinité d'endroits. On est scandalisé de rencontrer presqu'à chaque paragraphe des mots étonnés de se trouver réunis, des phrases mal construites, des passages qui n'ont aucun sens : voici un exemple de ce dernier genre.

Après l'annonce du dictionnaire de Trévoux, on lit un long article, dont le but est de louer la mauvaise compilation intitulée : *le Grand Vocabulaire*, etc. Il commence ainsi : « quand

» un autre Dictionnaire, *le grand Vo-*
» *cabulaire,* parut, la nation l'accueillit,
» sans doute, à cause de l'*universalité*
» qu'il sembloit embrasser........ »
Toutes les réflexions qui suivent celle-ci,
ne peuvent se rapporter qu'au Dictionnaire de Trévoux, dit Universel.
L'abbé de la Porte devoit s'exprimer
comme son prédécesseur : quand ce
Dictionnaire (celui de Trévoux) parut,
disent les auteurs du Grand Vocabulaire, la nation l'accueillit, etc.; pour
moi j'ai rapporté, en l'abrégeant un peu,
ce jugement sur le Dictionnaire de Trévoux, parce qu'il m'a paru renfermer
une critique aussi fine que judicieuse;
mais je ne me suis cru obligé ni de
citer le Grand Vocabulaire, ni surtout
de louer cette informe compilation.

C'est ici l'occasion d'expliquer la
marche qu'on a suivie en présentant
des jugemens plus ou moins détaillés
sur chaque ouvrage. A-t-on eu tort de
ne citer que rarement les autorités ? En

cela on a imité l'exemple du premier éditeur : les motifs de sa conduite ont paru si sages, si prudens, qu'on va les reproduire ici.

1°. « Les différens journalistes n'étant pas toujours d'accord, il falloit les concilier et combiner leurs jugemens. On ne pouvoit donc citer à la lettre tous les passages qu'on a empruntés d'eux ; si on l'avoit fait, on auroit laissé le lecteur dans l'incertitude.

2°. » Rien n'est plus insipide et n'entraîne plus de longueurs que ce tas de citations continuelles ; il faut employer quatre pages lorsqu'on entasse guillemets sur guillemets, pour dire ce qu'on renfermeroit dans la moitié d'une. C'est ainsi que certains critiques ont surchargé la forme de leurs ouvrages, sans augmenter la valeur du fonds. Ils ont compilé des volumes, pour apprendre au public que les livres qu'il pouvoit lire, se réduisoient à un très-petit nombre. »

Ne seroit-ce pas la multiplicité des citations qui auroit empêché l'estimable Adrien Baillet de terminer son utile ouvrage, intitulé, *Jugemens des Savans*, etc., lequel a beaucoup de rapport avec *la Bibliothèque d'un Homme de Goût ?* Ne pourroit-on pas aussi attribuer à la même cause l'espèce d'oubli où est tombé cet ouvrage ? Qu'il me suffise donc de dire ici que les principales collections dont on a tiré des secours pour rédiger *la Bibliothèque d'un Homme de Goût*, sont *le Journal des Savans*, le plus ancien et le meilleur des journaux ; *la Bibliothèque Française*, de l'abbé Goujet ; *le Nouvelliste du Parnasse*, et *les Observations sur les Ecrits Modernes*, de l'abbé Desfontaines ; *les Lettres sur quelques Ecrits de ce Temps*, et *l'Année Littéraire*, de Freron ; *l'Esprit des Journaux*, *le Mercure de France*, *le Magasin Encyclopédique*, *la Décade Philosophique*, *le Journal de Paris*, *le Moniteur, le Publiciste, les Mémoires Littéraires* de M. Palissot, *le Journal de l'Empire*, etc., etc.

Une partie essentielle des augmentations que renferme cette édition, consiste dans l'indication des meilleures éditions des ouvrages qui y sont cités, tant pour les originaux grecs et latins, que pour leurs traductions en d'autres langues, mais particulièrement en français. Le premier éditeur n'avoit cité que des ouvrages composés ou traduits en notre langue, parce qu'il n'avoit composé sa Bibliothèque que pour un seigneur Français. Quant à nous, qui adressons la nôtre aux Hommes de Goût de tous les pays, nous avons cru devoir leur faire connoître les bonnes éditions des bons ouvrages, principalement dans les langues où ces chefs-d'œuvres ont été écrits. Je suis loin de prétendre qu'il ne reste rien à désirer dans ces indications, qui exigent des recherches beaucoup plus étendues qu'on ne se l'imagine ordinairement : mais je dois déclarer ici qu'en rendant hommage aux magnifiques éditions des Didot, des Bodoni, des Ibarra, nous regardons cependant comme la meilleure édition d'un ouvrage, celle qui doit être jugée la plus utile, soit par la correction du texte, soit par les remarques dont elle est enrichie. Ainsi, nous n'avons point cru devoir indiquer toutes les éditions de luxe dont les riches amateurs aiment à parer leurs cabinets; nous nous sommes bornés, en ce genre, aux articles dont le prix se rapproche des facultés communes.

Des chapitres entiers de notre édition auront le mérite de la nouveauté : tels sont ceux de la Grammaire universelle, des Grammaires et Dictionnaires de différentes langues, de l'Histoire des Livres, etc. Comment l'abbé de la Porte n'avoit-il pas remarqué qu'en ne parlant que des grammaires françaises, il ne remplissoit pas le plan qu'il s'étoit tracé dans les autres parties de son ouvrage ? Quant à l'Histoire Bibliographique, c'est-à-dire, quant aux ouvrages qui contiennent l'histoire et la description des livres, on ne sera pas étonné que j'aie regardé cette addition comme nécessaire : mais je me suis borné aux articles essentiels.

D'un autre côté, on s'est permis beaucoup de retranchemens, soit en modifiant des éloges donnés par complaisance ou par flatterie, soit en omettant des notices d'ouvrages qui n'ont eu qu'une vogue passagère.

Les jugemens consignés dans notre Bibliothèque ne sont pas toujours conformes à ceux de M. de la Harpe. J'en ai indiqué la raison au commencement de ce discours. Les jeunes gens auront à profiter en cherchant de quel côté sont la justice et l'impartialité ; quelquefois les détails bibliographiques dans lesquels j'ai dû entrer, serviront à faire comprendre

comprendre des passages du *Cours de Littérature* qui sont peu intelligibles par eux-mêmes. Je citerai pour exemple l'indication donnée par M. de la Harpe, de la traduction d'Anacréon, par Gacon (1). Il faut lire l'article relatif à cette traduction dans notre premier volume, page 44, pour entendre ce que M. la Harpe a voulu dire.

J'ai, sans doute, découvert et corrigé beaucoup de fautes dans le travail de l'abbé de la Porte, et je n'ai peut-être

___

(1) Cours de Littérature, t. II, p. 107. « Nous avons, dit M. de la Harpe, trois traductions en vers des poésies d'Anacréon, l'une de Gacon, d'une édition très-jolie, avec le grec à côté; l'autre de la Fosse; la dernière, de M. de Sivri. » On pourroit remarquer d'abord que l'énumération n'est pas exacte; car la traduction d'Anacréon en vers, par M. Anson, ayant paru en 1795, devoit être connue de M. de la Harpe; quant à celle de Gacon, de quelle édition veut-il parler? C'est probablement de celle qui a été publiée à Paris en 1754, par MM. de Querlon et Capperonnier; or, dans celle-ci, les vers français ne sont pas à côté, mais à la suite des vers grecs : cela est si vrai, que l'on en trouve des exemplaires qui ne contiennent pas le texte grec.

pu éviter d'en commettre moi-même de plus graves. Puisse le Lecteur ne voir dans la sévérité avec laquelle j'ai traité ce laborieux écrivain, que mon désir d'offrir au Public un ouvrage qui méritât, à de nouveaux titres, les suffrages dont il est honoré depuis long-temps !

Notre première intention étoit de faire paroître à la fois les cinq volumes de notre nouvelle édition ; mais S. M. L'EMPEREUR ET ROI ayant daigné, par une faveur à laquelle j'étois loin de m'attendre, m'honorer de l'emploi de son Bibliothécaire, j'ai été obligé de suspendre mon travail pour remplir mes nouvelles fonctions. Nous nous sommes donc déterminés à annoncer, par un prospectus, que notre édition paroîtroit en deux livraisons, dont la première seroit de trois volumes, et la deuxième de deux.

BARBIER.

# BIBLIOTHÈQUE
### D'UN
## HOMME DE GOÛT.

---

## CHAPITRE PREMIER.

### POËTES ANCIENS.

---

§ I*er. De la Poésie en général.*

LE but de la poésie, chez tous les peuples, a été de plaire en remuant les passions. Ce langage a été plus souvent profané, que consacré par ceux qui l'ont employé. On ne parle point du faux éclat qu'ils ont prêté à des pensées communes ; on parle des vices que la poésie a embellis, et des crimes qu'elle a transformés en vertus. Cependant, malgré ces abus, on aime les poëtes ; et l'on est bien éloigné de blâmer ce goût. Il n'est question que de le contenir dans ses bornes.

Bien des personnes sont médiocrement touchées du talent de la poésie. Si l'on consulte, en effet, une austère philosophie, il est assez difficile de justifier cette gêne que l'on se donne pour exprimer ses pensées avec une certaine cadence, et pour les renfermer dans un certain nombre de syllabes. La parole étant uniquement destinée à faire passer les pensées de notre esprit dans celui des autres, il semble contraire à la raison, de rendre l'usage de ce moyen si difficile et si incommode. Cependant il n'y a point de peuple qui ne prenne plaisir à ces arrangemens de mots et à ces phrases cadencées, soit qu'elles soient rimées, soit qu'elles ne le soient point. Les nations les plus grossières et les plus sauvages, ont leur poésie et leurs chansons. C'est donc un goût général inspiré par la nature, et que la philosophie combat vainement. Et qu'est-ce que la philosophie au prix d'elle? La poésie élève l'âme par la noblesse des images; elle la surprend par la nouveauté des pensées, et la flatte par l'agrément des expressions; et comme il n'y a point de poésie, proprement dite, sans versification, elle la charme par la cadence et l'harmonie qui lui sont essentielles.

D'un autre côté, il est certain que rien n'est

plus désagréable et plus insipide, qu'une poésie médiocre, c'est-à-dire, des idées communes, des expressions foibles et prosaïques. C'est une ancienne maxime qui nous a été transmise par Horace, que la médiocrité n'a jamais été permise aux poëtes. Quoi, en effet, de plus méprisable, que le métier d'un poëte médiocre, c'est-à-dire, d'un homme qui se fatigue pour fatiguer les autres, et qui emploie son temps à leur préparer de l'ennui ! Mais par une illusion naturelle, tout faiseur de vers se croit bon poëte ; et pour conserver le droit d'en faire, il se donne bien de garde de convenir que les siens soient médiocres. La Motte est le seul qui ait attaqué l'axiome d'Horace, et qui ait prétendu qu'un poëte, sans exceller dans son art, ne laissoit pas de mériter de l'estime et des louanges.

C'est en vain qu'on voudroit établir des principes, et donner des règles pour la bonne poésie, en faisant voir en quoi elle consiste, et ce qui la rend médiocre ou mauvaise. C'est la nature et non l'art qui fait les bons poëtes ; les préceptes sont inutiles. Un esprit vif, fécond, juste, fin, délicat, ne s'acquiert point par la voie de l'instruction ; il faut l'avoir reçu en naissant. On peut seulement le perfectionner par le commerce des gens d'esprit et de goût, et par la lecture des originaux. La beauté solide consiste dans la vérité; rien de faux n'est capable de plaire long-temps. Les vers doivent avoir du rapport avec la nature, c'est-à-dire, avec les inclinations les plus naturelles et les plus universelles.

## POËMES ÉPIQUES GRECS.

### HOMÈRE.

On a toujours regardé Homère comme le père et même comme le dieu de la poésie. Ses ouvrages sont plus connus que sa personne. On sait seulement que c'étoit un aveugle qui alloit chanter ses vers dans les villages et les hameaux. Il y a deux poëmes fameux qui portent son nom, l'Iliade et l'Odyssée. Dans le premier, Homère chante les fureurs d'Achille qui se fâche pour une femme, et abandonne les Grecs armés pour ravoir sa maîtresse. Tout est grand, tout est sublime dans ce chef-d'œuvre, à ce que disent les admirateurs de l'antiquité.

Les dieux de l'Iliade agissent d'une manière extravagante; mais faut-il mettre cette extravagance sur le compte d'Homère? Ce poëte, qui probablement étoit philosophe, avoit certainement des idées sur la Divinité, plus justes et plus exactes que le peuple. Mais dans le dessein de plaire aux Grecs et de les instruire, il ne pouvoit faire agir les dieux dans son poëme, que conformément à la théologie populaire. Il n'y a point de poëte épique, qui n'ait embrassé le système de religion et les traditions du pays où il écrivoit. Pourquoi donc feroit-on un crime à Homère d'avoir adopté la religion des Grecs ? Condamnons tant que nous voudrons ses fausses idées ; mais reconnoissons en même temps que le poëte les a mises en œuvre avec autant d'art que d'esprit. Pour faire quelque reproche solide à Homère, il faudroit prouver qu'il n'a pas bien imité le système de la religion des Grecs ; mais si, en supposant le contraire, ses peintures sont vraies et justes, il est ridicule de lui faire un crime d'avoir introduit les dieux de sa nation. Tous les gens sensés avouent qu'il auroit été un très-beau génie dans quelque siècle qu'il eût vécu ; et dès lors, ses ouvrages méritent notre estime. Quelques-uns prétendent que n'ayant peint que les mœurs de son temps, son poëme n'étoit beau que pour les Grecs. Mais quoi ! est-ce qu'on ne prend pas plaisir à considérer un tableau qui représente des héros habillés à l'antique, s'exerçant à des combats, armés selon l'usage du siècle où ils vivoient ? surtout si le peintre a du génie, si le coloris est vif et animé, les traits fiers et hardis, les proportions bien gardées, et l'ordonnance du tableau régulièrement disposée. Faudra-t-il que je sois Grec ou Romain, pour me plaire à ces peintures, qui retracent quelques morceaux d'une ancienne histoire ? Car voilà le véritable point de vue où il faut se mettre, pour juger sainement d'Homère. A-t-il bien imité la nature ? a-t-il bien peint les hommes et les dieux qu'il connoissoit ? S'il a réussi, c'est dès lors un excellent peintre ; et son Iliade me feroit encore plus de plaisir, qu'un tableau qui représenteroit toutes les aventures décrites dans cette même Iliade.

L'autre poëme d'Homère est l'Odyssée. L'auteur célèbre les aventures d'Ulysse, petit roi d'Itaque, après la ruine des Troyens. Il fut errant plusieurs années en divers pays ; voilà ce qui fait proprement le sujet du poëme ; les erreurs d'Ulysse, c'est-à-dire, les travaux et les périls continuels de ses voyages, qui durèrent plusieurs années. Car c'est ce qu'il y a d'essentiel ici, comme Aristote l'a bien remarqué dans le plan qu'il donne de la fable de l'Odyssée. Comme le dessein de ce poëme est différent de celui de l'Iliade, la conduite est aussi toute autre pour le temps. Le caractère du héros est la prudence et la sagesse. Cette modération a laissé au poëte la liberté entière d'étendre son action autant de temps qu'il a voulu, et que ses instructions politiques en demandoient. Il ne s'est donc pas contenté de donner quelques semaines à cette action, comme il a fait à celle de l'Iliade ; mais il y a employé huit ans et demi, depuis la prise de Troie où elle commence, jusqu'à la paix d'Itaque où elle finit. Comme la prudence ne se forme qu'avec un long temps, le poëte a donné plusieurs années à une fable, où il expose les aventures d'un homme qui ne surmonte les obstacles que la fortune peut lui opposer, que par la prudence qu'il a acquise dans ses longues courses.

Ces deux ouvrages, l'Iliade et l'Odyssée, ont fait regarder Homère comme la Divinité du Parnasse ; mais il s'est trouvé, dans le 17e. siècle, et dans le 18e., plusieurs infidèles qui ont voulu renverser ses autels. Ces censeurs ont tout critiqué, jusqu'au dessein d'Homère ; et descendant du plan aux détails, ils ont trouvé ridicule que des rois et de grands capitaines fissent leur cuisine eux-mêmes ; que leurs mets les plus délicats fussent du bœuf, du mouton, du porc grillé sur les charbons; que leurs richesses ne consistassent qu'en bestiaux; qu'ils se fissent des présens de chaudières, de trépieds et d'autres choses semblables ; qu'Homère fît pleurer ses héros ; qu'il leur mît dans la bouche des injures, lorsqu'ils sont en colère. Ils ont condamné ses fictions touchant les dieux comme puériles. Ils ont censuré ses comparaisons, ses épithètes, ses fréquentes répétitions. Selon eux, Homère s'abandonne à l'emportement et à l'intempérance de son imagination, sans aucun discernement. Il sort presque toujours de son sujet, par la multiplicité et par l'attirail de ses épisodes. Il est moins soigneux de bien penser que de bien dire ; et cependant son style est souvent trop simple, trop dénué d'ornemens, ou du moins il y en a peu qui soient de notre goût. Sa morale ne leur plaît pas davantage, et en beaucoup d'endroits ils la trouvent très-dangereuse pour les bonnes mœurs.

Les défenseurs d'Homère, en avouant une partie de ses défauts, ne tarissent point sur ses beautés. Suivant eux tout respire, tout agit
dans

dans ses poëmes; c'est le peintre de la nature. Tous ses héros ont de la valeur; mais les traits dont il peint leur courage sont aussi variés, que leurs caractères même. Son coloris est celui d'un grand maître; et son expression prend toujours la couleur de sa pensée.

De si grands talens n'ont jamais pu désarmer l'envie. Zoïle, dans l'antiquité, déprima tant qu'il put Homère; et il a trouvé des imitateurs en France. Le premier qui, chez nous, osa s'élever contre lui, fut l'abbé de Boisrobert, écrivain médiocre, mais célèbre par sa faveur auprès du cardinal de Richelieu. Il comparoit le divin Homère à ces chanteurs de carrefours qui ne débitent leurs vers qu'à la canaille. Desmarets de Saint-Sorlin, ensuite Charles Perrault, l'auteur du Parallèle des anciens et des modernes, se mirent sur les rangs. Mais ce dernier adversaire paroissoit si peu redoutable, que le plus vif partisan des anciens, Despréaux, demeuroit dans le silence. Cette indifférence, dans un homme dont la bile étoit si facile à émouvoir, à la moindre atteinte contre le bon goût et la raison, étonna singulièrement le prince de Conti, qui dit publiquement un jour, qu'il iroit à l'Académie Française écrire sur la place de Despréaux:

*tu dors, Brutus.* Le satirique se réveilla enfin ; mais sans vouloir s'amuser à défendre Homère contre les critiques superficielles de l'auteur du Parallèle, il s'attacha uniquement à relever les bévues de ce ridicule antagoniste ; et la dispute fut terminée par rire aux dépens de Perrault.

Houdart de La Motte, plus bel esprit que Perrault, mais non moins ignorant, a depuis renouvelé la querelle. Il traduisit Homère en vers français, et en fit une critique raisonnée. La marquise de Lambert, l'abbé Terrasson et l'abbé de Pons, qu'on appeloit le Bossu de La Motte, se rangèrent de son côté contre les défenseurs du poëte Grec, à la tête desquels étoit la savante madame Dacier. Les Dissertations de La Motte sont bien écrites, et contiennent des observations utiles ; mais il jugeoit un poëte Grec ; et il n'entendoit pas le Grec. Il ressembloit à un magistrat qui voudroit terminer un procès sans pouvoir lire les pièces.

D'autres écrivains parurent dans cette dispute ; mais ce fut pour se moquer des deux partis. On fit de cette ridicule querelle le sujet de quelques farces. Les acteurs de la Foire représentèrent Arlequin défenseur d'Homère.

Dans cette pièce, arlequin tiroit respectueusement l'Iliade d'une châsse, prenoit successivement par le menton les acteurs et les actrices, et la leur donnoit à baiser en réparation de tous les outrages faits à Homère. Il y eut aussi une estampe, dans laquelle on représentoit un âne qui broutoit l'Iliade, avec ces vers au bas contre la traduction qu'en avoit donnée La Motte, qui avoit réduit l'Iliade en douze chants :

> Douze Livres mangés,
> Et douze estropiés.

Ces plaisanteries ne cessèrent que par l'entremise du sage Valincourt, qui dessilla les yeux des parties intéressées, et leur fit voir enfin le ridicule dont elles se couvroient. La paix se fit dans un repas que Valincourt leur donna, et où étoit madame de Staal. « J'y » représentai, dit-elle, la Neutralité. On but » à la santé d'Homère ; et tout se passa bien. » Dans le temps de ces querelles littéraires, on écrivit ces quatre vers sur la porte du cabinet de l'Académie Française :

> La Motte et la Dacier, avec un zèle égal,
> Se battent pour Homère, et n'y gagneront rien.
> L'une l'entend trop bien pour en dire du mal ;
> L'autre l'entend trop mal pour en dire du bien.

On trouvera plus de détails sur la vie et les écrits d'Homère dans l'ouvrage de *Wood,* intitulé : *essai sur le génie original d'Homère,* traduit par M. *Demeünier,* en 1775, in-8°., et dans celui de *Blackwel,* traduit par M. *Quatremère de Roissy,* sous le titre de *recherches sur la vie et les écrits d'Homère*, an VII, (1797), in-8°.; ce dernier ouvrage au lieu de perdre sous la plume du traducteur, a acquis de la clarté et de la précision : la lecture de ces recherches est une excellente introduction à l'étude des ouvrages d'Homère.

La première édition d'Homère en grec, est celle de Chalcondyle, Florence, 1488, 2 vol. in-fol.

Les plus belles éditions grecques et latines, sont : 1°. celle de Schrévelius, 1656, 2 vol. in-4°; 2°. celle de Barnès, 1711, 2 vol. in-4°.; 3°. celle de Clarke, 1754, 4 vol. in-4°.; 4°. celle d'Ernesti, 1759, 5 vol. in-8°.

## TRADUCTIONS.

### MADAME DACIER.

La traduction la plus littérale que nous ayons des productions du poëte Grec, est due à une femme. Madame Dacier donna l'Iliade en 1711, et l'Odyssée en 1716. C'est celle qui fait le mieux connoître Homère avec toutes ses grandes qualités, comme avec ses défauts, quoique ceux-ci y soient quelquefois déguisés ou adoucis autant que l'exactitude d'une traduction, qui n'a rien de servile, a pu le permettre, et que le génie de notre langue semble l'avoir exigé.

## M. BITAUBÉ.

M. Bitaubé avoit donné, en 1762, une traduction libre et abrégée de l'Iliade; il avoit écarté les imperfections, et ne s'étoit attaché qu'aux beautés. Cette version ne faisoit pas connoître Homère tel qu'il est; c'étoit un vieillard de trois mille ans, habillé à la moderne; mais il a suivi un système différent dans sa nouvelle traduction de l'Iliade et dans celle de l'Odyssée, Paris, 1780 et 1785, 6 vol. in-8°. Il s'est attaché à conserver les figures d'Homère, l'ordre de ses idées, et jusqu'à la place de ses mots, autant que le permet le génie de notre langue. Il y a souvent réussi; sa traduction est fidèle et élégante, quoiqu'elle manque quelquefois de facilité et de grâce; ses remarques sont instructives, et tout concourt à en faire un ouvrage classique.

La prose de madame Dacier est diffuse, traînante, sans coloris, sans harmonie; souvent même elle pèche contre les lois du langage ; celle de M. Bitaubé est, en général, noble, vive, pittoresque, nombreuse et correcte.

### M. GIN.

M. Gin a publié une traduction complète des œuvres d'Homère, en 8 vol. in-8°. et in-12, Paris, 1784; grâce aux soins du nouveau traducteur, nous avons dans notre langue tout ce qu'a écrit Homère, et les ouvrages même dont on ne fait que le soupçonner d'être l'auteur.

On possède deux versions en beaux vers latins, des deux poëmes d'Homère, et elles mériteroient d'entrer dans la collection de M. Barbou ; en voici les titres : *Homeri Ilias latinis versibus expressa, à Raimundo Cunichio, Ragusino. Romæ,* 1777, gr. in-8°. *Homeri Odyssea latinis versibus expressa, à Bernardo Zamagná, Ragusino. Senis,* 1778, gr. in-8°.

### LA MOTTE.

On sait que La Motte ne se contenta pas de déprimer l'Iliade d'Homère ; il prit un moyen plus sûr d'avilir le poëte Grec ; ce fut de le travestir en vers français. En effet, La Motte ne fit d'un corps plein d'embonpoint et de vie, qu'un squelette aride et désagréable. Toutes les fleurs du poëte Grec se fanent entre ses mains.

>Le traducteur qui rima l'Iliade,
>De douze chants prétendit l'abréger;
>Mais par son style aussi triste que fade,
>De douze en sus il a su l'allonger:
>Or le lecteur qui se sent affliger,
>Le donne au diable et dit perdant haleine:
>Hé finissez, rimeur à la douzaine!
>Vos abrégés sont longs au dernier point.
>Ami lecteur, vous voilà bien en peine,
>Rendons-les courts en ne les lisant point.

Cette épigramme est de Rousseau; et La Motte la méritoit en partie. Mais en condamnant ses vers, il falloit savoir rendre justice à sa prose. Le discours préliminaire qui est à la tête de sa traduction, est très-bien fait.

Pour traduire Homère en vers français, et surtout pour l'abréger en lui donnant une forme nouvelle, il falloit beaucoup de génie; La Motte n'avoit que beaucoup d'esprit. Ne pouvant s'élever au-dessus de lui-même dans ce grand genre, il est resté bien au-dessous du médiocre; et pour trancher le mot, il n'a fait qu'un mauvais poëme. En général, le style en est sec et froid, les vers foibles, petits, contrefaits, la poésie sans pompe, sans âme, sans chaleur; quelle audace de vouloir rendre dans notre langue, le poëte le plus enflammé, le plus nerveux et le plus sublime, sans les talens nécessaires pour une si haute entreprise! L'auteur, par cette témérité aussi mal soutenue et aussi-bien punie que celle de Phaéton, s'est dégradé dans l'esprit d'un grand nombre de connoisseurs, qui refusent à ses autres ouvrages la justice qui leur est due. Ils ne peuvent reconnoître du talent et du goût dans un homme qui substitue de petits traits ingenieux à de grands coups de pinceau, négligés comme la nature; qui met la froide symétrie de la raison à la place d'un certain désordre que le génie laisse toujours dans sa marche, parce qu'il est plus occupé de franchir la carrière, comme un vigoureux athlète, que de s'y promener avec les airs affectés d'un petit-maître.

Que La Motte se trompoit grossièrement, lorsqu'après l'apparition de l'ombre d'Homère, qu'il se procuroit dans une ode, il s'écrioit :

> Homère m'a laissé sa muse ;
> Et si mon orgueil ne m'abuse,
> Je vais faire ce qu'il eût fait.

C'étoit annoncer par de fort méchans vers, qu'il se croyoit en état d'en faire d'admirables.

Mais

Mais d'où vient l'énorme différence qui se trouve entre Homère et son abréviateur ? J'en ai déjà laissé entrevoir la raison; c'est qu'encore une fois, on ne peut avoir plus de génie que l'un, ni plus d'esprit que l'autre. Ceci peut paroître un paradoxe. Je m'explique : ce qu'on appelle de l'esprit est à mes yeux le fléau du génie. Plus un ouvrage tient de l'un, plus on altère ses beautés en les remplaçant par les gentillesses de l'autre. Le sentiment et la nature ont deux mortels ennemis, l'esprit et l'art; dans la poésie épique surtout, on ne doit faire cas que du génie.

Pour juger combien le génie et le talent sont au-dessus de l'esprit et de l'art, il suffit de se rappeler quelques endroits d'Homère, imités par Despréaux dans son Traité du Sublime, et de leur opposer ceux qui y répondent dans l'Iliade française ; c'est le moyen de faire voir tout à la fois comment il faut traduire Homère, et comment il ne faut pas le traduire.

> C'est ainsi que les flots qu'a soulevés l'orage,
> Menacent à grand bruit un vaisseau du naufrage ;
> L'un sur l'autre poussés, ils atteignent son bord.
> Dans les voiles le vent frémit avec effort.
> La mer blanchit d'écume, et l'horrible tempête
> Des pâles matelots environne la tête.
> Le pilote troublé n'agit plus qu'au hasard,
> Et trouve le péril au-dessus de son art.

Voilà M. de La Motte, voici Boileau.

> Comme l'on voit les flots, soulevés par l'orage,
> Fondre sur un vaisseau qui s'oppose à leur rage :
> Le vent avec fureur dans les voiles frémit ;
> La mer blanchit d'écume, et l'air au loin gémit.
> Le matelot troublé, que son art abandonne,
> Croit voir dans chaque flot la mort qui l'environne.

Quelle harmonie, quelle force, quelle rapidité ! Boileau semble peindre comme Homère, le péril jusque dans les mots et les syllabes. La versification de La Motte, au contraire, est rude, traînante et désunie ; l'image enfin perd avec lui tout ce qu'Homère lui donne de grand et de terrible, par une vive imitation de la nature.

Deux vers suffisent pour distinguer le vrai poëte du foible rimeur. Despréaux rend ainsi le trait d'Ajax dans Homère.

> Grand Dieu, chasse la nuit qui nous couvre les yeux,
> Et combats contre nous à la clarté des cieux.

La Motte défigure ce passage.

> Ah! faut-il, dit Ajax, que je perde mes coups!
> Grand Dieu, rends-nous le jour et combats contre nous.

La belle scène du quatrième acte d'Iphigénie, où Racine peint l'emportement d'Achille contre Agamemnon, par les reproches les plus vifs empruntés d'Homère, fait encore mieux sentir combien le grand poëte est au-dessus du versificateur ordinaire.

## M. DE ROCHEFORT.

Il est difficile avec les entraves de la rime et le retour symétrique des rimes masculines et féminines, de pouvoir donner une traduction d'Homère qui plaise. On lit pourtant avec plaisir l'Iliade et l'Odyssée, traduites en vers, avec des remarques, par M. de Rochefort; Paris, 1780 et 1782, 2 vol. in-4°.

Cet ouvrage est très-estimable par le mérite de la difficulté vaincue, et par l'avantage que les personnes, qui ne savent pas le Grec, en retireront, de connoître et de sentir le génie d'Homère. De plus, le traducteur rapporte dans ses notes, les passages que Virgile, le Tasse et beaucoup d'autres ont particulièrement imités. Il offre par là d'agréables délassemens et des leçons utiles, en nous mettant à portée de comparer la manière du poëte Grec, avec celle de ses imitateurs. La traduction est facile en général, et ne se ressent point de ce qu'elle a dû coûter. Il y a sans doute des imperfections; elles sont très-pardonnables dans un écrit de cette étendue. Il s'y trouve quelques vers foibles de couleur, quelques autres un peu prosaïques, quelques mauvaises rimes et quelques endroits négligés. Les dix-huit derniers livres de l'Iliade m'ont paru mieux travaillés que les six premiers. Il faut convenir néanmoins, qu'il n'est guère possible de lire de suite tous ces volumes de vers; mais ce n'est peut-être ni la faute d'Homère, ni celle de son nouvel interprète. La foiblesse de notre prosodie, qui n'est pas assez marquée, la pesanteur de notre mètre, le retour éternel et soporifique de nos rimes féminines, en sont probablement les causes.

## M. LE BRUN.

Tout sembloit dit sur Homère, soit dans la préface de madame Dacier, soit dans celle que Pope a mise à la tête de sa traduction de l'Iliade, soit enfin dans celle qu'a donnée M. de Rochefort. Cependant on trouve à la tête de la traduction de M. le Brun, un développement nouveau de la théologie, de la morale et de la politique d'Homère; le discours qui offre ce développement précieux, est remarquable par un style noble, rapide et plein de feu. La traduction de M. le Brun est également remarquable par beaucoup d'énergie et de précision, qualités rares, qu'on ne trouve réunies que dans les meilleures traductions, au nombre desquelles on doit placer celle-ci. Imprimée à Paris en 1776, 3 vol. in-4°. avec figures, 3 vol. in-8°., et 2 vol. in-12, elle est devenue rare. Les amateurs éclairés désirent depuis long-temps qu'il en paroisse une nouvelle édition.

## FÉNÉLON.

On trouve dans les Œuvres complètes de Fénélon, six livres de l'Odyssée, traduits par cet élégant écrivain.

## QUINTUS DE SMYRNE.

Les critiques ne s'accordent pas plus sur la patrie et l'époque de la naissance de ce poëte, que sur ce qui regarde Homère. L'opinion la plus commune est qu'il doit avoir vécu dans le cinquième siècle, sous le règne de Zénon ou d'Athanase, et qu'il a passé la plus grande partie de sa vie dans un lieu voisin de Smyrne, où il dit lui-même avoir composé l'ouvrage qu'il nous a laissé : ce sont *quatorze livres de supplémens à l'Iliade d'Homère*, dans lesquels on trouve la continuation de la guerre de Troye, depuis la mort d'Hector jusqu'à la prise de cette ville. Quelques littérateurs célèbres pensent que le poëme de Quintus de Smyrne est digne d'Homère, si même il n'est pas de lui; d'autres disent qu'il n'approche pas d'Homère, quoique son style soit assez net, et qu'il ne soit ni trop enflé ni trop hardi.

La première édition de Quintus de Smyrne, est celle d'Alde Manuce, in-8°., sans date, mais qui paroît faite vers 1504, quoiqu'on lui assigne la date de 1521.

La meilleure édition grecque et latine, est celle de 1734, in-8°., due à Corneille de Pauw.

## M. TOURLET.

M. Tourlet a publié la première traduction française de cet auteur, Paris, 1800, 2 vol. in-8°. Elle est écrite d'un style fort agréable, mais pas toujours également soigné : on lui doit néanmoins des remercîmens de nous avoir fait lire dans notre langue un poëme qui présente des faits essentiels à connoître pour la parfaite intelligence des poëtes anciens.

## MUSÉE.

Ce poëte, né avant Homère, est élève d'Orphée. Le poëme de Léandre et Héro, qui lui est attribué communément, est d'une origine bien postérieure, et vraisemblablement du cinquième siècle après J. C. Ce poëme a quelques passages d'une grande beauté; mais il ne respire nullement la simplicité du siècle auquel on le fait remonter. Il contient l'histoire de Héro, jeune prêtresse de Vénus dans la ville de Seste, et de Léandre, jeune homme d'Abyde, si fameux l'un et l'autre par l'ardeur de leur amour mutuel, et par la singularité du genre de leur mort. Le prétendu Musée s'est servi du vers héroïque dans son poëme, parce que sa pièce renfermant un récit suivi, approchoit plus du poëme héroïque, que d'un autre genre de poésie; son ouvrage est en général plein de délicatesse, le style en est pur; les expressions en sont choisies, mais quelquefois trop recherchées.

La première édition de Musée, est celle d'Alde, vers 1494, in-4°. On croit que c'est le premier ouvrage que ce célèbre imprimeur a fait paroître.

La meilleure édition grecque et latine, est celle de Schroderus, Leovardiæ, 1742, in-8°.

Cet ouvrage a été souvent traduit dans presque toutes les langues de l'Europe.

MAROT, MARIGNY, BERNIS, BERNARD, MM. MOLLEVAUT ET DENNE BARON.

Les Muses françaises se sont plu à prêter au

poëte Grec, l'agrément de nos rimes. Clément *Marot* a le premier donné l'exemple, et sa traduction, moitié française, moitié gauloise,

<small>Dans son vieux style encore a des grâces naïves.</small>

L'abbé de *Marigny*, connu par le poëme du *Pain Bénit*, a donné une traduction de Musée, qui est foible et prosaïque ; on la trouve dans le recueil intitulé *Furet Littéraire*, publié par M. Mercier de Compiegne, en 1800, in-12.

*Bernis*, dans les *quatre parties du jour*, a consacré la nuit à l'aventure de Léandre et Héro. Il y a dans ses images plus d'abondance que de choix, plus de luxe que de richesses.

On trouve dans le poëme de *Phrosine* et *Mélidor* de *Bernard*, moins de sentiment que d'esprit, une recherche pénible d'élégance et de précision.

La traduction publiée par M. *Mollevaut* fils, en 1805, est supérieure aux précédentes; elle fait concevoir d'heureuses espérances.

M. *Denne Baron* a étendu le petit poëme de Musée, en quatre chants, dans le poëme qu'il a donné en 1806, chez le Normant, 1 vol. in-12. Il y a fait entrer des imitations d'Homère, de Virgile, de Milton. On reconnoît

noît dans ce nouveau poëme un talent susceptible de s'élever à des beautés réelles ; et s'il n'est guères de morceaux absolument exempts de taches, il n'en est point aussi qui n'offrent des vers très-bien faits, d'une tournure et d'une expression également agréables ; les notes annoncent une érudition variée.

## MM. MOUTONNET DE CLAIRFONS, LA PORTE DU THEIL ET GAIL.

Plusieurs auteurs ont traduit Musée en prose. M. Moutonnet de Clairfons a mis sa traduction à la suite de celle d'Anacréon, 1781, 2 vol. in-12. On préfère la version de M. la Porte du Theil, 1784, in-12, avec le texte ; celle-ci conserve les grâces de l'original.

Le texte grec et la version latine que M. Gail a ajoutés à sa traduction, la feront rechercher ; il l'a publiée en 1796, in-4°.

## HÉSIODE.

Nous avons de cet auteur le poëme des Ouvrages et des Jours, et la Théogonie ou généalogie des Dieux ; ces deux poëmes n'ont rien de grand que leur sujet ; ils sont sans art, sans invention et sans autre agrément, que celui qui peut convenir au genre d'écrire médiocre ;

mais Hésiode écrivoit en grec, et les plus petites choses acquièrent un prix infini dans cette langue admirable.

La première édition d'Hésiode est de 1495, chez Alde Manuce, imprimée à la suite de Théocrite, in-fol.

Les éditions grecques et latines que l'on doit préférer, sont celles d'Amsterdam, 1701, in-8°, et celle de Leipsic, donnée par Loesnerus sur celle de Robinson, 1778, in-8°.

On prendra une idée de ce poëte, dans l'*Origine des dieux du Paganisme et le sens des fables*, avec *une traduction des poésies d'Hésiode* par M. Bergier, 1774, 2 vol. in-12. Cette version est aussi fidèle qu'élégante, et ce que l'auteur y ajoute pour éclaircir la Mythologie, ne peut qu'être le fruit d'un savoir profond.

On trouve une traduction en vers du poëme des Travaux et des Jours, par M. le Franc de Pompignan, dans la collection de ses Œuvres, 1784, 6 vol. in-8°.; elle a été réimprimée avec la traduction des Géorgiques, du même auteur, en 1798, in-12.

Hésiode n'a pas l'art, comme Virgile dans ses Géorgiques, d'égayer son poëme par des morceaux piquans et ingénieux. A la place d'épisodes, ce sont de très-longs traits de morale; en sorte que l'objet de son ouvrage paroît être plutôt les mœurs des hommes, que la nature des choses, ou les travaux de la campagne, qu'il s'est proposé néanmoins de traiter, et qu'il traite fort superficiellement. Peu de poésie dans Hésiode : c'est moins un poëte qu'un versificateur philosophe.

## APOLLONIUS DE RHODES.

Ce poëte naquit à Alexandrie sous le règne de Ptolomée Evergètes; son surnom lui vient de ce qu'il enseigna long-temps la rhétorique dans la ville de Rhodes. La *Conquête de la Toison d'Or* est le sujet du poëme en quatre chants qu'il nous a laissé. « Une entre-
» prise périlleuse, exécutée par des héros, en-
» fans des dieux, dit M. Clément de Dijon,
» les premiers prodiges de la navigation, le
» contraste des peuples barbares et des peu-
» plés civilisés, ce mélange des mœurs et des
» passions de l'Europe et de l'Asie, qui n'a
» jamais manqué son effet, et qui donne tant
» de mouvement et de variété à l'Iliade et à
» la Jérusalem Délivrée, quoique ces deux
» poëmes aient été composés à des époques si
» différentes, les plus grands noms, des récits

» extraordinaires, la description de pays
» ignorés, tout, en un mot, favorisoit l'en-
» thousiasme et les grandes créations poéti-
» ques. Ce voyage, à la fois historique et fa-
» buleux, présente le spectacle de l'industrie
» humaine, qui traverse des mers inconnues,
» découvre de nouvelles terres et triomphe
» de tous les dangers. »

Pour une épopée de ce genre, ajoute le même critique, le plan d'Appollonius est trop circonscrit et trop timide ; on voit qu'il se défie de ses propres forces, et qu'il est incapable de faire mouvoir les ressorts d'une grande machine. Il se traîne trop servilement sur les traditions connues avant lui, et ne choisit pas toujours ce qu'elles offrent de plus original et de plus intéressant.

Mais si la première conception de son poëme manque de force et d'élévation, il renferme au moins des beautés de détail d'un ordre très-distingué. Le tableau des adieux de Jason et de sa mère, celui des amours de Médée sont très-remarquables; c'est à ce dernier tableau que nous devons le bel épisode des amours de Didon dans l'Enéide.

La première édition d'Apollonius de Rhodes a été donnée à Florence, en 1496, in-4°.

Les meilleurs éditions grecques et latines, sont celle de Shaw, 1777, in-4°.; et celle de Brunck, 1780, in-8°.

## M. CAUSSIN.

La traduction que M. Caussin a publiée de l'Expédition des Argonautes, Paris, 1796, in-8°.; est un travail très-estimable; les fautes y sont rares, et le style en est ordinairement très-pur et très-sain; il mérite d'entrer dans les bibliothèques de ceux qui aiment les lettres, la nature et l'antiquité.

# POËTES DRAMATIQUES GRECS.

## THESPIS.

La Grèce a été féconde en poëtes dramatiques. Thespis est regardé comme l'inventeur de la tragédie. Son art, comme on le sent bien, étoit alors extrêmement grossier. Il barbouilloit de lie le visage des farceurs, et les promenoit dans les campagnes sur un tombereau qui leur servoit de théâtre.

## ESCHYLE.

Eschyle, qui vint ensuite, fit beaucoup mieux; il s'attacha à donner de la noblesse à la tragédie, et à y mettre de la vérité. Il porta son attention jusque sur les habits de ses acteurs, qu'il rendit héroïques. Ce père de la tragédie est plein de verve, d'énergie et de sensibilité. Quelle conduite dans la plupart de ses pièces! quelle variété, quel pathétique! N'est-il pas étonnant que l'inventeur de l'art l'ait porté, pour ainsi dire, à son plus haut degré de perfection? Son cœur brûloit de l'amour de la vertu; de là, ce sublime qui règne dans une grande partie de ses chœurs. Sans doute ce poëte a des défauts; mais ils sont rachetés par mille beautés. Les auteurs tragiques qui vinrent après lui, l'alloient invoquer sur son tombeau; ils déclamoient leurs pièces autour de ce monument. Les jeunes poëtes, qui parmi nous se destinent au théâtre, peuvent mieux faire; c'est d'étudier Eschyle, de le méditer, de se remplir de son esprit. Homère et lui me paroissent les deux hommes à qui la nature a le plus accordé de génie; et quiconque aspire aux lauriers de la poésie, ne sauroit trop se pénétrer de la lecture de ces immortels écrivains.

La première édition complète d'Eschyle est celle que donna Robortel, en 1552, in-8°.

Les éditions grecques et latines que l'on préférera, sont celle de Brunck, 1779, in-8°.; et celle de Schütz, 1782 - 1784, 4 vol. in-8°.

## SOPHOCLE.

Le style de Sophocle étoit grand et élevé. Il eut pour rival le tendre Euripide, dont la poésie étoit touchante et remplie d'excellentes maximes de morale. Athènes se partagea entre ces deux tragiques, qui avoient chacun leurs partisans. Quoi qu'il en soit, ils portèrent leur art à un si haut point de perfection, qu'il ne fit plus que décliner depuis.

Alde l'ancien a donné, en 1502, in-8°., la première édition de Sophocle, qui est excellente au jugement de Brunck.

La meilleure édition grecque et latine, est celle de Brunck, Strasbourg, 1787, 4 vol. in-8°.

## TRADUCTIONS.

### LE PÈRE BRUMOY.

La plupart des tragédies que Sophocle avoit composées, sont perdues. On en compte plus de cent, dont il ne reste que sept; trois de celles que le temps a épargnées, l'Œdipe, l'Electre et le Philoctète, ont été traduites dans notre langue par le Père Brumoy; il s'est contenté de donner le précis des autres, avec la version de quelques morceaux qui lui avoient paru mériter d'être connus.

## M. DUPUY.

Le Théâtre des Grecs du Père Brumoy avoit besoin, pour sa perfection, d'une espèce de supplément. C'est ce qu'a exécuté M. Dupuy, de l'Académie des Belles-Lettres ; il a traduit ces quatres tragédies, négligées par le Père Brumoy ; et sa traduction est assez estimée ; elle a paru en 1762, in-4°., et en 2 vol. in-12.

## M. DE ROCHEFORT.

M. de Rochefort a publié le Théâtre de Sophocle, traduit en entier, avec des remarques, un examen de chaque pièce, et une vie de Sophocle, Paris 1788, 2 vol. in-8°.

## EURIPIDE.

Les tragédies de ce poëte firent l'admiration des Grecs et des étrangers. De soixante-quinze pièces qu'il avoit composées, il ne nous en reste que dix-neuf. Euripide excelloit à exprimer l'amour, et surtout l'amour furieux et passionné, tel qu'il doit être sur le théâtre. Il est tendre, touchant, pathétique. Racine l'a fait revivre. Il hérita de son esprit ; mais il lui prêta plus de charmes, et l'accompagna

pagna de plus de goût. L'Andromaque d'Euripide fit une impression si vive sur les Abdérites, qu'ils furent tous atteints d'une espèce de folie, causée par le trouble que la représentation de cette pièce avoit jeté dans leur imagination. Quoiqu'Euripide fût moins élevé que Sophocle, il savoit être grand quand le sujet l'exigeoit. Les pensées les plus communes recevoient en passant par son imagination, ce tour heureux qui les rend sublimes. Ce qui intéresse surtout la philosophie, c'est que ses pièces respirent la plus belle morale qu'il avoit puisée à l'école de Socrate.

La première édition d'Euripide a été imprimée par Alde l'ancien, en 1503, 2 vol. in-8°.

La meilleure édition grecque et latine, est celle de Beckius, 1778-1788, 3 vol. in-4°.

M. Prévost, de Genève, a publié une traduction des Tragédies de cet auteur, Paris, 1782, 3 vol. in-12.

## POËTES COMIQUES.

### ARISTOPHANE.

Les Grecs ne furent pas aussi heureux en poëtes comiques, qu'en poëtes tragiques; à

l'exception du Cyclope d'Euripide, qui ressemble plus cependant à une farce qu'à une comédie, il ne nous reste des ouvrages entiers que d'Aristophane : encore n'en avons-nous que la moindre partie. De plus de cinquante comédies que ce poëte avoit composées, onze seulement sont parvenues jusqu'à nous ; et c'est même trop, si l'on fait attention à l'abus qu'il a fait de son esprit. « Ce poëte comi-
» que, dit Voltaire, qui n'est ni comique, ni
» poëte, n'auroit pas été admis parmi nous à
» donner ses farces à la Foire Saint-Laurent;
» il me paroît beaucoup plus bas et beaucoup
» plus méprisable, que Plutarque ne le dé-
» peint. Voici ce que le sage Plutarque dit de
» ce farceur. Le langage d'Aristophane sent
» son misérable charlatan ; ce sont les poin-
» tes les plus basses et les plus dégoûtantes ;
» il n'est pas même plaisant pour le peuple,
» et il est insupportable aux gens de jugement
» et d'honneur ; on ne peut souffrir son arro-
» gance ; et les gens de bien détestent sa ma-
» lignité. C'est donc là, pour le dire en pas-
» sant, le Tabarin que madame Dacier, ad-
» miratrice de Socrate, ose admirer : voilà
» l'homme qui prépara de loin le poison, dont
» des juges infâmes firent périr l'homme le

» plus vertueux de la Grèce. Les tanneurs,
» les cordonniers et les couturières d'Athè-
» nes applaudirent à une farce, dans laquelle
» on représentoit Socrate élévé en l'air dans
» un panier, annonçant qu'il n'y avoit point
» de Dieu, et se vantant d'avoir volé un man-
» teau en enseignant la philosophie. » Cette
audace cynique fut réprimée; et l'on vit paroître la comédie moyenne, et enfin la comédie nouvelle, que Menandre inventa et mit
en honneur. Il n'épargna pas le vice, ni le
ridicule; mais sa satire est fine et délicate:
sans oser se permettre d'odieuses personnali-
tés, il corrige les hommes avec tous les égards
qu'impose la probité.

## TRADUCTIONS.

### LE PÈRE BRUMOY, LE FRANC DE POMPIGNAN, M. LA PORTE DU THEIL ET AUTRES.

Il y a des taches dans le théâtre des Grecs du Père Brumoy. Ce jésuite paroît faire trop de cas des plaisanteries fades et puériles qui naissent des jeux de mots, lesquelles sont ordinairement très-froides. Le style de l'auteur n'est ni assez coulant, ni assez simple; les métaphores hardies, qui ne doivent se trouver dans un ouvrage que comme les dissonances dans un morceau de musique, y dominent; et quelquefois ces métaphores sont, ou mal soutenues, ou trop étrangères.

Il y a cependant beaucoup de goût dans sa manière de penser; il cherche à nous ramener à la source du beau; il ouvre cette source à ceux qui ignorent la langue grecque; et il n'oublie rien pour rendre aux anciens le degré d'estime qu'ils méritent : à l'égard de la diction, il est bien difficile qu'une imagination familiarisée avec la pompe de la poésie, n'en laisse quelque trace dans le style même didactique, si ennemi de l'enflure. On ne peut nier que ses traductions ne soient exactes et élégantes. Ce qui plaît surtout, c'est qu'il n'a point noyé le texte dans un abîme de notes, défaut ordinaire à ces petits scholiastes, dont tout le talent est de compiler avec scrupule; on ne voit ni affectation d'érudition, ni excès d'admiration pour les anciens. Un peu plus d'ordre dans ses discours, plus de précision et de simplicité dans son style, auroient encore embelli cet ouvrage. Il me semble que dans un écrit où l'on s'érige en philosophe, il ne sied pas d'employer un langage si métaphorique.

On regrette que le Père Brumoy ne nous ait fait connoître que par des extraits, plusieurs pièces dramatiques des poëtes Athéniens, entr'autres celles d'Eschyle, qui (chose étonnante!) fut à la fois le créateur et le modèle de la tragédie. Cet auteur admirable a reçu, en 1770, l'honneur qu'il méritoit d'une traduction entière, et d'une traduction faite par un homme qui s'est lui-même exercé dans l'art de Melpomène. Cette version, remarquable par la fidélité, par la force, par l'élégance, enrichie d'ailleurs de notes savantes, nous la devons à M. Le Franc de Pompignan, un des littérateurs les plus éclairés qu'il y ait eu en France.

On y aperçoit néanmoins des défauts, qu'un nouveau traducteur a fait disparoître.

Le Franc de Pompignan s'écarte toujours de la lettre, et élude les difficultés; M. du Theil les aperçoit toutes, s'en tire avec habileté et se tient continuellement près du texte. Eschyle respire dans sa traduction, et d'après elle, on peut se faire une idée assez juste de ce père de la tragédie : cette traduction parut en 1795, 2 vol. in-8°.

Cussac, libraire, s'est acquis des droits à la reconnoissance du public, en imprimant, en

1785, une nouvelle édition du théâtre des Grecs, que l'on doit distinguer de toutes les précédentes; composée de 13 vol. in-8°., elle offre le théâtre des Grecs, traduit en entier. MM. du Theil, de Rochefort, etc., ont suppléé à tout ce que le Père Brumoy n'a point traduit, et qu'il n'a fait connoître que par extrait. Chaque pièce est précédée de l'extrait qu'en a donné le Père Brumoy. On lit dans le premier volume, un discours fait par M. de Rochefort, sur l'objet et l'art de la tragédie grecque. Le Père Brumoy n'avoit presque rien dit qui eût trait à ce sujet.

On trouvera dans cet ouvrage la traduction de Sophocle, par M. Dupuis; mais revue, corrigée et augmentée par lui-même.

L'abbé Brotier, neveu, a dirigé cet important travail; il est lui-même auteur de la traduction d'Aristophane, qui forme, en grande partie, le tome X. et les suivans.

## MADAME DACIER, BOIVIN.

Madame Dacier avoit donné, en 1684, le Plutus et les Nuées d'Aristophane; et nous devons à Boivin, le même qui a mis en français l'Œdipe de Sophocle, la traduction des Oiseaux, autre comédie d'Aristophane. Quoique sa version ne soit pas littérale et d'une fidélité scrupuleuse, le traducteur n'y a pas mis tout l'agrément qu'on auroit pu attendre d'une plume plus délicate.

## POINSINET DE SIVRY.

Cet auteur publia, en 1784, *le théâtre d'Aristophane, traduit en français, partie en vers, partie en prose, avec les fragmens de Menandre et Philémon*, 4 vol. in-8°. On a fait beaucoup de reproches à ce traducteur. D'abord, une traduction complète d'Aristophane ne peut être l'entreprise d'un homme de goût, puisque la plupart des plaisanteries de ce poëte ont besoin de commentaire ou de voile; ensuite la manière étrange dont il a défiguré et travesti Aristophane, doit faire gémir tous les amateurs de la littérature grecque. Cette traduction est moins un ouvrage de littérature, qu'une opération de librairie. M. Poinsinet a vu qu'il n'existoit, dans le commerce, aucune traduction d'Aristophane, et il s'est flatté que la sienne réussiroit non comme bonne, mais comme la première et la seule. Celle que l'on trouve dans la nouvelle édition du théâtre des Grecs, lui est bien supérieure.

# POËTES LYRIQUES GRECS.

## SAPHO.

Sapho, la tendre Sapho, montra dans ses odes beaucoup de douceur et de finesse; on lui doit l'invention de ce vers si coulant, qui porte son nom. Cette Muse avoit fait neuf livres d'odes. Il ne nous en reste qu'une, avec un hymne et quelques fragmens; mais on y trouve la beauté, le nombre, l'harmonie, et les grâces infinies que l'antiquité donne à ce que nous avons perdu.

La traduction des poésies de Sapho a été mise à la suite des traductions d'Anacréon, par madame Dacier, Poinsinet de Sivry et Moutonnet de Clairfons.

On les trouve ordinairement en grec, avec les poésies d'Anacréon. Chrétien Wolf les a fait imprimer à part à Hambourg, en 1733, in-4°.

## ANACRÉON.

Anacréon, ce poëte des Jeux et des Ris, fut le rival de Sapho dans la poésie érotique. C'est le poëte des cœurs tendres et sensibles.

La première édition d'Anacréon a été donnée

née par Henri Estienne, en 1554, avec une version latine.

On estime l'édition grecque et latine de Baxter, Londres, 1710, in-12.

## TRADUCTIONS.

Le succès des traductions de ce poëte n'a pas été le même dans toutes les langues. Les Italiens semblent avoir été, à cet égard, plus heureux que les autres nations; soit que leur idiome se prête plus facilement à rendre les tours et les expressions de l'original, soit qu'il se soit rencontré chez eux des génies plus analogues à celui d'Anacréon. Ils comptent jusqu'à cinq bonnes traductions de ce poëte. Les Anglais ont réussi deux fois dans la même carrière. Elle n'a pas été remplie avec moins de distinction par Henri Estienne, et par Elie André, dont la traduction en vers latins a mérité le suffrage de tous les savans. Il s'en falloit de beaucoup que nous pussions nous flatter du même avantage. Ce n'est pas que la France ne se soit efforcée, en différens siècles, de faire, pour la gloire du citoyen de Téos, et pour la sienne propre, ce que l'Italie et l'Angleterre ont pratiqué avec tant de succès.

## REMI BELLEAU.

Cet ancien poëte nous a laissé une traduction d'Anacréon en vers gaulois. Son ouvrage ne fut pas sans mérite ni sans réputation, dans le temps où il parut. Mais la langue s'étant épurée sous Louis XIII et sous Louis XIV, Remi Belleau est devenu une vieille copie d'un original, qui probablement ne vieillira point. On ne peut donc compter parmi les traducteurs d'Anacréon, ce rimeur suranné, qui, lui-même, a besoin d'interprète.

## MADAME DACIER ET AUTRES.

Madame Dacier a donné une traduction en prose, en 1681, dont les remarques font autant d'honneur à son érudition, que sa version en fait à son goût. Longepierre en publia, trois ans après, une autre en vers, qui est languissante et quelquefois même dure. Elle ne représente que très-foiblement l'élégance, la douceur et la délicatesse de l'original. L'abbé Regnier Desmarais et la Fosse, ont aussi donné Anacréon et une partie de Sapho en vers français. Ils l'imitent quelquefois heureusement; mais, en général, le succès n'a pas répondu à leur intention.

## GACON.

Gacon publia aussi, en 1712, une traduction d'Anacréon en vers français. Ce livre dut quelque célébrité à des circonstances que l'auteur ne pouvoit prévoir, et qui ne prouvent en aucune façon le mérite de l'ouvrage. Cet écrivain, déjà connu par de mauvaises satires, avoit grossi son volume d'une critique amère contre tous les traducteurs qui l'avoient précédé, et dont la plupart vivoient encore. Son écrit fit du bruit ; les parties intéressées, alarmées du ridicule qui les menaçoit, prêtèrent à cette critique les couleurs d'un libelle, et en firent défendre l'impression. Cet incident excita la curiosité du public ; et Gacon n'en devint que plus jaloux de paroître. Il se retira en Hollande, où il fit imprimer sa traduction, à laquelle il joignoit une prétendue histoire du poëte Grec, espèce de roman polémique, qui, selon lui, devoit foudroyer tous ses ennemis. Ce n'étoit pourtant qu'une revue sans art et très-fastidieuse de fautes grossières de Regnier, de la Fosse, de Longepierre, et de quelques autres traducteurs d'Anacréon. Tout l'artifice de Gacon est de comparer sans cesse les morceaux les plus foibles de ces auteurs, avec les endroits de son ouvrage qu'il a travaillés avec le plus de soin. Mais ce qu'il y a de plus humiliant pour cet orgueilleux censeur, c'est qu'il est le plus souvent au-dessous des auteurs qu'il dégrade.

MM. Capperonnier et de Querlon ont publié à Paris, en 1754, in-12, une nouvelle et jolie édition de la version de Gacon, suivie du texte grec; mais on n'y trouve pas la prétendue histoire d'Anacréon.

### M. POINSINET DE SIVRY.

Anacréon étoit ainsi défiguré par ses traducteurs, lorsqu'en 1758, M. Poinsinet de Sivry le fit paroître à Paris, en vers français, avec toutes les grâces qui charmèrent Athènes.

### M. MOUTONNET DE CLAIRFONS.

Jamais on n'a donné une collection aussi complète d'odes anacréontiques, que M. Moutonnet de Clairfons, dans sa traduction d'*Anacréon, Sapho, Bion et Moschus*, 1775, gr. in-8°, réimprimée en 1781, 2 vol. in-12, avec la traduction de Théocrite et de Musée. Ces derniers volumes renferment en outre les traductions de vingt épigrammes de l'Anthologie, et celle d'un grand nombre de poésies érotiques de Catulle, d'Horace et de différens auteurs modernes, Latins et Italiens, tels que Jean Second, Sannazar, Guarini, Manfredi, l'abbé Métastase, etc. La manière de traduire de l'éditeur est simple, pure, élégante, telle, en un mot, que le demandent la plupart des écrivains qu'il veut faire connoître à ceux qui ne peuvent les lire dans les originaux.

## M. ANSON.

La traduction d'Anacréon en vers par M. Anson (Paris, 1795, in-12), se distingue par une versification facile et naturelle. Plusieurs odes, la cinquième, par exemple, donnent une idée favorable du talent du traducteur; on y retrouve la manière du chantre de Téos, et le goût antique qui, comme le dit M. Anson, n'est que le naturel. Cette traduction est accompagnée de notes pleines de goût, sans affectation, sans pédanterie, et qui annoncent un esprit juste et une critique formée par la lecture des grands maîtres.

## M. GAIL.

M. Gail, à qui les amis des lettres grecques ont les plus grandes obligations, a fait imprimer, en 1799, in-4°., une traduction d'Anacréon ; à quelques taches près, sa version a de l'élégance et de la grâce. M. Gail a fait précéder son travail d'une dissertation historique et critique sur Anacréon, où l'on trouve tout ce qu'il y a d'intéressant à savoir sur la vie et les ouvrages de ce poëte. Quatre de nos plus célèbres compositeurs, MM. Lesueur, Chérubbini, Méhul et Gossec, ont mis en musique quatre odes d'Anacréon.

## M. LACHABAUSSIÈRE.

L'idée qu'a conçue M. Lachabaussière, de soumettre au rhythme musical la plupart des imitations en vers qu'il nous a données des meilleures poésies érotiques de l'antiquité, n'a pas fait perdre à ces imitations, malgré la contrainte à laquelle ce plan assujettissoit l'auteur, la douce mollesse qui fait le charme de plusieurs de ces morceaux, le libre et rapide essor qui forme le caractère des autres. Le volume qui contient ces imitations est intitulé : *Poésies galantes et gracieuses d'Anacréon, Bion, Moschus, Catulle et Horace*, imitées en vers français, Paris, 1803, in-8°.

## PINDARE.

Pindare, quoique le plus célèbre poëte lyrique des Grecs, a eu moins de traducteurs en notre langue, qu'Anacréon. C'est que le premier n'a chanté que des héros, qu'il n'a célébré que des jeux qui n'ont intéressé que la Grèce, et que le second, en chantant l'amour et le vin, a intéressé les passions de l'humanité, qui, à cet égard, sera toujours la même. Nous ne pouvons juger que très-difficilement de la beauté des odes de Pindare; elles étoient faites pour être chantées sur la lyre; et toute poésie qui est faite pour le chant, et qui ne s'y peut plus mettre, a déjà perdu la moitié de son prix.

Une mâle austérité fait le caractère de ce poëte; on sent, en lisant ses ouvrages, cette impétuosité de génie, ces violens transports, cette impulsion divine, qui porte à de vastes conceptions et à de nobles saillies. La force des pensées, la véhémence des figures, la hardiesse des images, la vivacité des expressions, l'audace des métaphores, l'harmonie des tours nombreux, la majestueuse précipitation du style; tout concourt à en faire le plus grand poëte qui ait encore paru dans le genre épique. Quand il peint la foudre de Jupiter, vous croyez la voir voler avec vitesse, l'entendre tomber avec fracas. Il n'a pas moins de douceur que d'enthousiasme ; et le gracieux lui est aussi naturel, que l'énergique : témoin le riant tableau qu'il nous offre des Champs Élysées, dans la seconde ode olympique, adressée à Théron, roi d'Agrigente.

Nous n'avons de Pindare que les quatre livres d'odes que les anciens ont appelés les livres de la période ; il y célèbre les victoires remportées aux différens jeux de la Grèce.

Alde l'ancien a donné, en 1513, in-8°., la première édition de Pindare.

La meilleure édition grecque et latine, est celle de M. Heyne, Gottingue, 1798, 5 vol. in-8°.

## TRADUCTEURS.

### M. DE SOZZI.

On trouve quelques odes de Pindare, mises en français par M. l'abbé Massieu et par l'abbé Sallier, dans les Mémoires de l'Académie des Belles-Lettres. M. de Sozzi, le premier, a fait paroître en particulier une traduction assez estimée des Olympiques, 1754, in-12.

CHABANON.

## CHABANON.

La traduction des odes pythiques de Pindare par Chabanon, publiée en 1771, in-8°., est écrite d'un style pur, noble et harmonieux, au jugement de Voltaire, qui, comme on sait, n'aimoit pas trop Pindare.

## VAUVILLIERS.

L'*Essai sur Pindare*, par Vauvilliers, 1772, in-12, réimprimé en 1776, avec des augmentations, montra, pour la première fois, une traduction poétique de cet auteur; les notes grammaticales et les dissertations nombreuses qui l'accompagnent, prouveront combien cet helléniste avoit de sagacité dans la discussion, et de profondeur dans son érudition. M. Heyne, dont le goût est si sûr et si éclairé, a loué, dans l'Essai sur Pindare, le travail, l'élégance du goût et la sagacité critique de Vauvilliers.

## M. GIN.

M. Gin a traduit Pindare tout entier, en prose poétique. Cette traduction mérite d'être distinguée de toutes les précédentes; elle se rapproche de l'original par le sentiment et par l'expression. Dans les notes, l'auteur expose, avec précision, ce que Pindare n'a souvent qu'indiqué ; il rapproche la mythologie d'Homère de celle de Pindare, et en développe les allégories. La traduction de M. Gin a paru en 1801, in-8°.

## POËTES BUCOLIQUES GRECS.

### THÉOCRITE, BION ET MOSCHUS.

Il n'y en a que trois dont nous ayons quelques écrits, Théocrite, Bion et Moschus. Ces trois poëtes étoient presque contemporains, et vivoient plus de 250 ans avant Jésus-Christ. Théocrite fut le modèle de Virgile. Fontenelle dit que ses bergers sont plus rustiques qu'agréables : mais il les a peints tels qu'ils étoient alors dans la Sicile, où le poëme bucolique a pris naissance. « Ce qui nous reste, ajoute-t-il,
» de Moschus et de Bion dans le genre pas-
» toral, me fait extrêmement regretter ce
» que nous en avons perdu. Ils n'ont nulle rus-
» ticité, au contraire, beaucoup de galante-
» rie et d'agrément ; des idées neuves et tout-
» à-fait riantes. On les accuse d'avoir un style
» un peu trop fleuri, et j'en conviendrai bien
» à l'égard d'un petit nombre d'endroits ; mais

» je ne sais pas pourquoi les critiques ont plus
» de penchant à excuser la grossièreté de
» Théocrite, que la délicatesse de Moschus
» et de Bion; il me semble que ce devoit être
» tout le contraire. N'est-ce point parce que
» Virgile a prévenu tous les esprits à l'avan-
» tage de Théocrite, en ne faisant qu'à lui
» seul, l'honneur de l'imiter et de le copier? »

La première édition complète de Théocrite a été donnée par Alde l'ancien, en 1495, in-fol.

L'édition la plus estimée, avec une version latine, est celle de Reiske, Vienne, 1765, 2 vol. in-4°.

La première édition de Bion et Moschus, est celle de Paul Manuce, 1555, in-4°., avec une version latine faite par Henri Estienne.

La meilleure édition grecque et latine, est celle de Schwebel, Venise, 1746, in-8°.

## TRADUCTIONS.
### LONGEPIERRE.

Ce Théocrite, qui déplaisoit tant à Fontenelle, a été traduit en français par Longepierre, à Paris, 1688, in-12, et cette version ne réconciliera pas avec l'original ceux qui n'en jugeront que par elle. Le même écrivain nous donna Bion et Moschus avec aussi peu de succès.

## MM. POINSINET DE SIVRY, ET MOUTONNET DE CLAIRFONS.

On fit des épigrammes contre Longepierre; et du copiste on passa aux originaux. Il y en avoit une qui finissoit ainsi :

> On les traduit en ridicule,
> Dès qu'on les traduit en français.

Cela n'est point vrai pourtant, lorsqu'on lit la traduction de Moschus, que ces deux auteurs ont mise à la suite de celle d'Anacréon, qui a été citée plus haut avec éloge : l'une est en vers et l'autre en prose.

## M. GAIL.

M. Gail n'a rien oublié pour faire passer toutes les beautés de Théocrite dans notre langue; il a si bien réussi, qu'à peine la critique la plus sévère peut-elle s'exercer sur un petit nombre d'endroits fautifs ou rendus trop foiblement. La traduction de M. Gail a été imprimée en 1795, 2 vol. in-4°.

Nous avons du même auteur, une traduction de Bion et de Moschus, petit in-12, imprimé en l'an III, chez Didot.

## M. GEOFFROY.

M. Geoffroy, ancien professeur d'éloquence au collége Mazarin, nous a donné ( en

1800, in-8°.) une traduction de Théocrite, qui joint au mérite d'une grande fidélité, celui d'être écrite d'un style en même temps poétique et naturel. Après chaque Idylle, le traducteur a mis des notes très-utiles pour l'explication de quelques difficultés du texte. Il y développe le caractère de chaque pièce, les beautés, et quelquefois les défauts qui méritent le plus d'y être remarqués. Adorateur des anciens, il ne l'est pas jusqu'à une superstition aveugle ; et ses critiques sont dictées par le goût comme ses éloges. Le résultat de toutes les parties de son travail, doit être de faire entendre et connoître parfaitement Théocrite, mais surtout de le faire aimer.

## CALLIMAQUE.

Callimaque vivoit vers la cent-vingtième olympiade ; il étoit né à Cyrène en Lybie. Il ne nous est parvenu de ses écrits que six hymnes, quelques autres poésies de moindre étendue, un poëme galant sur la chevelure de Bérénice, dont la seule traduction nous a été conservée par Catulle, avec un assez grand nombre de fragmens. Ses hymnes en vers élégiaques montrent plus d'étude que de génie poétique.

La première édition de Callimaque est de Florence, 1497, in-4°.

Les meilleures éditions grecques et latines sont celles d'Ernesti, Leyde, 1761, 2 vol. in-8°.; de Walcknaer, Leyde, 1799, in-8°.

## M. LA PORTE DU THEIL.

La traduction de M. du Theil respire les grâces de l'original; elle a paru avec le texte grec en 1775, in-8°. M. Gail l'a fait réimprimer avec élégance en l'an III, 2 vol. in-18.

## ÉSOPE.

Quoique Ésope n'appartienne point à la classe des poëtes Grecs, nous placerons ici son article, parce qu'il vient assez naturellement après eux : les circonstances de sa vie sont incertaines. Ce que Maxime Planudes en a rapporté, a été victorieusement réfuté par Méziriac et par M. Gail, qui n'ont pu reconnoître dans le roman de ce moine de Constantinople, le portrait que les anciens nous ont tracé d'Ésope. Il vivoit dans la cinquante-deuxième olympiade, à peu près 573 ans avant Jésus-Christ, et fut affranchi par Jadmon, le dernier maître qu'il servit. Dans les apologues qui portent son nom, il prêta un langage aux animaux et aux êtres inanimés, pour enseigner la vertu aux hommes, et les corriger de leurs vices et de leurs ridicules.

La première édition d'Ésope a été donnée à Milan, par *Bonus Accursius*, vers 1479, in-4°., avec la version latine de *Rinutius*.

L'édition la plus recherchée des curieux est celle de Naples, 1485, in-4°.

On estime l'édition de Hauptman, Leypsic, 1781, in-8°.

## TRADUCTEURS.

### MM. DE ROCHEFORT ET GAIL.

La traduction d'Ésope, contenue dans les *trois Fabulistes, Ésope, Phèdre et La Fontaine*, publiés par M. Gail, en 1796, 4 vol. in-8°., est fidèle et contient de plus que les autres éditions, 28 fables que M. de Rochefort a tirées d'un Mss. de la Bibliothèque Impériale. Le texte est en regard de la traduction.

## § II.

## DES POËTES LATINS ANCIENS.

Les premiers poëtes latins s'essayèrent dans la comédie, la tragédie et la satire. On compte entre les principaux, Livius Andronicus,

Névius et Plaute; mais il n'y a que celui-ci qui mérite l'attention des gens de lettres.

## PLAUTE.

Les Muses latines furent filles des Muses grecques. Plaute, formé sur Aristophane, donna dans les bouffonneries, les turlupinades, les jeux de mots de ce poëte comique. Ses plaisanteries sont basses, et ses vers manquent d'harmonie. Ces deux défauts cependant n'ont point empêché que l'on ne l'ait mis à la tête des poëtes comiques Latins. Sa diction est aisée, coulante, naïve. Plaute a ce tour original, que donne une imagination qui n'est captivée ni par les règles de l'art, ni par celles des mœurs. Ses scènes sont vives, pleines de feu et de mouvement. On y rencontre partout ce vrai comique, qui va chercher les ridicules jusque dans les replis du caractère, pour l'exposer ensuite en plein théâtre.

La première édition de Plaute est de Venise, 1472, in-fol.

L'homme de goût recherche l'édition de Taubman, avec des commentaires, Wittenberg, 1621, in-4°.; et celle de Barbou, 1759, 3 vol. in-12.

TRADUCTIONS

## TRADUCTIONS DE PLAUTE.

### MADAME DACIER.

Nous avons vingt comédies de ce poëte, dont trois, l'Amphytrion, le Rudens et l'Epidicus, ont été traduites en français, avec des remarques et un examen selon les règles du théâtre, par Anne Le Fevre (depuis madame Dacier), à Paris, 1683, trois vol. in-12. Cette version fut très-bien reçue dans le temps; et on la crut propre à découvrir les finesses de l'original, ainsi que ses notes peuvent en montrer l'art, en expliquer la conduite et en faciliter l'imitation.

### LIMIERS.

Madame Dacier n'ayant enrichi notre langue que de trois comédies de Plaute, Limiers, écrivain médiocre, le traduisit entier en 1719, à Amsterdam, en dix volumes in-12. Les gens de bien ne lui ont pas plus su de gré de son travail, que les gens de goût. « Il ne lui restoit plus, dit-il, entre les mains,
» que d'infâmes marchans d'esclaves, que des
» courtisanes impudiques, que de jeunes libertins, que des vieillards débauchés et cor-

» rompus : » et ce sont tous ces misérables qu'il a osé traduire en français. Il est vrai qu'il avoit promis d'user des expressions les plus enveloppées de notre langue ; mais la gaze dont il a prétendu voiler les obscénités de Plaute, est si transparente, que le lecteur n'y perd rien. Quant à sa traduction, elle est assez peu estimée ; mais un avantage que l'on y trouve, c'est que Limiers y a réuni les trois comédies traduites par madame Dacier, ses examens et ses notes, et la version de la comédie des Captifs faite par Coste. Il a encore rassemblé dans le dernier volume, les fragmens des comédies de ce poëte, et les sentences choisies, éparses dans ses pièces ; et il a fait précéder l'un et l'autre recueil, d'un petit discours qui pourroit être et plus pensé et mieux écrit.

### GUEUDEVILLE.

Limiers eut, la même année, un émule dans Nicolas Gueudeville, qui crut se faire un nom en publiant une nouvelle traduction de Plaute. On connoît cet écrivain, que l'esprit d'indépendance fit sortir d'un ordre respectable, où il s'étoit lié par des vœux, et qui après avoir secoué le joug de la religion catholique, ne fit presque plus d'autre usage de ses foibles talens, que pour attaquer la foi et les bonnes mœurs. Né à Rouen, il entra jeune dans la congrégation de Saint-Maur, où il fit profession à l'âge de dix-neuf ans, dans l'abbaye de Jumièges, en 1670. Sa traduction de Plaute est fort libre : il le dit lui-même dans sa préface. « Je n'ai, dit-il, pris de gêne que par le » sens de mon auteur ; encore est-il vrai qu'il » y a tels endroits, où, à cause de l'épaisse » obscurité du texte, je ne sais pas trop moi- » même ce que je dis. » C'est Plaute travesti plutôt que traduit. On y remarque presque à chaque page une affectation ridicule à se servir de termes figurés et nouveaux qu'il croit propres à égayer. En voulant trop faire le plaisant, il donne de très-mauvaises plaisanteries ; et il veut faire rire par des expressions hyperboliques, ne pouvant le faire par les choses mêmes.

## M. DOTTEVILLE.

Le savant et estimable traducteur de Tacite et de Salluste, M. Dotteville, a entrepris, dans ces derniers temps, une traduction nouvelle de Plaute. Il a publié en l'an XI, à Versailles, la traduction de la comédie intitulée *Mos-*

*tellaria*, in-8°. Ce travail méritoit plus d'encouragemens que n'en a reçus ce respectable doyen de notre littérature.

## TÉRENCE.

Ce poëte comique, heureux imitateur de Menandre, nous offre dans ses drames le tableau de la vie bourgeoise; tableau où les objets sont choisis avec goût, disposés avec art, et peints avec des grâces si naïves, que chacun s'y voit comme dans un miroir. Quelle pureté ! quelle douceur ! quelle élégance dans sa diction ! Tout ce que la langue latine a de délicatesse, est dans ce poëte; c'est Cicéron, c'est Quintilien qui le disent. Ses portraits sont tracés avec la plus exacte vérité; mais comme c'est le visage réel de l'homme, et jamais la charge de ce visage qu'il montre, il ne fait point éclater le rire. Sa muse est sur le théâtre, comme cette dame Romaine dont parle Horace, est dans une danse sacrée, toujours craignant la censure des gens de bien. On lui reproche de n'avoir pas assez de force comique; mais il répare ce défaut par tant de qualités, qu'en le lisant, on ne s'en aperçoit pas.

L'édition de Térence imprimée à Milan en 1470, in-fol., passe pour la première.

Whesterhovius a donné à La Haye, 1726, 2 vol. in 4°., une édition de Térence qui est recherchée.

On recherche aussi l'édition de Barbou (le Loup), 1753, 2 vol. in-12.

## TRADUCTIONS.
### MADAME DACIER.

La même dame, à laquelle nous devons la traduction de trois comédies de Plaute, nous a donné en français les six comédies qui nous restent de Térence. Si jamais ce poëte pouvoit recevoir quelqu'honneur en passant dans une langue étrangère à la sienne, il l'a reçu certainement dans cette traduction. Il me semble, dit l'abbé Goujet, que tout le monde s'accorde à en louer la pureté, l'élégance, l'exactitude et la fidélité. Lorsqu'elle commença ce travail, elle se levoit à cinq heures du matin pendant un hiver fort rude. Elle traduisit d'abord quatre comédies ; mais quelques mois après, quand elle relut son ouvrage, et qu'elle le compara à son original, elle trouva que sa version sentoit la lampe, à la lueur de laquelle elle avoit été faite, et qu'elle étoit fort éloignée de la naïveté, des grâces et de la noble simplicité de son auteur. Affligée du mauvais succès de cet essai, et dégoûtée de son travail, elle jeta au feu ces quatre comédies, et recommença. Comme elle s'y prit avec plus de modération, elle réussit beaucoup mieux.

Les amateurs de livres recherchent les exemplaires de cette traduction, tirés sur grand papier, édition de Rotterdam, 1717, 3 vol. in-8°., avec figures de B. Picart.

SACY ET MARTIGNAC.

La traduction de madame Dacier éclipsa celles qui avoient été données par M. de Sacy (1) en 1647, et par Martignac en 1670; versions assez fidèles, mais lâches, foibles et languissantes.

M. L'ABBÉ LE MONNIER.

Madame Dacier fut effacée à son tour par M. l'abbé Le Monnier, qui a donné Térence en latin et en français, en 1771, 3 vol. in-8°.

Cette traduction de Térence joint à beaucoup de fidélité, l'aimable aisance du dialogue, et l'élégance du style. Cet ouvrage fera un plaisir égal aux femmes qui n'ont aucune connoissance de la langue latine, et aux savans qui seront charmés de voir les beautés

---

(1) Cet auteur ne traduisit que trois comédies; et Martignac mit en français les trois autres.

de Térence, rendues sensibles à un plusgrand nombre de lecteurs.

Le seul défaut que je reprocherois au nouveau traducteur, c'est d'avoir laissé échapper quelques expressions triviales, comme *il en tient,* pour dire il est amoureux ; ce sera moi qui en payerai les *pots cassés.....que chante-t-elle ?....*il s'en vient me *corner aux oreilles...* voilà comme il est *bâti......*il ne lui a rien *mâché,* etc., etc. Au reste, ces taches sont en très-petit nombre ; à peine en trouve-t-on cinq ou six dans chaque volume : elles ne doivent pas nous empêcher de regarder cette excellente traduction, comme un véritable service rendu à notre littérature.

Les soins de M. l'abbé Le Monnier se sont étendus sur tous les objets qui pouvoient contribuer à rendre cette édition plus parfaite. Il seroit trop long de rapporter tous les passages où il montre que madame Dacier s'est trompée sur l'intelligence du texte ; il prouve aussi dans plusieurs endroits, que le texte latin qui se trouve à côté de la traduction de cette savante, est très-fautif ; il cite des notes dans lesquelles elle réprouve telle ou telle leçon ; et ces leçons ne s'en trouvent pas moins dans son ouvrage. Au contraire, le texte que le nouveau traducteur a donné ; est très-pur, à quelques fautes d'impression près, indiquées dans l'errata. Quand les éditions qu'il a consultées lui ont présenté des variantes, il a fait un choix, et nous explique dans ses notes, les raisons qu'il a eues de préférer l'une à l'autre. Ces notes sont en grand nombre, et remplies d'érudition et de sagacité

## LUCRECE.

Lucrèce, dans son poëme de la Nature des Choses, divisé en six livres, fit choix d'une matière digne d'un grand poëte. Il ne pouvoit même en choisir une plus intéressante (dit M. Racine le fils dans son discours sur les poëmes didactiques), « puisqu'il entreprend, non-seu-
» lement de développer les secrets de la na-
» ture, mais d'apprendre aux hommes le
» grand secret de se rendre heureux, en les
» guérissant de toutes craintes et de toutes
» passions, pour leur procurer une tranquil-
» lité d'esprit inaltérable. On ne lui dispute
» pas la gloire d'écrire purement, et d'expli-
» quer, avec clarté, des choses obscures; élo-
» ge qu'il se donne lui-même. Mais quoiqu'il
» se vante de parcourir les sentiers du Par-
» nasse, on ne l'y voit presque jamais. Son
» prologue

» prologue est admirable; l'exorde de son se-
» cond livre est plein d'élévation; et c'est par
» un transport d'enthousiasme, qu'à la fin du
» troisième livre il introduit la Nature qui
» parle aux hommes, pour leur reprocher la
» foiblesse qu'ils ont de craindre la mort. Le
» génie poétique avec lequel il étoit né, écla-
» te en ces trois endroits, de même que dans
» sa description de la peste; mais il est étouf-
» fé dans tout le reste, où loin d'y trouver un
» poëte qui imite, qui peigne et qui remue,
» on entend toujours un philosophe qui argu-
» mente et parle du même ton. Cette unifor-
» mité, si contraire à l'enthousiasme, rend fa-
» tigante la lecture d'un long ouvrage, qui n'a
» d'autre variété que celle des sujets liés en-
» semble par des transitions froides et com-
» munes. Quand il prépare son lecteur à l'ex-
» plication du sommeil, il lui promet peu de
» vers, mais charmans; il se compare à un
» cygne : cependant dans cet endroit même,
» il est aussi obscur dans son raisonnement,
» que sec et froid dans sa versification, à la-
» quelle il n'a point su donner cette harmo-
» nie, que peu de temps après lui Virgile fit
» sentir aux oreilles délicates. »

Cette censure est juste à plusieurs égards,

mais trop sévère à beaucoup d'autres. « Le
» poëme philosophique de Lucrèce, malgré
» la mauvaise physique qu'on y reconnoît de-
» puis long-temps, dit M. de Querlon, est sans
» contredit le plus beau monument de ce gen-
» re, que nous aient laissé les anciens. Jus-
» qu'où n'auroient point été les hommes capa-
» bles de traiter ainsi de pareilles matières,
» si les philosophes secouant le joug des opi-
» nions qui, dans tous les âges, ont subjugué le
» génie, s'étoient plus occupés du soin d'éten-
» dre et de perfectionner leurs propres lumiè-
» res, que des rêveries de leurs prédéces-
» seurs ! Peut-on, en lisant Lucrèce, n'être pas
» frappé de cette admirable abondance, de
» cette richesse d'expression, que la stérilité
» de sa langue, dont il se plaint, n'a pu l'em-
» pêcher de répandre, avec tant d'agrément,
» dans son poëme ? Quelle poésie que celle du
» quatrième livre sur les simulacres et les
» images émanées des corps, dont il forme
» nos sensations ! Ces images, dessinées et
» peintes avec une netteté singulière, de-
» viennent, sous son pinceau, visibles et
» palpables. Cette curieuse partie du roman
» physique de Lucrèce est un chef-d'œu-
» vre : nous ne connoissons rien de cette

» force dans aucun ouvrage de l'antiquité. »

La première édition de Lucrèce est celle de Vérone, 1486, in-fol.

Havercamp a donné à La Haye, en 1725, 2 vol. in-4°., l'édition qui est la plus estimée.

Edition de Barbou, 1754, in-12.

## TRADUCTIONS.

### PANCKOUCKE.

Plusieurs écrivains se sont exercés sur ce poëte dans les deux derniers siècles ; mais on ne lit plus depuis long-temps les mauvaises traductions en vers et en prose par l'abbé de Marolles. Celle du baron des Coutures, mieux écrite, mais remplie encore de fautes et de négligences, étoit plus consultée que lue, lorsque Panckoucke donna, en 1768, en 2 vol. in-12, sa traduction libre de Lucrèce. Il a moins considéré ce poëte comme le maître ou le précurseur de Virgile, que comme un philosophe profond et sublime, qui déduit avec beaucoup d'art des principes qu'il a établis, l'explication des phénomènes de la nature. C'est donc la partie systématique de son poëme, qu'il a travaillée avec le plus de soin, plus attentif à rendre le sens que les mots, les idées que les phrases. C'est la philosophie d'Epicure, telle que Lucrèce l'a conçue, qu'il a voulu représenter. Sa traduction est écrite agréablement, et ne manque ni de clarté, ni d'élégance.

## LA GRANGE.

La même année que Panckoucke publia sa traduction, on vit paroître une autre traduction de Lucrèce, à Paris, en 2 vol. in-8°., par La Grange.

Ce traducteur a très-bien entendu toute la philosophie du poëte latin. Il lui prête même quelquefois un langage un peu plus philosophique qu'il ne l'est dans le texte ; mais il seroit assez difficile que les aménités de ce poëte, attachées, comme elles le sont, à une langue plus expressive que la nôtre, fussent toujours aussi-bien rendues, que le fond même de ses idées; et l'on pourroit dans cette partie trouver quelques endroits foibles.

## LE BLANC.

Parmi les gens de lettres qui ont essayé de rendre dans notre langue les beautés du poëme philosophique de la *Nature des Choses*, et qui y ont le mieux réussi, on doit placer le

Blanc. Cet écrivain a traduit Lucrèce en vers français. L'entreprise étoit aussi hardie que difficile ; car personne n'ignore combien on éprouve de peine à rendre en beaux vers les détails souvent arides d'un système philosophique. La traduction en vers de le Blanc, est éloignée sans doute d'avoir le charme de l'original ; mais on y trouve d'excellens morceaux de poésie : et sous ce rapport, on doit de la reconnoissance à un écrivain qui n'a pas été rebuté par le travail opiniâtre qu'exige une traduction dans ce genre, et qui a essayé de faire passer dans notre langue les beautés d'un ouvrage aussi difficile à mettre en vers français, que le poëme de Lucrèce. Cette traduction parut en 1788, en 2 vol. in-8°., avec des notes qui sont estimées.

## CATULLE.

Ce poëte, né à Vérone, a des grâces et de la délicatesse. Son imagination riante et agréable répandoit des fleurs sur toutes ses poésies. Il nous reste de lui quelques fragmens, parmi lesquels on distingue, avec raison, ses épigrammes, qui sont presque toutes charmantes. Le style en est pur ; mais il s'en faut beaucoup que les idées le soient de même. Il a du sentiment, de la finesse, de l'aménité. Ce qui nous reste de lui n'est pas considérable; mais il est exquis, élégant, varié; c'est la nature qui lui dicte des vers; il a de l'âme et du goût.

Corallus a donné à Parme, 1473, in-fol., la première édition de Catulle.

La première édition de Catulle, Tibulle, Properce et Stace réunis, est de 1472, in-fol.

L'édition de Léipsic, 1788-1792, 2 vol. in-8°., donnée par Doring, contient des notes qui la font rechercher.

L'édition de Vulpius, qui renferme Catulle, Tibulle et Properce, est fort estimée. Elle a paru à Padoue en 1735 et *seqq.*, 4 vol. in-4°.

Edition de Barbou, 1754 ou 1792, in-12.

## TRADUCTIONS.

### MAROLLES, LA CHAPELLE.

Nous avons de Catulle des épigrammes, que l'abbé de Marolles a défigurées dans une version française, plate et pesante.

La Chapelle en donna une plus agréable, qu'il enchâssa dans une espèce d'histoire galante de ce poëte, grossie de quelques anecdotes amoureuses, vraies ou fausses, de la cour d'Auguste, et des amis de Catulle. Cet ouvrage, qui parut en 1680, est plutôt un roman qu'une histoire; c'est un fruit de la jeunesse de l'auteur, mais qu'il n'a pas cru indigne d'être avoué dans un âge plus avancé (1). Tout ce qui est en prose est assez délicatement tourné; c'est un tissu d'aventures, où l'on s'écarte le moins qu'il est possible, de la vraisemblance, et dont le récit peut plaire à ceux qui aiment des lectures aussi dangereuses que frivoles; mais la versification en est presque toujours fort négligée. Il ne faut pas confondre la Chapelle, et Chapelle auteur d'un Voyage fort connu. L'abbé de Chaulieu fit à ce sujet une épigramme satirique.

> Lecteur, sans vouloir t'expliquer
> Dans cette édition nouvelle,
> Ce qui pourroit t'alambiquer
> Entre Chapelle et la Chapelle,
> Lis leurs vers; et dans le moment
> Tu verras que celui qui si maussadement,
> Fit parler Catulle et Lesbie,
> N'est pas cet aimable génie,
> Qui fit ce Voyage charmant;
> Mais quelqu'un de l'Académie.

## M. DE PEZAY.

La traduction de Catulle, par M. de Pezay,

---

(1) On trouve cette histoire romanesque dans le tome premier des OEuvres de la Chapelle, Paris, 1700, in-12.

publiée à Paris, en 1771, 2 vol. in-8°., n'a obtenu aucun succès parmi les véritables gens de lettres.

## M. NOEL.

Un nouveau traducteur, M. Noël, a fait passer en grande partie toutes les beautés de Catulle dans sa traduction, Paris, 1803, 2 vol. in-8°.; et c'est surtout, suivant ses propres expressions, *en tenant un juste milieu entre la fidélité servile qui est une véritable infidélité, et la paraphrase qui éteint le génie de l'original.* Sa prose, où il a tâché de réunir la correction, l'élégance et l'harmonie, est aussi poétique que le génie de notre langue peut le comporter. L'heureux choix que le traducteur a fait des imitations dans les idiomes modernes, des plus beaux morceaux de Catulle, ajoute un nouveau prix à la traduction de M. Noël.

## PUBLIUS SYRUS.

Si Catulle corrompt les mœurs, les sentences de Publius Syrus peuvent les former. Ce poëte connoissoit le cœur humain. Ses maximes, quoique détachées et sans liaison, n'en sont pas moins dignes d'être lues et retenues.

Elles

Elles ont de la grandeur, de la solidité et de la délicatesse. C'est l'éloge qu'en fait Accarias de Serionne, dans la préface de la traduction qu'il en a donnée en 1736, in-12, à la suite de l'Etna de C. Severus. Son style est pur et facile; et ses notes servent à l'intelligence de son auteur sans être trop longues. Il observe que la Bruyère a répandu dans ses caractères presque toutes les sentences de ce poëte; les exemples qu'il en rapporte sont sensibles.

Voyez les éditions de Phèdre, auquel on joint les sentences de Publius Syrus.

## VIRGILE.

Ce mot réveille toutes les idées de la belle poésie. Virgile, né près de Mantoue, de parens obscurs, fut chassé de sa maison et d'un petit champ, son unique patrimoine, par la distribution qu'on fit aux soldats vétérans d'Auguste, des terres du Mantouan et du Crémonois. Il vint alors, pour la première fois, à Rome; et par le crédit de Mécène et de Pollion, illustres protecteurs des gens de lettres, il recouvra son champ, et fut mis en possession de sa campagne.

Ce bienfait donna lieu à sa première églogue. Ce monument de sa reconnoissance, le

fit connoître d'Auguste, qui le récompensa ; ainsi que son ami Horace. Il admit à sa familiarité ces deux poëtes courtisans, les combla de distinctions et de richesses ; mais ils lui ont rendu beaucoup au delà de ses bienfaits. Eux seuls ont épargné à sa mémoire la honte dont elle devoit être couverte. « C'est d'après eux,
» dit un homme d'esprit, qu'on regarde com-
» me le modèle des bons princes, un monar-
» que, à qui les crimes les plus atroces n'ont
» jamais rien coûté. Ils ont vraiment fait illu-
» sion à la postérité, ainsi que l'a dit un écri-
» vain moderne, qui ayant joui comme eux de
» l'amitié des grands, n'a pas aussi ouverte-
» ment sacrifié la vérité à la reconnoissance.
» On juge Auguste d'après leurs vers admira-
» bles qu'on lit tous les jours ; et comme ils
» sont pleins de ses éloges, ils font oublier les
» horreurs de sa vie, conservées par des his-
» toires qu'on lit rarement. »

### ÉGLOGUES DE VIRGILE.

Virgile s'est exercé dans trois genres de poésies : le pastoral, le géorgique et l'héroïque. Malheur à ceux qui ne sentent pas le charme de ses églogues ! Quoique le langage de ses bergers ait pour objet, ou des amours champêtres, ou des choses communes et rustiques, ce langage est toujours élégant, figuré et poétique. Il est bien éloigné de ce style prosaïque, froid et négligé, que nous confondons mal à propos avec le style simple et naturel qu'exige l'églogue en général. La simplicité du style n'est point incompatible avec la vraie poésie. Celle de Virgile est l'image de la nature ; quelle précision ! quelle élégance ! quel sentiment !

Virgile se proposa quelquefois, dans ses pastorales, un autre but que la simple peinture de la vie champêtre. Il imagina des dialogues allégoriques, afin de rendre ses pastorales plus intéressantes. Telles sont sa première et sa neuvième églogue. Il donna à la seconde le goût d'une élégie champêtre. La quatrième renferme un magnifique horoscope, et la cinquième un éloge funèbre ; mais l'une et l'autre dans le style pastoral : car les pensées et les images de ces deux pièces sont empruntées des objets qu'offre la campagne. La sixième est toute philosophique, soit par rapport à la physique générale, et au système de l'univers, soit par rapport à la morale, et aux funestes effets des passions. Cette églogue est un peu dans le goût lyrique ; elle en a le beau désordre, effet de l'art, et les vives images. La septième, comme la troisième, est un combat de deux bergers qui se disputent la gloire du chant. L'une et l'autre sont un peu satiriques, et renferment vraisemblablement des allusions; mais ces traits sont perdus pour nous, que la distance des temps empêche de les saisir. La huitième est toute galante. La plus belle de toutes est, sans contredit, la dixième et la dernière. Ce sont les amours de Gallus, représenté sous l'image d'un berger d'Arcadie, que l'infidélité de sa maîtresse a plongé dans le désespoir. Virgile le fait parler avec une vivacité et une tendresse qui surpassent tout ce que le bel esprit moderne pourroit imaginer.

### LES GÉORGIQUES.

Quelques critiques ont mis au-dessus des Eglogues de Virgile, les Idylles de Théocrite; mais tout le monde convient que dans les Géorgiques, il a effacé Hésiode. Ses préceptes sont presque toujours renfermés dans ses descriptions; ce qui n'est pas de même dans le poëme de Vanière, où il y a, à la vérité, plus d'ordre et de choix que dans les Géorgiques, mais moins d'un certain art, et en

core moins de vraie poésie. C'est surtout dans les épisodes que le poëme des Géorgiques est admirable. Il ne sera peut-être pas aisé de s'apercevoir, dans les traductions, que les Géorgiques sont le plus parfait des ouvrages de Virgile, comme tous les connoisseurs en conviennent Le mérite principal de ce poëme consiste dans la beauté de la versification, que la prose la plus soignée ne peut bien représenter. C'est cette versification enchanteresse qui lui a fait pardonner tant d'erreurs de physique, qui passeroient aujourd'hui pour le fruit de la plus stupide ignorance. « Quicon-
» que, dit Voltaire, croiroit connoître la
» nature en lisant Lucrèce et Virgile, meu-
» bleroit sa tête d'autant d'erreurs, qu'il y en
» a dans les secrets du petit Albert, ou dans
» les anciens almanachs de Liége. D'où vient
» donc que ces poëmes sont si estimés ? pour-
» quoi sont-ils lus avec tant d'avidité par tous
» ceux qui savent bien la langue latine ? c'est
» à cause de leurs belles descriptions, de leur
» saine morale, de leurs tableaux admirables
» de la vie humaine. Le charme de la poésie
» fait pardonner toutes les erreurs ; et l'esprit
» pénétré de la beauté du style, ne songe pas
» seulement si on le trompe. »

## L'ÉNÉIDE.

L'Enéide passe, auprès des gens de goût, pour le plus parfait des poëmes épiques. Le plan et la conduite en sont admirables, et supposent un poëte qui avoit autant de jugement que d'imagination. Son travail porte partout l'empreinte du génie sublime, de l'esprit juste, et du goût délicat; et si quelques parties de ce poëme ne frappent pas autant que les autres, c'est qu'il est impossible, et qu'il ne convient pas même dans un long ouvrage, que tout soit également beau. Supposé qu'il y ait des défauts, ce ne sont pas au moins des défauts qui viennent du fond vicieux ou de la mauvaise construction de la fable; mais uniquement du temps qui a manqué à l'auteur pour finir son ouvrage. On peut dire même qu'il n'y a rien à retrancher, rien à refondre; il y a seulement à ajouter et à étendre. Sa diction est toujours pure, harmonieuse et coulante. On ne trouve dans Virgile ni les excessives hyperboles de Lucain, ni les ridicules pointes de l'Arioste, ni les antithèses affectées du Tasse, ni les métaphores outrées et perpétuelles de Milton, ni son emphase orientale qui assomme le lecteur. On n'y trouve point ce style dur et désagréable de nos poëtes réprouvés, tels que Chapelain, le Moine, Scudéry, etc. Virgile est vif et expressif dans ses images; son coloris est toujours brillant, mais naturel.

On peut distinguer deux parties dans l'Enéide, dont la première est dans le goût de l'Odyssée, et la seconde dans celui de l'Iliade. Le sublime, le tendre, le gracieux, sont semés dans les six derniers livres comme dans les six premiers. Je prétends même qu'il y a plus d'invention dans les derniers. La matière de cette seconde partie est plus grande, plus féconde et plus variée que celle de la première; enfin, autant que l'Iliade est au-dessus de l'Odyssée, autant cette seconde partie est, selon moi, au-dessus de la première.

Virgile n'omet jamais ce qu'il y a de beau et de principal sur chaque sujet. Il n'y a point de livres de son poëme, qui se ressemblent; et il n'y a non plus aucune partie qui rentre l'une dans l'autre. Tous les exploits de guerre contenus dans les six derniers livres, sont différens. C'est un siége, un assaut, un combat de cavalerie, un autre d'infanterie; une embuscade, une irruption, une attaque imprévue, une défense vigoureuse, un carnage nocturne, des batailles générales, des combats singuliers; et dans ces combats d'homme à homme, si ordinaires dans l'antiquité entre les capitaines distingués, que de variété! que d'images! que d'attitudes!

Malgré cette apologie de Virgile, il faut convenir qu'il auroit pu feindre, dans le parti d'Enée, de grands capitaines, héros subalternes. Du côté des Troyens, le jeune Pallas, qui ne fait rien d'admirable, est vaincu et tué dans le premier combat, et intéresse seulement par son malheur, sans se faire estimer par ses exploits. Du côté de Turnus, on voit au contraire un Mézence, un Lausus et un Camille. Je suis persuadé que si Virgile eût pu retoucher son Enéide, il eût joint à son héros d'illustres lieutenans; qu'il eût mis dans son poëme quelques autres guerriers, et leur eût donné des caractères. Le poëme de Virgile n'est pas absolument parfait ; et puisqu'il ne l'avoit pas trouvé tel lui-même, nous ne devons pas le juger aujourd'hui exempt de tous défauts.

La première édition de Virgile parut en 1470, à Venise, in-fol. On estime celle de Barbou, 1767 ou 1790, 2 vol. in-12.

La meilleure est celle de M. Heyne, Leipsic, 1800, 6 vol. in-8°.

On y trouve un commentaire critique et philologique, et des dissertations savantes sur plusieurs objets de mythologie, de géographie, etc.

L'édition donnée par Barbou, en 1790, 2 vol. in-12, a été faite d'après celle de M. Heyne, publiée à Léipsic en 1788 et 1789.

## TRADUCTIONS.

### MAROLLES, MARTIGNAC.

Aucun poëte ancien ne méritoit autant d'être traduit que Virgile ; et aucun ne l'a été autant que lui. Il n'y a personne, dit l'abbé des Fontaines, qui ne convienne que Marolles, dans sa traduction, est ridicule et barbare, et Martignac aussi plat qu'ignorant.

### CATROU.

On sait qu'une vive et singulière imagination a dicté la version du Père Catrou (1), toujours rampante et souvent burlesque ; où le sens du texte est, à chaque page, exposé

_____

(1) A Paris, 1716, 6 vol. in-12.

d'une façon familière ou bizarre; où l'original est même fort souvent altéré dans son texte, placé vis-à-vis de la traduction. Car sans égard aux éditions faites avec soin sur les manuscrits les plus anciens et les plus authentiques, le Père Catrou prend souvent la liberté de réformer les expressions de Virgile, en citant faussement les manuscrits sur lesquels il s'appuie, et quelquefois n'en citant aucun. Souvent, pour trouver dans le texte le sens qu'il imagine, il ajoute des notes et des phrases entières dans sa traduction, et supplée quelquefois jusqu'à trois et quatre lignes, qu'il a néanmoins l'attention de mettre d'un caractère différent, comme s'il y avoit des lacunes à remplir dans son original. Il y a de l'esprit et des recherches dans ses notes; mais il y en a un grand nombre qui ne sont guère judicieuses; la plupart servent à étayer les sens faux qu'il donne à son auteur; elles sont moins faites pour le poëte, que pour le traducteur.

Un homme de lettres ( M. Barrett ) qui a vu avec peine que cette traduction, dont toutes les éditions étoient épuisées, alloit tomber dans l'oubli, a cru qu'il étoit à propos de la faire revivre ; en conséquence, il l'a retouchée avec soin : il a conservé le fond, qui a le mérite de la clarté; mais en certains endroits il a changé la forme; il a remanié quelques phrases, et en a substitué de nouvelles, a élagué les notes, et n'a conservé que celles qui peuvent servir à l'intelligence du texte. En un mot, cette traduction est actuellement fort bonne, utile aux jeunes gens, et même aux gens du monde.

Elle a reparu, en 1787, dans ce nouvel état, et ne forme plus que 2 vol. in-12.

### FABRE, SAINT-REMI.

La traduction du P. Fabre (1) est peu capable de former le goût de la jeunesse; elle est lâche et prolixe, et n'est guère au-dessus de celle de Martignac.

La version faite par l'abbé de Saint-Remi, et réimprimée en 1746, en 4 vol. in-12, est la meilleure qui, jusqu'à lui, ait été faite de ce poëte, au moins pour la lettre; car quelques critiques prétendent que le traducteur est trop froid, et que quelquefois il noie dans de longues phrases entortillées la poésie de Virgile.

Ce n'est pas un poëme qu'il nous fait lire, c'est un roman insipide, une histoire, ou quel-

---

(1) A Lyon, 1721, 4 vol. in-12.

quefois même une gazette. Sa prose, triste, lourde et languissante, éteint tout le feu poétique de son original. C'est presque partout une paraphrase sans génie, sans goût, sans art, d'un style foible et souvent très-gêné. Il est communément assez fidèle au fond des pensées; mais il ne rend jamais les images, ou les rend mal. On ne trouve, il est vrai, ni termes populaires, ni phrases barbares, ni expressions comiques dans sa traduction, comme dans celle du Père Catrou ; mais on y remarque quelques contre-sens qui lui sont échappés. Ses notes, placées au bas des pages, n'éclaircissent presqu'aucun des endroits difficiles. Les remarques mythologiques et géographiques sont triviales. Il semble avoir épuisé toute son érudition sur de petites étymologies grecques, qu'on trouve dans tous les dictionnaires.

## DES FONTAINES.

L'abbé des Fontaines, qui avoit plus de goût que l'abbé de Saint-Remi, a mis plus de feu dans sa traduction de Virgile. « En réunissant
» tout ce que les critiques en ont dit, je vois,
» dit l'abbé Goujet, que presque tous con-
» viennent qu'en général elle est écrite avec

» pureté; qu'il y a communément de la force
» dans le style, de l'énergie dans les ex-
» pressions, du naturel dans le tour; que la
» traduction de l'Enéide en particulier se fait
» lire avec cette satisfaction que l'on ressent
» dans la lecture d'un beau poëme. Mais je
» vois en même temps, que les mêmes criti-
» ques ont trouvé que le traducteur ne rend
» quelquefois que la moitié de la pensée de
» son auteur, qu'une partie de ce qui forme
» dans l'original, une idée complète; que sa
» traduction n'est point exempte de contre-
» sens ou de sens étrangers, ni même d'expres-
» sions louches, et qu'il s'y trouve, en plus
» d'un endroit, des omissions essentielles. Ils
» ont encore démontré, qu'en s'écartant du
» sens du Père Catrou et de l'abbé de Saint-
» Remi, et en abandonnant l'autorité du Pè-
» re de la Rue, le moderne traducteur est
» tombé dans des fautes que ceux-ci avoient
» su éviter; qu'ainsi il n'a pas toujours raison,
» lorsqu'il déprime les autres traducteurs et
» commentateurs qui l'ont précédé. »

Plassan, imprimeur à Paris, a donné, en 1796, une édition en 4 vol. in-8°., de la traduction de l'abbé des Fontaines, ornée de superbes gravures. Cette édition, qui est faite avec beaucoup de soin, est recherchée par les amateurs ; mais elle n'a point fait oublier celle que Quillau fit paroître en 1743, enrichie de figures de Cochin : les exemplaires de celle-ci sont rares et chers en grand papier.

## M. BINET.

Plein d'un respect religieux et éclairé pour son modèle, M. Binet s'est imposé la loi de rendre dans sa traduction (Paris, 1805, 4 vol. in-12), et de rendre avec noblesse, jusqu'aux moindres expressions de Virgile. Il a parfaitement réussi dans cette entreprise ; le défaut de précision que pouvoit faire craindre une fidélité trop scrupuleuse, ne se fait pas sentir dans son travail. L'élégance et la fidélité qui distinguent cette traduction de toutes les précédentes, en font à la fois une lecture agréable aux gens du monde, et un guide sûr pour ceux qui veulent entendre l'auteur Latin.

## SEGRAIS.

Si des traductions en prose nous passons à celles en vers, nous trouverons que nous sommes plus riches ; car il faut l'avouer, malgré le mérite de la plupart des versions citées, nous n'avons eu pendant long-temps que de froides copies de Virgile. Je n'en excepte pas la traduction en vers de son Enéide, par Segrais, Lyon, 1719, 2 vol. in-8°. La Monnoye a beau lui dire dans une épigramme connue :

> Quand Segrais affranchi des terrestres liens,
> Descendit plein de gloire aux Champs Elysiens,
> Virgile en beau français lui fit une harangue ;
> Et comme à ce discours Segrais parut surpris,
> Si je sais, lui dit-il, le fin de votre langue,
> C'est vous qui, me l'avez appris.

Cet éloge est ingénieux; mais il n'est pas aussi vrai. Le style de Segrais a un peu vieilli. Sa versification sent d'ailleurs un homme accablé du poids de son entreprise, et qui paroît ne songer qu'à s'en délivrer promptement. Enfin, Segrais a violé une des règles essentielles à un bon traducteur des anciens poëtes ; c'est de ne pas s'éloigner du sens de son original, même lorsque la versification peut en souffrir.

Segrais avoit aussi traduit les Géorgiques ; et cet ouvrage posthume parut en 1712, in-8°.; mais notre Parnasse se glorifie peu d'une pareille production.

## M. DE LILLE.

On préfère généralement les traductions des mêmes ouvrages, données par M. de Lille.

Celle des Géorgiques parut en 1770; elle n'est ni au-dessus, ni au niveau de l'original; car qui pourroit le surpasser, ou même l'égaler? Mais elle est digne de lui par la variété et par la richesse des expressions, par le choix heureux des termes, par les grâces de la diction, qui n'ôtent rien à la fidélité que doit se prescrire tout traducteur. Enfin, c'est une belle copie d'un beau tableau.

Les éditions qui ont paru depuis 1783, contiennent d'heureuses corrections. On peut lire avec fruit les observations critiques de M. Clément, sur cette traduction, Paris, 1771 et 1772, 2 vol. petit in-8°.

C'est une tradition assez généralement reçue, que Racine et Boileau entreprirent de concert, la traduction de l'Iliade en vers, et l'abandonnèrent. Si M. de Lille a été plus hardi dans une entreprise semblable, loin de le blâmer, on doit lui savoir gré de sa hardiesse et de son travail. Il nous a valu beaucoup de beaux vers et un poëme qui pourra même être lu avec plaisir, par ceux qui ne connoissent pas l'original : ceux qui le connoissent et qui jugeront la traduction, trouveront que la comparaison n'est pas à l'avantage du traducteur. Il ne pouvoit guère en être autrement; le poëte

qui

qui invente, peut rejeter ou modifier une idée qui lui fournit un beau vers, s'il ne peut l'accompagner d'un autre vers qui en soit digne. Le traducteur n'a pas cette liberté; il est assujetti à rendre telle idée, et lorsqu'il a trouvé le vers dont il a besoin, il ne peut le rejeter, par cela seul qu'il lui est impossible de rendre avec autant de bonheur les idées qui suivent dans l'original. Il intercale alors ses propres idées dans un vers postiche, pour reprendre ensuite celles de son modèle : qu'en résulte-t-il ? la couleur du tableau est changée, le goût moderne est mêlé au goût antique, et l'on est forcé de convenir qu'il étoit difficile de faire autrement.

Les fautes sont pardonnables dans un ouvrage aussi long; elles sont rachetées par de grandes beautés de style, par de nombreux passages où l'on trouve au degré le plus éminent, le mérite de la difficulté vaincue. La première partie du quatrième livre est un chef-d'œuvre de poésie française; plusieurs morceaux sont dignes de Racine. Le talent de M. de Lille se montre surtout dans les descriptions; celle de la Renommée est très-brillante, et l'on peut dire que celle du mont Atlas mérite d'être mise à côté du tableau de Virgile.

La traduction de l'Enéide par M. de Lille parut en 1804, dans plusieurs formats.

### RICHER, LA ROCHE.

Les Eglogues du poëte Latin ont aussi paru en vers français; plusieurs morceaux ont été rendus avec succès. Nous ne parlons point des versions foibles et languissantes de Richer (1) et de l'abbé de la Roche (2). Le ton de Virgile est simple, mais aisé et élégant. Celui de ses traducteurs n'est guère que simple et prosaïque.

### GRESSET.

Jusqu'à ces derniers temps, on a lu avec plus de plaisir, la traduction des Bucoliques par Gresset, plusieurs fois réimprimée avec ses poésies; mais il faut la considérer moins comme une version exacte, que comme une imitation hardie des Eglogues de Virgile. Selon l'auteur, l'exactitude classique et littérale ne sert qu'à rabaisser l'essor poétique. Il a donc voulu en secouer le joug : intimidé, dit-il, et averti par le peu de succès de quelques traducteurs de différens poëtes; traducteurs craintifs et scrupuleux, qui n'ont

---

(1) En 1717, à Rouen, in-12.
(2) Dans ses OEuvres mêlées, Paris, 1732, in-12.

eu d'autre mérite dans leur travail, que celui de prouver au public qu'ils savent expliquer mot pour mot leur auteur. Pour lui, peu touché de ce mérite de pédant et d'écolier, il a cru devoir se mettre au large, et conserver le fond des choses, sans s'enchaîner aux termes; enfin, il a étendu ou resserré les pensées du poëte, suivant le besoin des transitions et les contraintes de la rime.

## M. TISSOT.

M. Tissot dit, dans la préface de sa traduction en vers des Eglogues, 1800, in-8°., qu'il a tâché de joindre à l'exactitude, l'élégance et la brièveté; mais de ces deux dernières qualités, on voit qu'il a trop souvent sacrifié la première à la seconde. Dans une langue aussi peu concise, aussi embarrassée de conjonctions et d'articles, que la nôtre, il vaut quelquefois mieux mettre un vers de plus que de retrancher ce qui rend poétique l'idée ou l'image qu'on veut exprimer.

## MM. DE LANGEAC ET F. DIDOT.

Il eût été à souhaiter, pour la gloire de Virgile et des lettres françaises, que ce grand poëte, si heureux en traducteurs pour ses

Géorgiques et l'Enéide même, eût inspiré à M. de Lille le désir de remplir la tâche glorieuse d'une traduction complète de Virgile en vers français. Le public crut un instant ses vœux accomplis, lorsqu'à la suite du poëme de l'Imagination, les libraires annoncèrent une traduction des Bucoliques en vers français ; mais il ne tarda pas à être détrompé : on sut bientôt que cette traduction appartenoit à M. de Langeac ; elle étoit bien loin aussi de satisfaire l'attente des amis des lettres.

La traduction des Bucoliques et de quelques idylles de Théocrite en vers français, par M. Firmin Didot, 1806, in-8°., prouve qu'il est pénétré des beautés de Virgile et de Théocrite ; et cette admiration raisonnée des anciens, lui a déjà rendu le service de le garantir des vices principaux du style moderne. S'il n'est pas toujours parvenu à concilier partout la grâce et l'harmonie, à nous donner enfin Théocrite et Virgile, c'est qu'après le mérite de bien sentir de pareilles beautés, le talent le plus rare, est de les faire goûter à d'autres. Mais si M. Didot veut se borner à ne regarder cette traduction que comme un essai, la revoir avec des yeux sévères, et s'entourer d'amis éclairés, il peut le rendre, par degrés, plus généralement digne de l'original, et donner surtout à son style cette heureuse facilité, qui est le fruit du travail, mais qui doit et peut le déguiser, au point que l'art ne laisse aucune trace sensible.

### LE FRANC DE POMPIGNAN.

La traduction des Géorgiques par ce célèbre littérateur, parut en 1784 ; il y avoit long-temps qu'elle étoit commencée. L'auteur en lut le premier livre dans une assemblée publique de l'Académie Française, en 1760 ; cette lecture reçut de grands applaudissemens. Après le brillant succès de la traduction de M. de Lille, M. de Pompignan ne pouvoit qu'exposer sa copie à côté de celle de son heureux concurrent, et demander aux connoisseurs laquelle des deux a un peu plus de ressemblance avec l'original : ni l'une ni l'autre de ces deux traductions ne nous paroît approcher, à beaucoup près, de la perfection du poëme de Virgile.

La traduction de M. de Pompignan a été réimprimée in-12, en 1798.

### M. RAUX.

On ne lira que les remarques critiques sur la traduction des Géorgiques, de M. de Lille, dans la nouvelle traduction de M. Raux, Paris, 1801, in-8°. Comme il est plus aisé de juger sévèrement les vers d'autrui, que d'en composer de meilleurs, la plupart de ces remarques sont fort justes.

### M. COURNAND.

Les petits avantages que remporte quelquefois M. Cournand dans sa traduction des Géorgiques en vers français (1804, in-8°.), ne détruisent pas l'immense supériorité de M. de Lille. Cette nouvelle traduction porte l'empreinte de la gêne dans tous les endroits où son auteur a voulu lutter de précision, contre la poésie brillante de son prédécesseur.

### M. D'AUTROCHE.

On trouve dans la traduction en vers de l'Enéide, par M. d'Autroche, plusieurs morceaux bien rendus ; mais, en général, le traducteur n'a pas atteint la précision de style, et n'a pas fait ressortir la beauté des images de l'original, autant que paroissoit le promettre le talent qu'il a développé dans sa traduction des odes d'Horace. Les notes qui accompagnent cette traduction (Paris, 1804, 3 vol. in-8°.), offrent de l'instruction et de l'intérêt; elles sont écrites avec goût.

## M. GASTON.

La traduction de l'Enéide en vers, 1803 et 1806, in-8°., fait beaucoup d'honneur au goût et au talent de M. Gaston. Ses lecteurs lui pardonneront, en faveur des nombreuses difficultés qu'il a vaincues, celles qu'il n'a pas pu surmonter, un peu de sécheresse dans ses transitions, et de légères inadvertances de style, inséparables d'un ouvrage d'aussi longue haleine.

Les littérateurs instruits doivent encore lire cette traduction avec d'autant plus de charme, qu'ils trouveront dans les notes de l'auteur, une érudition variée, un goût délicat, un style élégant et convenable au sujet.

## M. DUFOUR.

Le quatrième livre de l'Enéide a été traduit en vers par M. Dufour, et imprimé à Berlin en 1798, in-8°. Le style du traducteur est aussi énergique que concis.

## SCARRON.

Scarron, le père de notre poésie burlesque, a pris encore beaucoup de liberté, pour ne pas dire de licence, en travestissant l'Enéide. Il nous en a donné les six premiers livres en vers burlesques. Quelques hommes d'un goût bizarre trouvent cette momerie fort plaisante. Des gens d'esprit même, Racine, par exemple, s'en sont quelquefois amusés. Il est vrai que sa gaieté surprend d'autant plus, qu'il étoit accablé d'infirmités et de douleurs; mais elle ne se soutient pas toujours. Plat et insipide en cent endroits, il est trop rempli de ces bouffonneries triviales, qui sont le poison de la véritable plaisanterie. Ce qu'il y a de moins excusable, c'est l'obscénité; elle s'y montre à découvert en plus d'un endroit, et l'on ne peut prendre à cette lecture un plaisir innocent. Quelque peu scrupuleux que fût Scarron, il semble convenir lui-même, qu'il avoit un peu de honte de son ouvrage : c'est dans l'endroit où en parlant des champs de deuil, il dit :

> Tout auprès, de pauvres Poëtes
> Qui rarement ont des manchettes,
> Y récitent de mauvais vers.
> On les regarde de travers,
> Et personne ne les écoute,
> Ce qui les fâche fort sans doute;
> En la noire habitation
> Il en est plus d'un million ;
> Comme à Paris, chose certaine,
> Chaque rue en a la centaine
> De ceux qu'on appelle plaisans,
> Rimeurs burlesques soi-disans,
> Du nombre desquels on me compte ;
> Dont j'ai souvent un peu de honte.

Mais,

Mais, peut-être, n'est-ce là que le discours d'un poëte qui se repent aisément en vers, des fautes qu'il commet toujours ; et qu'il seroit fâché de ne point commettre. L'Enéide de Scarron trouva des continuateurs moins enjoués que lui.

## M. VICAIRE.

M. Vicaire, professeur émérite d'éloquence, et ancien recteur de l'université de Paris, a fait paroître, en 1787, un *Plan de l'Énéide de Virgile*, in-12, chez Debure l'aîné. Les détails que renferme cet ouvrage, sont faits pour être lus et retenus par quiconque est animé du désir de posséder à fond l'intelligence du second poète épique. Virgile, à l'aide de cette lecture, nous découvre de nouvelles beautés ; on voit que l'imagination, la belle poésie, n'ont pas été les seuls talens de l'auteur Latin, qu'il a su les asseoir sur un jugement solide et éclairé ; qu'il étoit instruit profondément dans l'histoire de son pays, et qu'il ne ressemble nullement à nos beaux esprits modernes, dont l'ignorance ne se fait que trop souvent reconnoître.

## HORACE.

Ce tendre ami de Virgile, l'est aussi de tous les lecteurs d'un goût délicat. Les autres chefs-d'œuvres de l'antiquité, peu lus par le commun des lecteurs, se sentent un peu du chagrin qu'on a eu en les apprenant par cœur. La jeunesse, dégoûtée par de pénibles essais, revient plus rarement à Cicéron et à Virgile. Horace est privilégié; on l'a lu au collége, et on le lit dans le monde. Une distinction si avantageuse pour ce poëte Latin, vient sans doute de la variété des sujets qu'il a traités; elle vient encore plus de ce qu'il a donné à tant de sujets différens, la beauté propre à chacun. Sublime sans emphase dans la plupart de ses odes, délicat dans celles qui ne demandent pas d'élévation, tendre quand il se plaint, véhément quand il censure, judicieux quand il loue, sage lors même qu'il s'emporte, il pense toujours finement; et son expression, partout ingénieuse, égale presque toujours la finesse de ses pensées.

Horace, le seul des Latins qui ait parfaitement réussi dans l'ode, s'étoit nourri de la lecture de tous les lyriques Grecs. Il chante, à l'exemple de Pindare, les dieux, les héros et les combats; il badine avec Anacréon, ou emprunte de la lyre de Sapho, des sons tendres et touchans, pour célébrer les charmes de Glycère et les douceurs de la vie champêtre.

Exempt du fiel amer de Juvenal, jamais il ne critique sans agrément; et sa satire est accompagnée d'un badinage si ingénieux, qu'elle plaît même à ceux qui en sont l'objet. Ses satires, ainsi que ses épîtres, sont écrites dans une espèce de prose cadencée et dépouillée de tout l'éclat de l'harmonie poétique. Mais quelle élégance, quelle urbanité dans le style! Quel enjouement dans les pensées! Quelle finesse dans les expressions! Quelle philosophie dans ses maximes de morale! Resserrées dans des vers énergiques, elles se gravent profondément dans la mémoire de quiconque a assez d'esprit pour en connoître tout le mérite.

Son Art Poétique retrace les règles essentielles de la poésie; c'est une école de goût pour le poëte et même pour l'orateur; une rhétorique écrite avec chaleur et avec agrément. Dans tous ses écrits, il inspire à ses lecteurs le goût du beau, du simple et du naturel; dans son Art Poétique, il donne des leçons pour avoir ce goût.

Horace semble s'être fait un caractère particulier, composé de Pindare et d'Anacréon. On ne peut nier qu'il n'égale, qu'il ne surpasse même ce dernier par la volupté de son pinceau, par cette ingénieuse naïveté, par ces traits fins et délicats, et par cette noble facilité que l'amour inspire. Mais s'il se reconnoît lui-même fort inférieur à Pindare, on peut dire néanmoins, qu'il marche à côté de lui dans cette même ode, où il se met au-dessous : c'est là qu'il le compare à un torrent impétueux, qui, gonflé par les pluies, franchit ses bords, et précipite avec fureur ses eaux immenses et profondes ; tandis que pour lui, il se regarde comme une abeille matinale, qui, avec beaucoup de peines, cueille le thym autour des bois et des humides rivages de Tibur. Il se rendoit en partie justice ; et en général, il n'a pas cette pompe et cette magnificence qui distinguent le poète Grec. Pindare frappe l'imagination de ce qu'il y a de grand ; Horace, de ce qu'il y a de beau. Pindare est incomparable lorsqu'il célèbre les dieux, les rois et les vainqueurs, couverts d'une noble poussière dans les jeux de la Grèce ; Horace ne fait jamais mieux éclater son génie, que lorsqu'il folâtre avec Bacchus et les Amours, qu'il dessine un agréable paysage, qu'il décrit les charmes de sa Glycère, et les champêtres agrémens de sa maison de Tivoli. Les idées de Pindare portent toujours une empreinte de sublime : celles d'Horace sont marquées au coin de l'aimable nature. C'est, sans doute, ce qui a fait dire au seul de nos poëtes qui l'égale :

Le seul Horace en tous genres excelle.

La première édition d'Horace ne porte point de date ni de nom de ville ; mais on la croit imprimée à Milan, vers 1470, par Zarotus, in-4°.

J. M. Zeune a donné à Léipsic, en 1788, in-8°., la meilleure édition d'Horace ; elle est faite d'après le texte de Bentley, avec les notes de Baxter et de Gesner.

Edition de Barbou, 1763 ou 1775, in-12.

Les amateurs recherchent l'édition d'Horace, donnée par Daniel Elzévir, en 1676, in-12, avec les commentaires de J. Bond.

M. Achaintre, libraire de Paris, a publié, en 1806, in-8°., une nouvelle édition d'Horace, avec les mêmes commentaires, enrichie de quelques additions; elle paroît mériter de faire partie des *Variorum.*

## TRADUCTIONS.

### M. DACIER.

Plus de vingt écrivains ont traduit ou travesti Horace. Le premier qui mérita quelqu'attention en ce genre, fut Dacier. Sa traduction, imprimée à Paris depuis 1681, jusqu'en 1689, en 10 vol. in-12, est fidèle à la vérité dans le texte, savante et instructive dans les notes; mais elle manque de grâce; elle n'a nulle imagination dans l'expression; et l'on y cherche en vain ce nombre et cette harmonie que la prose comporte, et qui est au moins une foible image de celle qui a tant de charme dans la poésie. Si Horace dit à sa maîtresse, *miseri quibus intentata nites ;* Dacier dit : *malheureux ceux qui se laissent attirer par cette bonasse, sans vous connoître.* Il traduit, *Nunc est bibendum, nunc pede libero pulsanda tellus :* « c'est à présent qu'il » faut boire, et que sans rien craindre il faut » danser de toute sa force. » « *Mox juniores* » *quærit adulteros* : elles ne sont pas plutôt

» mariées, qu'elles cherchent de nouveaux ga-
» lans. » Mais quoique Dacier défigure Horace, son livre est plein de recherches utiles. Le grand défaut de ce traducteur, est d'exprimer peu heureusement tout ce qui est du ressort de l'esprit et du sentiment. Les grâces naïves et délicates, qui ont tant de vie dans l'original, sont presque mortes dans la copie.

Charles, marquis de Sévigné, fils de l'illustre Marquise, eut avec Dacier une dispute sur le vrai sens d'un passage d'Horace, qui lui fit beaucoup d'honneur. Il composa pour ce procès trois *factums*, où, sans faire parade d'une pesante érudition, il montre beaucoup de génie, se défend avec une politesse aimable, raille avec finesse et repousse avec légèreté les attaques pesantes de son adversaire. Les *factums* de M. de Sévigné furent imprimés avec deux de M. Dacier, sous ce titre : *Dissertation critique sur l'Art Poétique d'Horace;* Paris, chez Girin, 1697, in-12.

On trouve dans les *Œuvres Complètes* de Dumarsais, un précis fort judicieux de cette dispute.

## LE PÈRE TARTERON.

Cet autre traducteur d'Horace avoit plus d'esprit que Dacier ; et sa version (1) fut d'abord comblée d'éloges. Selon les uns, l'on pouvoit dire qu'Horace, entre ses mains, n'avoit rien perdu de sa beauté, ni de l'élévation de ses pensées ; que la prose n'ôtoit rien à la poésie ; et qu'Horace devenu français, ne seroit point méconnu des courtisans d'Auguste. Selon d'autres, rien n'étoit plus net, plus naturel, plus poli. C'étoit une copie qu'on pouvoit admirer, après même qu'on avoit senti les beautés de l'original. Ce qui doit rester de ces louanges excessives, c'est que « le tra-
» ducteur, dit l'abbé Goujet, prend en gros
» les idées de son auteur, et les rend en des
» termes qu'on lit toujours avec plaisir ; mais
» qui, comme il en convient lui-même, sont
» détachés et indépendans des phrases et des
» façons de parler d'Horace. »

## LE PÈRE SANADON.

La traduction du père Sanadon (2), con-

---

(1) Elle a été plusieurs fois imprimée en deux vol. in-12.
(2) Elle parut en 1728, en deux vol. in-4°., sous le titre de
frère

frère du Père Tarteron, a encore beaucoup de réputation ; mais il est quelquefois plus paraphraste que traducteur. A la poésie lyrique d'Horace, qui est si serrée et si énergique, il substitue ordinairement une prose poétique, où il y a du feu et de l'élévation, mais diffuse et allongée. Le même défaut ne se fait pas sentir dans les satires et les épitres. Peut-être que notre langue n'a pu lui fournir des tours assez vifs, ou que livré à l'enthousiasme poétique, il n'a pas pris soin de régler l'activité de son imagination. Du reste, il y a de l'esprit, du goût et de la délicatesse dans sa traduction et dans ses notes. Mais plusieurs savans ont blâmé la liberté qu'il a prise, de faire des changemens considérables dans l'ordre et dans la structure même des odes. De toutes les pièces du poëte, il n'en a laissé que trois dans leur ancienne situation; partout il met de nouveaux titres et de nouveaux argumens. Il partage quelquefois une pièce en deux, et quelquefois de deux il n'en fait qu'une. Il enlève au poëte plusieurs vers qui avoient paru sous son nom. Il change la distribution, à laquelle on avoit

---

*Poésies d'Horace, disposées suivant l'ordre chronologique, avec des Remarques et des Dissertations.*

été accoutumé jusqu'à lui. Ces arrangemens, ou plutôt ces dérangemens n'ont pas plu à tout le monde. Il y en a pourtant qui servent à mieux faire entendre le poëte Latin.

On estime une édition des Œuvres d'Horace en latin, traduites en français par Dacier et Sanadon, avec les remarques de l'un et de l'autre, Amsterdam, 1735, 8 vol. in-12.

## L'ABBÉ BATTEUX.

Horace, si digne d'être traduit, l'a été encore deux fois dans le dix-huitième siècle ; la version de l'abbé Batteux, publiée en 1750, deux vol. in-12, est écrite avec moins de légèreté que celle du Père Tarteron ; mais elle est plus exacte et plus fidèle. On souhaiteroit seulement que les grâces naïves et délicates de l'original fussent plus animées dans la copie.

Dans une nouvelle édition de cette traduction (Paris, 1804, 2 vol. in-12), M. Peyrard a rétabli dans le texte latin, les passages trop libres que Batteux avoit retranchés ; et en traduisant ces morceaux, le nouveau traducteur s'est attaché à blesser le moins possible les oreilles françaises.

## M. BINET.

La traduction des Œuvres d'Horace, publiée par ce célèbre professeur, en 1783, 2 vol. in-12, vaut en général mieux que toutes celles qui ont précédé. On trouvera dans Sanadon, dans l'abbé Batteux, quelques endroits plus heureux que dans M. Binet; mais quant à l'ensemble, il leur est supérieur. Peut-être que de toutes les trois, fondues les unes avec les autres, et corrigées par un homme de goût, on formeroit un bon ouvrage.

## L'ABBÉ PELLEGRIN.

Plusieurs pensent qu'on ne devroit traduire les ouvrages en vers, qu'en vers; mais il n'y a qu'un grand poëte qui soit capable d'un tel travail; et ce grand poëte n'est pas facile à trouver. Le partage d'Horace a été, pendant long-temps, de n'avoir presque que des traducteurs médiocres. L'abbé Pellegrin publia, en 1715, en deux vol. in-12, ses odes traduites en vers français, avec le texte à côté de la traduction; mais cette version est moins connue, que l'épigramme de la Monnoye.

> Il faudroit, soit dit entre nous,
> A deux divinités offrir ces deux Horaces,
> Le latin à Vénus la Déesse des Grâces,
> Et le français à son époux.

## AUTRES TRADUCTEURS.

On trouve plusieurs autres morceaux d'Horace épars çà et là. L'abbé Salmon en a fait un recueil, en 1752, 5 vol. in-12, sous le titre de poésies d'Horace en vers français, avec le texte latin et des extraits de ceux qui ont travaillé sur cet auteur.

### M. DARU.

M. Daru a vaincu toutes les difficultés qu'Horace présentoit à ses traducteurs en vers, il les a même détaillées dans la préface pleine de goût, qu'il a mise à la tête de sa traduction, Strasbourg et Paris, 1804 et 1805, 4 vol. in-8°. En général, la versification de M. Daru a de la facilité, du naturel, de l'harmonie et de la grâce. Il a su se plier facilement aux différens genres, et varier le rhythme de ses vers selon les sujets, avec beaucoup d'art et de goût.

### M. LEFEVRE DE LA ROCHE.

M. Lefevre la Roche n'a fait imprimer que la traduction de l'Art Poétique en vers, 1798, in-18, quoiqu'il ait traduit Horace en entier. Ses vers ont presque toujours de l'harmonie, une précision élégante, et ces coupes heureuses qui conservent fidèlement le mouvement de la pensée. A l'exemple de l'abbé Batteux, M. Lefebvre de la Roche a joint à sa traduction, des réflexions sur les préceptes généraux d'Horace, que l'on peut lire encore avec profit.

## OVIDE.

Si Horace est difficile à traduire, Ovide, quoique plus clair et plus abondant, ne l'est pas moins. Qui peut se flatter de rendre jamais en notre langue cette facilité, cette finesse, ces tours si variés, si vifs ; ces traits piquans, ce coloris ; enfin, toute cette expression abondante, serrée, badine, éloquente ; tantôt pleine et tantôt légère, qui forme le caractère unique et singulier de cet heureux génie ? Tous les sujets qu'il traitoit, quelque stériles, quelque bizarres même qu'ils fussent, devenoient riches, gracieux et fleuris entre ses mains. Mais comme il avoit infiniment d'esprit, il en mettoit partout jusqu'à l'excès. Se plaignoit-il de ses malheurs ! Il songeoit bien plus à être ingénieux, qu'à inspirer la compassion. Ecrivoit-il des lettres amoureuses ! C'étoient pensées sur pensées, de l'esprit à chaque mot, par conséquent peu de sentiment et de passion. Un autre défaut, c'est qu'il aime à s'égayer jusque dans les sujets les plus graves et les plus sérieux. Bien différent de ce peintre admirable, dont Pline fait mention, qui donnoit toujours plus de choses à penser aux spectateurs, qu'il n'en exprimoit ; Ovide ne laisse rien à deviner. Il exprime toujours plus qu'il ne peint. Il offre une idée sous toutes les images dont elle est susceptible, et ne la quitte qu'après avoir épuisé celles qui peuvent la représenter. Cette abondance excessive est comme le fond de son caractère ; et les exemples en sont si fréquens dans ses élégies, surtout, qu'elle n'a pas besoin d'être prouvée.

Dans tout ce qui nous reste sur la mythologie des anciens, on ne trouve rien que l'on puisse comparer aux quinze livres des Métamorphoses d'Ovide. Au lieu d'un recueil froid, insipide ou simplement didactique, il en a fait une espèce de poëme, dont l'univers entier est la scène, et qui embrasse tous les temps qui s'étoient écoulés depuis le commencement du monde, jusqu'au siècle où il écrivoit. Que de traits, que de couleurs différentes ne falloit-il pas avoir ramassés, pour un si grand nombre de tableaux ! Et à la fin de l'ouvrage, son pinceau n'est pas affoibli. Il a plus fait encore : dans des fables qui se ressemblent, parce que souvent ce sont des nymphes changées ou en arbres, ou en rochers, ou en fontaines, il a su mettre les nuances délicates qui les distinguent les unes des autres. Aglaure, métamorphosée en rocher, est différente d'Anaxarète, qui éprouve le même changement. Les Héraclides, qui deviennent des peupliers, ne ressemblent ni à Daphné, ni à Dryope, qui sont aussi changées en arbres. Aréthuse et Cyane, métamorphosées l'une et l'autre en fontaines, n'ont rien de commun, même dans le détail de leur changement. Ce sont toujours de nouvelles images, des beautés singulières. Uni dans les narrations, pathétique, tendre et touchant dans les monologues, élevé dans les harangues; Ovide sait faire passer imperceptiblement le lecteur d'une fable à l'autre, par des liaisons souvent fort ingénieuses. Il a su même, dans une matière obscure, garder une espèce d'ordre chronologique. On le voit, en effet, après avoir commencé par le chaos et le déluge, s'approcher d'événemens en événemens, jusqu'à la mort de Jules-César, par où il finit cet ingénieux et pénible ouvrage.

La première édition d'Ovide a été imprimée à Boulogne, en 1471, in-fol.

L'édition de Burman, Amsterdam, 1727, 4 vol. in-4°., est très-estimée.

Les corrections de Politien sur son exemplaire d'Ovide, ont été consultées pour la nouvelle édition de Barbou, 1793, 3 vol. in-12.

## TRADUCTIONS.

### L'ABBÉ BANIER.

De toutes les productions d'Ovide, les Métamorphoses sont la plus justement célèbre. Nous en avons sept ou huit traductions françaises en prose; mais on ne lit plus guère aujourd'hui que celles de l'abbé Banier et de M. Dubois-Fontanelle. Toutes les autres, et l'on y comprend celles de du Ryer et de l'abbé de Bellegarde, sont totalement oubliées ou dignes de l'être. Il existe, à l'usage des gens du monde favorisés des dons de la fortune, une magnifique édition de la traduction des Métamorphoses, par l'abbé Banier, Amsterdam, 1732, in-fol., avec les figures de Picart; version bien écrite, et enrichie de savantes notes, mais non exempte de tout reproche. Quelques critiques ont trouvé qu'il y avoit des endroits glacés dans le français, qui dans le latin sont d'une grande chaleur; et que dans d'autres, l'exactitude à rendre le sens

sens de l'original, étoit quelquefois manquée. On reconnut bien tous les avantages qu'une étude assidue des poëtes et de l'ancienne mythologie devoit donner à l'abbé Banier sur les autres interprètes d'Ovide; mais on s'aperçut que, trop plein de ses connoissances mythologiques, il sacrifie assez souvent au sens moral ou historique, le sens physique ou littéral. D'ailleurs, dans sa traduction, ainsi que dans toutes les autres, les fables sont divisées entr'elles, et comme détachées du fond de l'ouvrage ; ce qui détruit l'unité du poëme, ou en fait perdre le fil.

## M. DUBOIS-FONTANELLE.

Cet auteur d'une nouvelle traduction des Métamorphoses d'Ovide (Paris, 1767, deux vol. in-8°.), a évité cet inconvénient. Son objet a été, 1°. de rendre le poëte Latin avec la fidélité la plus scrupuleuse, sans couvrir ni déguiser ses défauts, et sans lui faire rien perdre, autant que pourroit le permettre le caractère de notre langue, de sa force et de ses agrémens ; 2°. de présenter l'ensemble du poëme ; d'en faire sentir l'économie, la liaison et l'unité. Ce double objet a paru très-bien rempli. La traduction est exacte, littérale, précise, poétique, et n'en est que plus agréable, sans être moins pure.

Les nouvelles notes dont l'avant-dernière édition (Paris, 1802, 4 vol. in-8°.) est enrichie, rendent l'ouvrage plus instructif, mais n'ont pas fait disparoître le vice de *servilité*, qui laisse à découvert les défauts qu'on reproche au poëte Latin, et ne fait pas ressortir assez les beautés, qui souvent les font oublier.

M. Gay, libraire, fait paroître dans ce moment, par livraisons in-4°. et in-8°., une très-belle édition des Métamorphoses en français, ornée de gravures, exécutées d'après les dessins de MM. le Barbier et Monsiau. Le traducteur (M. Villenave) a senti que si une traduction en vers rendoit mieux les figures, les tours, les mouvemens et les hardiesses de l'original, une traduction en prose avoit l'avantage de mieux faire entendre le sens de l'auteur. Ce qui justifie encore ce système, c'est que dans une prose poétique, on dit à peu près tout ce qu'on diroit en vers. Cette traduction, d'ailleurs, a le mérite d'être exacte et d'offrir, en général, une lecture suivie, où le gout le plus sévère ne trouve ni dans les mots, ni dans les phrases, rien qui le puisse blesser : on n'y peut désirer que plus de hardiesse et de précision ; on regrette aussi que le traducteur n'ait pas profité de l'ouvrage de M. Dupuis, sur l'*Origine de tous les Cultes*, pour rectifier plusieurs notes mythologiques de l'abbé Banier.

## MALFILATRE.

La traduction des Métamorphoses d'Ovide, qui parut en 1799, sous le nom de Malfilatre, est indigne de cet homme de lettres.

## THOMAS CORNEILLE.

La traduction des Métamorphoses en vers, par Thomas Corneille (Paris, 1697, 3 vol. in-12), n'est pas sans mérite ; elle a eu des lecteurs jusque dans ces derniers temps.

## M. DE SAINT-ANGE.

On remarque, en général, dans la traduction en vers des Métamorphoses, par M. de Saint-Ange (Paris, 1800, 2 vol. in-8°.), de l'aisance, de la liberté dans les tours, et un grand respect pour la langue. Le traducteur surmonte la double gêne de la versification et de la traduction, sans se permettre des irrégularités dont elle auroit été l'excuse. Ses inversions n'ont rien de dur, ses hardiesses rien d'étrange, ses associations de mots rien de barbare. Tout n'est pas sans doute également fini ; mais on voit que tout pourroit l'être : c'est la langue de nos grands maîtres, maniée par un de leurs disciples. La préface mérite une attention particulière ; on y voit un littérateur instruit, qui apprécie le génie de son modèle, ses ouvrages, et en partie ses Métamorphoses ; les notes pleines de goût et d'une érudition bien digérée, pourroient être encore d'une plus grande utilité, si elles étoient mises au niveau des connoissances acquises en mythologie.

## MEZIRIAC.

Les Héroïdes d'Ovide ont eu, ainsi que les Métamorphoses, plus d'un traducteur : c'est surtout dans cet ouvrage, que paroît la facilité de son auteur. Le style en est pur ; l'imitation des passions, et l'expression des inclinations et des mouvemens du cœur, s'y montrent si sensiblement, qu'on voit que c'étoit là le grand talent de ce poëte. Mais, selon sa coutume, il veut y paroître trop spirituel ; il court souvent après des ornemens frivoles, et répand quelquefois des fleurs, au lieu de montrer des sentimens. Renouard, Meziriac, Martignac, l'abbé de Bellegarde, mademoiselle l'Héritier, etc., ont tenté d'en rendre en vers ou en prose, le sens ou les expressions, l'esprit ou la lettre, et souvent les ont manqués l'un et l'autre. En effet, à l'exception de Meziriac, dont la version poétique, indépendamment de l'érudition prodiguée dans son ample commentaire, n'est certainement pas méprisable; quelle idée tous ces traducteurs donnent-ils d'Ovide! Il seroit ignoré, s'il n'étoit connu que par eux.

Pour avoir donc une foible idée de ses Héroïdes, il faut lire la traduction publiée à Paris, chez Duchesne, 1763, in-8°. Cette version est bien supérieure, pour le style et pour l'exactitude, à toutes celles que nous avons citées; mais quand on la rapprochera du texte de notre poëte, qu'on le trouvera peu reconnoissable! L'auteur n'a pas mis la chaleur qu'une âme sensible, avec une imagination un peu vive, y auroit versée. Mais on peut s'en servir pour bien connoître l'historique, et à peu près, toute la substance des Héroïdes.

L'ABBÉ DE MAROLLES ET KERVILLARS.

Les Fastes d'Ovide ne sont autre chose que le calendrier des Romains, mis en vers. Ce sujet étoit fort sec; mais le poëte, doué de l'imagination la plus heureuse, trouva le moyen de répandre des fleurs sur toute la route qu'il vouloit parcourir. Il rapporte les causes historiques ou fabuleuses de toutes les fêtes ou féries de chaque mois, le lever et le coucher de chaque constellation, d'une manière à faire regretter la perte des six derniers livres qu'il avoit, dit-on, composés pour faire l'année complète. Le Père Rapin ne fait pas de difficulté de dire que les Fastes d'Ovide sont l'ouvrage du meilleur goût, et le plus judicieux de tous ceux qui sont sortis de la plume de ce poëte. Ovide y fait voir qu'il avoit acquis cette perfection de prudence et de modération, qui consiste à dire seulement ce qui est nécessaire, ou convenable. C'est un ouvrage de beaucoup d'érudition, et de celle que l'on puise dans la plus belle antiquité.

L'abbé de Marolles, le Scudéry des traducteurs, en donna une mauvaise version en 1660. On lit avec plus de plaisir le recueil des Fables choisies, extraites des Fastes d'Ovide, traduites en français, le latin à côté, avec des notes sur chaque fable, par le Père de Kervillars, jésuite.

## BAYEUX.

Bayeux, l'une des plus intéressantes victimes de la révolution française, a rendu un service important à la littérature, en donnant une traduction élégante et fidèle des Fastes d'Ovide (Paris, 1783, 4 vol. in-8°.) On trouve à la tête du premier volume, un discours très-étendu, dans lequel l'auteur trace le tableau de la religion romaine. Il a rempli par là la tâche qu'Ovide a négligée. Les notes dont cette traduction est enrichie, sont plus précieuses, en quelque sorte, que le texte même.

## M. DE SAINT-ANGE.

M. de Saint-Ange a donné une traduction en vers des Fastes (Paris, 1804, 2 vol. in-8°.). Elle n'a pas paru faite avec le même soin que celle des Métamorphoses; cependant on reconnoît le talent de l'auteur dans plusieurs morceaux bien écrits.

## LE PÈRE DE KERVILLARS.

Les Elégies qu'Ovide composa pendant son exil, ont été traduites en français par le Père de Kervillars, à Paris, 1723 et 1726, en deux vol. in-12. L'auteur dit qu'il a poussé l'ambition jusqu'à ôter à son ouvrage l'air de traduction, pour lui donner celui d'un ouvrage de première main. Je ne crois pas que l'on puisse blâmer cette ambition; mais on a trouvé que pour la satisfaire, il en coûtoit quelquefois à la fidélité de l'interprétation, et qu'il y a plusieurs endroits, où le sens du poëte est manqué. A l'égard du style, à quelques affectations près, il est varié et élégant. Mais Ovide qui ennuie par ses répétitions, n'a presque rien perdu de son tour asiatique; et le traducteur paroît trop souvent le paraphraste de son auteur.

L'Art d'Aimer et le Remède d'Amour ont eu pour traducteur, dans ces derniers temps, M. F. F. A. D. L. On trouve dans sa prose, à quelques négligences près, tous les ornemens, toute l'élégance dont elle pouvoit être susceptible; mais le rapprochement du texte, qu'on doit néanmoins lui savoir gré d'avoir mis en regard de la traduction, confirme ce qu'on a observé tant de fois, que les poëtes anciens perdent beaucoup à n'être pas traduits en vers. Cette traduction a paru en 1802, en 1 volume in-8°.

MARTIGNAC.

## MARTIGNAC.

Il est étonnant que nous n'ayons point de bonne traduction complète de tous les ouvrages d'Ovide ; il n'y a que celle de Martignac qui soit supportable. Elle parut à Lyon, en 9 vol. in-12, 1697. Le premier volume contient les Héroïdes; le second, les trois livres des Amours, et la Consolation à l'impératrice Livie ; le troisième, l'Art d'Aimer, le Remède d'Amour, l'Art d'embellir le Visage, l'Élégie du Noyer; les quatrième, cinquième et sixième, les quinze livres des Métamorphoses, avec l'abrégé de cet ouvrage, en latin par Guillaume Canteres, et en français par Martignac; le septième, les six livres des Fastes; le huitième, les cinq livres des Tristes; le neuvième, les épîtres écrites du Pont et le poëme contre Ibis.

## M. PONCELIN.

M. Poncelin a publié les *Œuvres complètes d'Ovide* (Paris, an VII, 7 vol. in-4°. ou in-8°.); c'est un choix des meilleures traductions, telles que celles de Banier pour les Métamorphoses, de Bayeux pour les Fastes, du Père de Kervillars pour les Élégies Tristes, etc. La traduction des Élégies amoureuses est de l'éditeur. Cette collection n'a point eu de succès; outre que l'impression en est peu soignée et le papier fort mauvais, on eût désiré trouver le texte latin en regard des traductions.

## D'ASSOUCI.

Croiroit-on que dans le temps de la fureur du burlesque, Ovide fut habillé de ces guenilles du mauvais goût? D'Assouci publia, en 1650, Ovide en belle humeur, enrichi de toutes sortes des figures burlesques. Cette ridicule platitude plut dans le temps. C'est ce qui fit dire à Boileau :

> Le plus mauvais plaisant eut ses approbateurs ;
> Et jusqu'à d'Assouci, tout trouva des lecteurs.

Ce trait piqua vivement le poëte burlesque; et voici de quelle manière il s'en plaint dans la relation de ses aventures, qu'il publia lui-même d'un style très-bouffon : « ah ! cher lec-
» teur, si tu savois comment ce *tout trouva*
» me tient au cœur, tu plaindrois ma desti-
» née ; j'en suis inconsolable ; et je ne puis re-
» venir de ma pamoison, principalement
» quand je pense qu'au préjudice de mes ti-
» tres, dans ce vers qui me tient lieu d'un
» arrêt de la cour du parlement, je me vois

» déchu de tous mes honneurs, et que ce
» Charles d'Assouci, d'Empereur du burles-
» que qu'il étoit, premier de ce nom, n'est
» aujourd'hui, si on le veut croire, que le
» dernier reptile du Parnasse, et le marmi-
» ton des Muses. Que faire, lecteur, en cette
» extrémité ? Après l'excommunication qu'il
» a jetée sur ce pauvre burlesque disgracié,
» qui daignera le lire, ni seulement le regar-
» der dans le monde, sous peine de sa malé-
» diction ? »

BENSERADE.

Je ne sais si l'on ne doit pas mettre aussi au rang des traductions burlesques, les Métamorphoses d'Ovide, mises en rondeaux par le doucereux Benserade ? On ne s'est accordé qu'à louer la beauté de l'édition, et l'élégance des figures gravées aux dépens du roi. C'est ce qui donna lieu au joli rondeau attribué à Chapelle, qui finit par ces vers :

Mais quant à moi, j'en trouve tout fort beau,
Papier, dorure, images, caractère,
Hormis les vers qu'il falloit laisser faire
A la Fontaine.

## TIBULLE ET PROPERCE.

Ce sont deux poëtes élégiaques. Tibulle est

tendre et naturel, passionné, délicat, noble sans faste, simple sans bassesse, élégant sans affectation. Il sent tout ce qu'il dit, et le dit toujours de la manière dont il faut le dire. Il a les bonnes qualités de Properce et d'Ovide, et n'en a point les défauts.

On remarque plus de travail dans les Elégies de Properce; et l'art s'y fait trop apercevoir : « non, dit l'abbé Souchay, que les cho-
» ses qu'il exprime s'éloignent toujours de la
» vérité; mais ce qu'elles pouvoient avoir de
» naturel, il le gâte par les traits historiques
» ou fabuleux qu'il y mêle continuellement. »

Mais quelle magnificence dans l'expression de ce poëte, toutes les fois qu'il a de grands objets à décrire! C'est par l'expression surtout, qu'il égale peut-être Horace et Virgile : c'est par l'expression, qu'il mérite un rang dans cette première classe qu'on leur assigne trop exclusivement. A peine leur est-il inférieur pour la richesse des images, qui, toujours présentées sous les couleurs du sentiment et de la volupté, ravissent à la fois l'imagination, l'âme et les sens.

Comme nous n'avions aucune bonne traduction de ce poëte, tour à tour léger et sublime, il étoit difficile d'en apercevoir le mérite;

c'est ce qui a fait que plusieurs personnes se sont méprises dans le jugement qu'elles en ont porté. Ses transitions trop rapides, une certaine variété de tours inconnus à quiconque n'a point fait une étude approfondie de la langue latine, mais qui n'en sont pas moins dans le génie de cette langue; l'espèce d'obscurité que répandent sur ses Elégies, ses allusions à quelques usages de l'ancienne Rome; l'emploi qu'il fait souvent des traits les plus ignorés de la fable; enfin, cette fougue de génie, qui l'emporte de temps en temps au delà des bornes d'une exacte logique, ont jusqu'ici fait regarder Properce comme un poëte entortillé, incorrect et trop hérissé de science, pour être toujours l'interprète de la nature, et le peintre de la volupté.

*Voyez* pour les éditions de Tibulle et de Properce, les éditions de Catulle, que nous avons indiquées.

## TRADUCTIONS.

### L'ABBÉ DE MAROLLES.

Cet écrivain infatigable, a encore traduit Tibulle; et quel auteur n'a-t-il pas mis en français? Il se fâche, dans sa préface, contre le métier de traducteur, qu'il avoit fait presque toute sa vie, le regardant comme peu honorable, parce qu'il l'avoit peu honoré.

## LA CHAPELLE.

On fait plus de cas des Amours de Tibulle, par Jean de la Chapelle, de l'Académie Française, où se trouve la traduction des Elégies de ce poëte en vers français (Paris, 1712, 3 vol. in-12). Cette version est pourtant bien foible; c'est plutôt une imitation qu'une traduction. Il a changé, ajouté et retranché, selon qu'il l'a cru convenable à son dessein. Il s'est servi tantôt de grands vers, tantôt de vers libres et mêlés de toutes sortes de mesures. Il a voulu seulement donner une idée de Tibulle, et non pas Tibulle même. Ses vers sont aisés; mais il y en a beaucoup qui ne diffèrent de la prose que par la rime, surtout ceux qu'il appelle vers libres.

## MOYVRE.

Le goût romanesque qui règne dans l'ouvrage de la Chapelle, caractérise aussi, à peu de chose près, la vie de Tibulle, tirée de ses écrits, publiée à Paris, 1743, en 2 vol. in-12. C'est le fruit du commerce de M. Gillet de

Moyvre, avocat, avec les Muses. On y trouve toutes les poésies de Tibulle, traduites en vers français. L'auteur dit qu'il s'est permis de supprimer, de transporter, de changer quelques vers, même d'augmenter, enfin d'ajouter à la pensée de Tibulle. Il faut avouer qu'il a souvent usé de ces priviléges, et qu'il n'est pas toujours facile de reconnoitre le poëte dans le traducteur.

Le même auteur, après nous avoir donné la vie de Tibulle, publia celle de Properce. C'est encore un ouvrage de sa jeunesse, pour lequel il lui revint, dans un âge mûr, un retour de complaisance, qui l'engagea à le reproduire au grand jour, en 1746. On y trouve, comme dans son histoire de Tibulle, la traduction, ou l'imitation en vers français, d'une partie des poésies de Properce; et comme c'est le même goût qui règne dans ces deux ouvrages, on peut appliquer au second le jugement qu'on a porté du premier. M. de Moyvre a pris tout le fond de l'histoire de Properce dans l'histoire même ; mais il a cru que Properce, Ovide et Virgile, vivant dans le même temps, il pouvoit supposer que ces trois fameux poëtes se consultoient mutuellement, et qu'ils étoient très-unis. Cette supposition, avec plusieurs épisodes, a fourni quelques ornemens.

## M. L'ABBÉ DE LONGCHAMP.

Pour concilier le double intérêt de l'agrément et de l'utilité, M. de Longchamp a mis à la suite de chaque livre, des remarques instructives. C'est là qu'il renvoie les éclaircissemens dont la version ne lui paroissoit pas susceptible. Le lecteur, dit-il, vers la fin du discours préliminaire, tient peu de compte d'un volume de gloses et de travail, qui est ordinairement en pure perte pour la vanité de l'auteur ; mais Properce est de tous les poëtes anciens, celui qui a le plus besoin de notes grammaticales et historiques. Ses fréquentes allusions à la Mythologie, dont les principaux traits sont les dogmes trop peu respectés dans ses élégies, exigeoient surtout un grand nombre de remarques, sans lesquelles plusieurs passages seroient demeurés fort obscurs, même à côté de la traduction. Ces remarques, savantes sans pédantisme, donnent la clef des endroits de Properce les moins intelligibles.

En général, la traduction de M. de Longchamp est fidèle, claire, poétique, souvent
pleine

pleine d'énergie et de noblesse; si l'on y trouve quelques taches, le nombre n'en est pas considérable. On doit observer que cette version n'étoit pas aisée; qu'elle offroit de grandes difficultés à vaincre, et que M. de Longchamp n'avoit d'autre guide à suivre que lui-même; car l'abbé de Marolles, Passerat, Béroalde et Scaliger, qui ont essayé d'éclaircir Properce, nous laissent encore à douter s'ils l'ont entendu. Ainsi le public ne peut qu'applaudir à l'exactitude avec laquelle M. de Longchamp nous a rendu la plus grande partie des beautés d'un des poëtes de l'antiquité, les plus difficiles et les plus agréables.

M. de Longchamp nous apprend dans une nouvelle édition ( Paris, an XI, 2 vol. in-8°.), que sa traduction a été faite en société avec son frère. Jusqu'ici le public n'en avoit pas été instruit; ils craignoient que l'on n'entendît pas raison sur un livre qui a deux pères : « c'est le
» moment de faire cet aveu, dit M. de Long-
» champ, l'éditeur, puisqu'une longue épreu-
» ve d'indulgence et de faveur de la part du
» public, balance au moins le préjugé qui,
» si long-temps, a tenu cet aveu suspendu. Je
» déclare donc ici que je n'ai, dans cet ou-
» vrage, de propriété bien distincte de celle

» de mon frère, que les additions, notes et
» corrections nécessaires au complément de
» cette nouvelle édition, dont je cours seul
» tous les risques. »

## LE COMTE DE MIRABEAU.

Le célèbre Mirabeau a traduit les Elégies de Tibulle, avec les Baisers de Jean Second (Tours, 1796, 3 vol. in-8°.). Il n'a point reproduit dans sa traduction, les grâces passionnées et l'élégante mollesse du premier des élégiaques ; il n'a pas même entendu son auteur, toutes les fois que le sens offroit quelques difficultés. On aimera mieux ses imitations de Jean Second ; la licence et les jeux d'esprit de ce poëte convenoient mieux au traducteur, que la tendresse voluptueuse, l'élégance et le goût de Tibulle. M. la Chabeaussière a réclamé la traduction de Tibulle. Voyez *la Décade philosophique*, N°s. 79 et 82.

## PHÈDRE.

A l'esprit des Romains sa plume a retracé
Les utiles leçons d'un esclave sensé ;
De ses termes choisis l'élégante justesse
Sert chez lui de grandeur, de tour et de finesse ;
Sans tirer de l'esprit un éclat emprunté,
Le vrai plaît en ses vers par sa simplicité.

C'est ce que dit Van-Effen de Phèdre, affranchi d'Auguste, qui composa cinq livres de fables, imitées d'Esope, et pleines d'élégance, de naturèl et de vérité. Les maximes saines qu'il offre dans tous ses apologues, lui méritent une place parmi les sages qui ont prêché la morale et la vertu, et qui ont donné la parole aux animaux pour instruire les hommes.

La première édition de Phèdre a été donnée par F. Pithou, à Troyes, en 1596, petit in-12.

L'édition la plus utile est celle de Schwabe, Halle, 1779 - 1781, 3 vol. in-8°.

Publius Syrus a été réuni à Phèdre, dans l'édition de Léipsic, 1803, in-8°.

On trouve les Fables de La Fontaine, tirées des sujets de Phèdre, dans l'édition de l'abbé Brotier, à Paris, chez Barbou, 1783, in-12.

## TRADUCTEURS.

### DENISE.

Nous avons une traduction en vers français par M. Denise, de l'ouvrage de Phèdre. Elle fut publiée en 1708, in-12. La versification est plus aisée qu'élégante ; mais l'auteur a su assez bien conserver le tour simple de l'original latin.

## DE SACY.

Plusieurs écrivains ont traduit les Fables de Phèdre en prose. De Sacy publia sa traduction, sous le nom de Saint-Aubin, en 1646; et l'on dit de cette version, que Phèdre ne se fût pas exprimé autrement, s'il avoit écrit en prose française. Cet éloge est outré; et nous avons de meilleures traductions, sans compter celle de l'abbé Prévot (en 1702), qui n'est qu'une copie de celle de De Sacy; sans parler de celle que le Père Fabre, de l'Oratoire, publia en 1728.

## MM. LALLEMAND ET GAIL.

M. l'abbé Lallemand nous a donné les Fables de Phèdre en latin et en français, avec des remarques, Rouen, 1758, in-12. Cette traduction, claire et exacte, est d'une simplicité convenable à l'original. Ses notes peuvent être utiles aux commençans; et il n'a eu qu'eux en vue. On peut consulter dans les *Trois Fabulistes*, Esope, Phèdre et La Fontaine (Paris, 1796, 4 vol. in-8°.), la traduction de M. Gail; elle est remarquable par son exactitude.

## PERSE.

Ce poëte satirique est remarquable pour la morale pure et le grand fond de raison qui distinguent ses satires. On lui a reproché d'être obscur; mais il avoit peut-être de grands motifs pour ne pas être plus clair. Boileau a dit de lui :

> Perse en ses vers obscurs, mais serrés et pressans,
> Affecta d'enfermer moins de mots que de sens.

Quant aux éditions de Perse, voyez ci-après celles de Juvenal.

## TRADUCTIONS.

### LE NOBLE.

Ce poëte a été traduit en vers et en prose. Le Noble en fit une imitation en vers français, en 1704, in-12. Le soin qu'il prit d'habiller à la française le poëte Romain, fait quelquefois un effet assez singulier. On se trouve un peu surpris, et Perse le seroit peut-être plus qu'un autre, de voir, par exemple, dans ses satires, l'éloge du grand Bossuet, évêque de Meaux. On croit d'ailleurs que peu de personnes auront approuvé la liberté que M. le Noble a prise dans cette traduction. Sous prétexte de faire parler le satirique Latin en français, il verse sa bile sur les poëtes ses contemporains. On ne veut voir que le satirique du règne de Néron; et l'on ne doit point lui faire violence; jusqu'à mettre sur son compte ses caprices et ses haines personnelles.

## TARTERON.

Les traductions de Perse en prose sont en plus grand nombre, que celles en vers. L'insipide Marolles, la Valterie, écrivain foible, monotone et prosaïque; Martignac, auteur de la même trempe, l'avoient traduit avant le Père Tarteron, qui publia sa version en 1688, in-12. Ce jésuite a mieux aimé s'accommoder au goût du siècle, que de représenter le poëte absolument tel qu'il est. Mais sans lui ôter que peu de chose de ses pensées, il a assez heureusement exprimé son génie, son goût, son caractère. Le style du traducteur est aisé, vif, élégant, et fort naturel. Il ne se ressent nullement ni du pays Latin, ni de la langue latine. Mais on l'a trouvé trop familier dans cette longue épître préliminaire, où il trace les portraits de trois satiriques Latins. Juvenal y a paru d'ailleurs un peu trop maltraité, et Perse trop flatté; quoique, du reste, cette épître soit pleine de réflexions solides et ingénieuses.

## MM. LEMONNIER ET SELIS.

M. l'abbé Lemonnier et M. Selis ont publié chacun séparément, l'un en 1771, et l'autre en 1776, une traduction des Satires de Perse, qui a tenu, pendant quelques années, les suffrages du public en suspens. Ces traductions ont même excité entre les deux auteurs une *petite guerre*, dont les motifs ont été publiés par M. Selis en 1777. La victoire paroît être restée à ce dernier.

## JUVENAL.

Ce poëte satirique fit pour les mœurs, ce qu'Horace avoit fait pour le bon goût; il tâcha de les réformer par des invectives violentes. Son caractère est la force et la verve. Horace écrivit en courtisan adroit, Juvenal en citoyen zélé. L'un ne laisse rien à désirer à un esprit délicat et voluptueux ; l'autre satisfait pleinement une âme forte et rigide. Juvenal méprise l'arme légère du ridicule ; il saisit le glaive de la satire ; et courant du trône à la taverne, il en frappe indistinctement quiconque s'est éloigné des sentiers de la vertu. C'est un censeur incorruptible, mais qui, en dévoilant avec trop d'emportement le vice, alarme quelquefois la pudeur des gens de bien.

La première édition de Juvenal et de Perse, a été imprimée à Rome, vers 1470, in-fol.

L'édition de Casaubon, Leyde, 1695, in 4°., est estimée.

L'édition de Barbou, 1747, a été réimprimée en 1776, in-12.

## TRADUCTIONS.

### TARTERON.

Notre littérature possède plusieurs traductions de Juvenal. Chaline, Marolles, Martignac, la Valterie, l'ont successivement rendu en français. Mais leurs versions barbares, plates ou allongées, énervent toute l'énergie du poëte Latin.

Le Père Tarteron, jésuite, en donna une en 1700, in-12, qui a été long-temps entre les mains de la jeunesse. C'est d'après elle que les gens du monde ont jugé Juvenal; mais que le satirique Romain est lâche dans cette version! On reproche non-seulement des contresens au traducteur, mais de la foiblesse, du trivial, de la dureté, de la foideur. Juvenal
avoit

avoit étudié les mœurs de son temps, dans l'école du monde; le Père Tarteron ne connoissoit guère que le collége; et quand même il auroit connu le monde, son état lui auroit peut-être interdit la liberté de donner à ses peintures, toute l'énergie qu'un laïque peut se permettre sans conséquence.

## M. DU SAULX.

M. du Saulx n'a pas été gêné par les entraves qui glaçoient la plume de Tarteron. On a donné les plus justes éloges à sa traduction des Satires de Juvenal, Paris 1770, in-8°. Une bonne version est celle qui retrace vivement l'original à ceux qui le connoissent, et qui en tient lieu aux autres; telle est celle de M. du Saulx. Il a su éviter les deux écueils des traducteurs; la servitude et la licence. Sa traduction restera entre les mains du public, et n'en laissera pas désirer d'autre. Son discours préliminaire est pensé; il est très-bien écrit. Il a un plus grand mérite encore, c'est celui d'annoncer une âme honnête. Le parallèle d'Horace et de Juvenal, composé de traits puisés dans leurs écrits, est de main de maître. Il auroit peut-être été à désirer que l'auteur eût pris un ton moins élevé.

Cette excellente traduction a été réimprimée avec des corrections de l'auteur, en 1782, 2 vol. in-8°.; et en 1796, 2 vol. in-4°.

On fait peu de cas de la traduction de Juvenal, publiée en 1779, in-4°., par M. Maupetit.

## M. DUBOYS-LAMOLIGNIÈRE.

M. Duboys-Lamolignière a donné une traduction de Juvenal et de Perse en vers, en 1801, in-8°. Ces auteurs offrent une tâche très-difficile au traducteur en prose; il faut donc pardonner à un traducteur en vers, s'il n'atteint pas la hauteur des originaux.

## LUCAIN.

Lucain, neveu de Sénèque, a fait une gazette pompeuse de la guerre de César avec Pompée. Ce poëme porte le titre de Pharsale. Un poëte Français très-boursouflé, préféroit l'enflure de Lucain au sage enthousiasme de Virgile; presque personne n'a été de son avis. Lucain n'a connu ni la nature de l'épopée, ni le caractère et les lois de la fable ou de l'invention poétique, ni les bornes de la fiction. Dans un sujet consigné partout, soit dans les monumens publics, soit dans la mémoire des Romains, par une tradition presqu'orale, Lucain ne pouvoit plus faire usage des grandes machines de l'épopée, ni introduire à son gré les dieux ; mais la fiction qu'il n'avoit pas la liberté de répandre dans l'économie de son poëme, il l'a fait entrer dans les détails. C'est donc là qu'il excède partout la vraisemblance que la fiction ne dispense pas d'observer, et qu'il fait le plus étrange abus du merveilleux, en le prodigant sans nécessité, avec un excès qu'aucun romancier, même Espagnol, ne s'est peut-être permis.

Si les calamités de Rome sont annoncées par des prodiges, Lucain les accumule avec une telle profusion, qu'il semble avoir compilé tous les écrits des Augures. Le camp de César en Espagne est inondé par une forte pluie qui l'incommode beaucoup, mais dont César parle lui-même comme d'un événement ordinaire. Cette pluie, dans Lucain, ressemble au déluge de Deucalion ; il renchérit presque sur Ovide. S'il fait la description de l'hiver dans un climat tempéré, il rassemble tous les frimats et toutes les glaces du Pôle arctique. L'été succède ; on est transporté sous le ciel le plus brûlant de la Zone torride.

La bourrasque qu'essuie César sur la mer, dans le foible esquif qui le portoit lui et sa fortune, est, sous le pinceau de Lucain, la plus horrible tempête dont on ait l'idée. Dans le voyage de Caton, en Afrique, tous les serpens de la terre, comme s'ils s'étoient donné rendez-vous, sont rassemblés sur son passage. Enfin, géographie, navigation, astronomie, magie, physique, histoire naturelle, médecine, etc., etc., Lucain sait tout comme Homère; mais il outre tout, et ne met presque rien à sa place.

Ce n'est-là qu'une partie des défauts qu'il y auroit à remarquer dans son poëme. Il en est de beaucoup plus graves, et qu'on ne peut effacer d'un trait de plume. Toute l'histoire, dans la Pharsale, est ridiculement altérée. Tous les caractères, à commencer par ceux de César et de Pompée, sont totalement défigurés, changés, travestis. Partout est marquée sans ménagement, la partialité la plus révoltante et la plus absurde contre César. Il est toujours représenté comme le plus grand scélérat qu'ait produit Rome.

La philosophie, dont on lui fait honneur, est sans doute une belle partie; mais c'est peut-être encore un des défauts de son poëme. La philosophie d'Homère bien démêlée par Horace; n'est pas celle de Chrisippe et de Crantor; aussi n'est-elle pas discoureuse; celle de Lucain est le pur stoïcisme qu'il avoit puisé à l'école de son oncle.

Concluons que, quand on a bien discuté Lucain, son mérite paroît se réduire à faire penser fortement quelques-uns de ses personnages, à leur donner de la fierté, de l'élévation et de l'énergie, c'est-à-dire, à bien dessiner des têtes, ou à leur donner beaucoup de vigueur et d'expression. C'étoit un homme de génie, mais sans règle, sans frein, sans goût. Il faut donc lire la Pharsale, tant pour la poésie de style, où parmi tous ces défauts il y a de belles choses, que pour les traits de génie que l'on y rencontre : mais il faut bien précautionner les jeunes gens contre un ouvrage qui se ressent trop de la jeunesse de l'auteur, et dont les vices sont séduisans.

La première édition de Lucain est de Rome, 1469, in-fol.

On estime l'édition d'Oudendorpius, Leyde, 1728, 2 vol. in-4°.

Le Supplément de Thomas May ajoute du prix à l'édition de Barbou, 1767, in-12.

## TRADUCTEURS.

### MAROLLES, BRÉBEUF.

L'abbé de Marolles et Brébeuf, dans le 17e. siècle, ont essayé de traduire Lucain, et l'ont tous deux défiguré : mais chacun à sa manière et très-différemment. Marolles, dans sa prose, est plat et languissant ; Brébeuf, dans ses vers, est encore plus emphatique que son modèle ; mais il se relâche quelquefois : et quand Lucain rencontre heureusement la véritable beauté d'une pensée, le traducteur demeure beaucoup au-dessous ; comme s'il vouloit paroître facile et naturel, où il lui seroit permis d'employer toute sa force.

### M. BILLECOQ.

M. Billecoq, homme de loi, a donné, en 1796, 2 vol. in-8°., une édition de la Pharsale de Lucain, accompagnée de la version de Brébeuf, avec la vie des deux poëtes, et des réflexions critiques sur leurs ouvrages.

### MASSON ET MARMONTEL.

Depuis les deux premiers traducteurs, la Pharsale avoit été négligée, lorsqu'enfin, en 1766, il parut deux autres traductions à la fois : la première, celle de M. Masson, trésorier de France, est exacte et propre à faire connoître le Lucain du temps de Néron, avec tous les défauts de sa jeunesse, et ceux qu'il tenoit du mauvais goût de son siècle.

La seconde est celle de Marmontel, l'un des plus grands admirateurs de Lucain. Après avoir fait son apologie dans la préface, il développe éloquemment les causes éloignées et prochaines de la guerre civile entre César et Pompée. Ce morceau est digne de Saint-Réal. Quant à sa traduction, elle est trop élégante pour être servile et scrupuleusement littérale. Marmontel exprime quelquefois plus simplement que Lucain, de grandes idées et de belles images. Il a considéré la Pharsale comme un arbre vigoureux et touffu, dont il y avoit à retrancher bien des branches infructueuses, et qu'il falloit émonder sans le tailler au ciseau. Il s'est pourtant servi du ciseau, pour retrancher entièrement, au commencement du premier livre, la longue apostrophe à Néron, excès honteux de flatterie, dont Virgile avoit donné le mauvais exemple dans son invocation des Géorgiques. Lorsque Lucain, par trop de précision, est obscur, l'académicien, pour développer ou déterminer la pensée, a mieux aimé allonger le texte, que de le commenter en notes. Celles qu'il a mises au bas des pages, ont pour objet d'éclaircir quelques détails, et le plus souvent de concilier le poëte avec les historiens dont les textes sont rapportés. Telle est à peu près l'idée que M. Marmontel nous donne lui-même de sa version, et nous la reconnoissons juste en général, sans adopter, quant au détail, beaucoup d'interprétations, dans lesquelles il paroît n'avoir pas saisi le sens de l'auteur.

## M. LE CHEVALIER DE LAURÈS.

Le poëme de Lucain n'est point du nombre de ces ouvrages immortels, que l'on puisse proposer comme des modèles. Les beautés dont la Pharsale est remplie, en rendent, au contraire, la lecture très-dangereuse aux jeunes gens qui n'ont pas le goût formé ; ces beautés sont très-séduisantes et très-propres à couvrir les défauts de ce poëme, qui, consistant dans un certain luxe de pensées et d'expressions, et dans cette espèce d'enflure qu'on prend pour du sublime, font aisément illusion au commun des lecteurs, surtout aujourd'hui, que le style boursouflé est à la mode. L'entreprise

prise de M. le chevalier de Laurès, d'imiter en vers, plutôt que de traduire Lucain, est très-bien conçue. Il a voulu, dans son imitation, 1773, in-8°., faire disparoître les taches qui déparent la Pharsale, et rapprocher les vraies beautés de ce poëme. Il a même inséré dans l'ouvrage quelques morceaux de son invention.

### M. DE LA HARPE.

C'est avec plus de courage que de bonheur et de succès, que M. de la Harpe a entrepris une traduction en vers de Lucain. On trouve dans le second volume de ses *Œuvres choisies et posthumes*, la traduction libre et abrégée des premier, second, septième et dixième livres de la Pharsale. Il lui a été impossible de s'élever à la hauteur du style épique, et il ne s'est tiré heureusement que des morceaux de Lucain, qui n'exigent ni beaucoup d'élévation dans les idées, ni beaucoup de force dans le style.

### SÉNÈQUE.

Tous les sujets que Sénèque a traités, sont des imitations du théâtre grec. On voit qu'il s'efforce de renchérir à chaque instant sur Sophocle et sur Euripide, et ne pouvant atteindre leur simplicité, il se jette trop souvent dans le gigantesque et dans le bizarre. Son style participe aux défauts de ses conceptions; ce n'est pas qu'il soit sans beautés; il a de la richesse, de l'originalité; le tour de sa phrase et de son vers est quelquefois très-précis, quoiqu'il soit plein d'une abondance vicieuse dans l'ensemble de ses ouvrages.

Un des plus beaux titres de gloire de Sénèque, est, sans contredit, l'honneur d'avoir inspiré à Racine la déclaration d'amour de Phèdre à Hippolyte. Si l'on veut connoître le goût, le génie, le caractère de la plupart de ses tragédies, il faut lire les réflexions judicieuses du Père Brumoy dans son *Théâtre des Grecs*.

La première édition des tragédies de Sénèque a paru à Lyon, 1491, in-4°.

L'édition la plus estimée pour les commentaires, est celle de Schrodérus, Delft, 1728, 2 vol. in-4°.

## M. COUPÉ.

M. Coupé a fait un travail utile, en nous donnant une nouvelle traduction des tragédies de Sénèque, 1796, 2 vol. in-8°.; elle est presque toujours élégante, quoiqu'inexacte en quelques endroits.

## PÉTRONE.

« C'étoit un voluptueux, dit Tacite, qui
» donnoit le jour au sommeil, et la nuit aux
» plaisirs et aux affaires. Il y a des hommes
» qui se rendent célèbres par leur application
» au travail; celui-ci s'étoit mis en réputation
» par son oisiveté. Il ne passoit pas cepen-
» dant pour un de ces grossiers libertins, qui
» se ruinent par des débauches folles et sans
» goût, mais pour un homme d'un luxe déli-
» cat et raffiné. Toutes ses paroles, toutes ses
» actions plaisoient d'autant plus, qu'elles
» portoient un certain air de négligence, qui
» paroissoit la simple nature, et qui avoit
» toutes les grâces de la naïveté. Cependant
» lorsqu'il fut proconsul de Bithinie et ensuite
» consul, il se montra capable des plus grands
» emplois. Puis redevenu voluptueux, ou par
» inclination, ou par politique, pour plaire
» au prince qui aimoit la débauche, il fut
» l'un de ses principaux confidens. C'étoit lui
» qui régloit tout dans les parties de plaisir de
» Néron; et Néron ne trouvoit rien d'agréa-
» ble ni de bon goût, que ce que Pétrone

» avoit approuvé. » De là naquit l'envie de Tigelin, qui le regardoit comme un dangereux rival, qui le surpassoit dans la science des voluptés. Pétrone se donna la mort lui-même, pour prévenir celle à laquelle l'empereur, sur une fausse accusation, l'auroit condamné.

Nous avons divers ouvrages sous le nom de ce célèbre voluptueux. Le plus fameux est le Festin de Trimalcion, qu'on lui attribue généralement; mais M. de Voltaire a voulu démontrer que cette satire n'étoit point du tout de lui. « On a prétendu, dit-il, que le
» professeur Agamemnon est Sénèque; mais
» le style de Sénèque est précisément le con-
» traire de celui d'Agamemnon, *turgida ora-*
» *tio ;* Agamemnon est un plat déclamateur
» de collége. On ose dire que Trimalcion est
» Néron. Comment un jeune empereur qui,
» après tout, avoit de l'esprit et des talens,
» peut-il être représenté par un vieux finan-
» cier ridicule, qui donne à dîner à des para-
» sites plus ridicules encore, et qui parle
» avec autant d'ignorance et de sottise, que
» le Bourgeois Gentilhomme de Molière?
» Comment la crasseuse et idiote Fortunata,
» qui est au-dessous de madame Jourdain,
» pourroit-elle être la femme ou la maîtresse

» de Néron ? Quel rapport des polissons de
» collége, qui vivent de petits larcins, dans
» des lieux de débauche obscurs, peuvent-ils
» avoir avec la cour magnifique et voluptueu-
» se d'un empereur ? Quel homme sensé, en
» lisant cet ouvrage licencieux, ne jugera
» pas qu'il est d'un jeune homme effréné qui
» a de l'esprit, mais dont le goût n'est pas en-
» core formé; qui fait tantôt des vers très-
» agréables, et tantôt de très-mauvais; qui
» mêle les plus basses plaisanteries aux plus
» délicates, et qui est lui-même l'exemple de
» la décadence du goût dont il se plaint ? La
» clef qu'on a donnée de Pétrone, ressemble
» à celle des Caractères de la Bruyère ; elle
» est faite au hasard. »

La première édition de Pétrone est de Venise, 1499, in-4°.

L'édition de Burman, Amsterdam, 1743, in-4°., est recherchée.

## TRADUCTIONS.

### NODOT.

Le Festin de Trimalcion a eu plusieurs traducteurs. Premièrement Nodot, qui ajouta une suite trouvée, à ce qu'il dit, à Bellegrade, en 1688; suite dont plusieurs critiques ont contesté, avec raison, l'authenticité. Sa version est en vers et en prose, ainsi que son original. Sa prose est claire et facile ; mais ses vers sont froids et languissans, et en général cette traduction est trop paraphrasée.

## LAVAUR.

Lavaur en publia une beaucoup plus littérale en 1726, in-12, sous ce titre, *Histoire secrète de Néron, ou le Festin de Trimalcion,* traduit de Pétrone, avec des notes historiques, un discours préliminaire sur Pétrone, son histoire secrète, et plusieurs autres remarques servant à l'intelligence de cet ouvrage.

## DU JARDIN.

M. du Jardin, peu content de cette version, où il y a des retranchemens que les hommes vertueux jugeront nécessaires, en donna une nouvelle en 1742, en deux vol. in-12, sous le nom de Boispréaux. Sa traduction, quoiqu'un peu libre et quelquefois peu fidèle, est écrite d'un style communément léger, vif et animé; et jusqu'alors Pétrone n'avoit point eu, en notre langue, d'interprète plus délicat. M. du

Jardin a traduit en prose ce qui est en prose dans Pétrone, et en vers ce qui est en vers dans l'original.

## M. DURAND.

M. Durand, professeur de belles-lettres au Lycée de Moulins, n'a pas cru devoir traduire d'une manière absolument littérale, la satire de Pétrone ( Paris, an XI, 2 vol. in-8°.), il s'est attaché surtout à adapter cet ouvrage au génie de notre langue. Sa traduction est enrichie de notes qui renferment des recherches curieuses sur les mœurs et les usages des anciens. La vie de Pétrone, et des lettres sur sa personne et sur ses ouvrages, se lisent avec beaucoup d'intérêt.

## MAROLLES ET BOUHIER.

Nous avons encore de cet auteur Latin, un poëme sur la guerre civile entre César et Pompée. C'est une espèce d'inspiration prophétique, un caprice d'imagination, où il y a des portraits touchés avec force, et frappés de bonne main. Il y en a deux traductions, l'une en prose par l'abbé de Marolles, et l'autre en vers par le président Bouhier; celle-ci est digne de la plume de ce magistrat. On la trouve dans son recueil de diverses traductions en vers français, Hollande, 1737, in-4°., et à Paris, 1738, in-12.

### M. DE GUERLE.

Les traductions en vers de Pétrone, faites par l'abbé de Marolles, Nodot et du Jardin, étoient loin de satisfaire ceux qui ne pouvoient lire cet auteur dans la langue originale. La nouvelle traduction de M. de Guerle (Paris, 1799, in-8°.) ne fait connoître que le poëme de la *Guerre civile*; mais M. de Guerle a donné de plus que le président Bouhier, dans des notes pleines d'érudition placées à la suite du poëme, des imitations assez soignées et très-élégantes de presque tous les fragmens en vers qui nous restent de Pétrone.

### MARTIAL.

Aucun poëte peut-être n'a été considéré sous plus de faces différentes, et n'a par conséquent essuyé plus de jugemens divers de la part des savans, que Martial. Les uns le regardent comme un écrivain très-médiocre; les autres le révèrent comme le dieu de l'épigramme. On ne sauroit concevoir, dit Scaliger, rien de plus parfait que Martial; il a des
épigrammes

épigrammes divines, son style est pur ; ses sujets bien choisis, ses vers aisés, harmonieux, pleins de grâce et d'urbanité. Parleroit-on autrement d'Horace ou de Virgile ?

Le célèbre Muret prétend, au contraire, que Martial gâta la poésie par un style pointilleux et plein d'affectation. C'est, à l'entendre, l'opprobre des poëtes Latins ; critique outrée. Paul Jove traite Martial de poëte impur et mordant ; mais sans lui refuser du talent et de l'esprit.

On ne doit pas être surpris, au reste, que l'on n'ait pu s'accorder sur le talent de cet auteur. Un recueil de petites pièces satiriques, souvent obscènes, et plus souvent insipides, ne devoit pas réunir tous les suffrages. Ce poëte, d'ailleurs, aux yeux d'un homme vertueux, doit paroître un monstre. Il peint dans toute leur nudité les crimes les plus détestés de la religion et de la nature. Un pareil ouvrage doit fatiguer à la longue le lecteur le plus courageux. Ajoutez à ce désagrément, celui de lire sans cesse des pointes qui ne sont que retournées ; mille passages, dont le prétendu bon mot pouvoit bien piquer la malignité des contemporains de l'auteur, mais qui n'ont pour nous aucun sel ; des obscénités sans nombre, qui demandent toujours un commentaire. Il se sert avec une affectation continue, de mots extraordinaires et recherchés. Il faut plus d'étude et de mystère pour l'entendre lui seul, que pour expliquer tous les poëtes du siècle d'Auguste.

Catulle excelle dans le même genre; il a du sentiment, de la finesse, de l'aménité. Son ouvrage n'est pas considérable ; mais il est exquis, élégant, varié ; c'est la nature qui lui dicte des vers ; il a de l'âme et du goût ; Martial, au contraire, n'a que de l'esprit et de l'art. On trouve, en général, dans ce dernier, plus de feu, plus de saillie, mais non autant de délicatesse. En un mot, Martial seroit peut-être plus admiré dans notre siècle, où règne le bel esprit. Catulle auroit été plus applaudi sous celui de Louis XIV, où régnoit le génie.

On peut s'en tenir au jugement que Martial a porté lui-même de ses poésies : il n'a jamais mieux rencontré, que lorsqu'il a dit que parmi ses épigrammes il y en avoit quelques-unes de bonnes, plusieurs de médiocres; mais la plupart sont fort mauvaises :

*Sunt bona, sunt quædam mediocria, sunt mala plura.*

Il y a donc dans ce poëte des traits heureux,

charmans, uniques même, et dignes du meilleur ton de l'antiquité. Je m'étonne qu'on n'ait pas encore fait un choix judicieux, pour en former un recueil intéressant, que le goût et la vertu ne puissent pas désavouer.

La première édition de Martial parut à Venise, vers 1470, in-fol.

Les notes de Scriverius font rechercher l'édition qu'il en a donnée à Leyde, 1619, in-12.

L'édition de 1680, *ad usum Delphini*, in-4°., pourra suppléer à la précédente.

On trouve jusqu'aux épigrammes attribuées à Martial, dans l'édition de Barbou, 1754, 2 vol. in-12.

Quelques-uns de nos poëtes ont mis plusieurs de ses épigrammes en vers français ; elles sont répandues dans le recueil de leurs Œuvres. Il y en a une assez foible traduction en prose, publiée in-12, 1753, à Avignon ; mais elle ne contient qu'une petite partie de l'auteur. La seule traduction complète que nous ayons, est celle de l'abbé de Marolles, Paris, 1655, 2 vol. in-8°. ; elle est rare.

M. l'abbé de Ponçol, connu avantageusement par l'*Analise des Traités des bienfaits et de la clémence de Sénèque*, précédée de la vie de ce philosophe, a laissé des manuscrits considérables, qui contiennent une traduction de Martial avec des notes ; elle mériteroit d'être imprimée.

## STACE.

Quelque décrié que soit Stace, on ne peut pas néanmoins lui refuser une imagination riche et forte, qui l'auroit placé dans un rang distingué parmi les poëtes, s'il avoit su l'assujettir aux règles du bon goût. Parmi ses idées gigantesques et les emportemens de sa fougue, que de traits heureux ! quelle veine ! quel torrent de poésie ! Nous avons de lui deux poëmes héroïques: la Thébaïde, en douze livres ; et l'Achilléide, dont il n'a laissé que deux chants. La mort l'a empêché de le continuer. Ce poëte a encore fait cinq livres de *Sylves*, ou un recueil de petites pièces de vers, sur différens sujets. Stace, en cherchant à s'élever, tombe souvent dans le ton de déclamateur ; et à l'égard de ses poëmes héroïques, il a traité ses sujets plutôt en historien, qu'en poëte.

La première édition complète de Stace a été imprimée à Rome, en 1475, in-fol.

Les notes de Barthius font estimer son édition, imprimée à Zuickaw (*Cigneæ*), 1664, 4 vol. in-4°.

On recherche encore l'édition *Variorum* de Veenhusen, Leyde, 1671, in-8°.

## M. L'ABBÉ CORMILLIOLE.

M. l'abbé Cormilliole publia, en 1783, à Paris, chez Hardouin, une traduction de la Thébaïde de Stace. S'il y a des longueurs dans cette traduction comparée au latin, elles donnent lieu à de magnifiques images, et à des beautés d'un genre supérieur. Il semble que le traducteur se soit plutôt appliqué à créer de nouvelles richesses à son auteur, qu'à profiter des siennes.

La Thébaïde est celui des ouvrages de Stace, où la nature du sujet sombre et atroce, prêtoit davantage à l'intempérance des idées, à l'hyperbole du style. L'âge ayant un peu épuisé sa fougue, les deux livres de l'Achilléide laissent moins apercevoir les vices dominans de leur auteur. On a remarqué que Stace, dont le principal vice est l'enflure, avoit gagné à être lu dans la traduction de M. Cormilliole (Paris, 1803, 2 vol. in-12). Les équivalens d'une autre langue affoiblissent nécessairement l'expression originale.

On désireroit avoir un jugement aussi favorable à porter de la traduction des Sylves, publiée en même temps que l'Achilléide. Le traducteur paroît avoir négligé de consulter les meilleurs textes et les meilleurs commentateurs.

### M. DE LA TOUR.

On ne peut pas se dissimuler que la nouvelle traduction des Sylves, par M. de la Tour, ne soit préférable à celle de M. Cormilliole; avec le secours du commentaire de Markland, Londres, 1728, in-4°., le nouveau traducteur a beaucoup mieux saisi, en plusieurs endroits, le sens de l'original; il a su varier son style suivant le genre des pièces qu'il traduisoit, et qui n'admettoient pas, à beaucoup près, le même ton. Ce style, dans la version comme dans l'original, prend de l'éclat pour l'ode, devient plaintif pour l'élégie, d'une simplicité élégante pour l'idylle, d'une finesse piquante pour la satire et l'épigramme. Cette dernière traduction a été publiée en un vol. in-8°., en 1803, avec le texte, à Paris, chez Colnet.

## SILIUS ITALICUS.

La froideur de Silius Italicus est rachetée

par des détails intéressans. Son poëme sur la seconde guerre punique, est un tableau qui n'est pas piquant ni brillant en couleurs, mais dans lequel on trouve des sites et des incidens pittoresques. Le fond ressemble à une gazette, par la foiblesse de la versification, et par l'exactitude et l'ordre qu'il a mis dans les faits.

La première édition de Silius Italicus a été faite à Rome, en 1471, in-fol.

Drakenborch a donné la meilleure édition avec des notes, à Utrecht, 1717, in-4°.

## M. LE FEBVRE DE VILLEBRUNE.

Nous ne pouvons trop admirer le courage de M. le Febvre de Villebrune, qui a eu la patience de traduire en entier un poëme si difficile à lire. Il y a lieu de croire qu'il eût pris plaisir à rendre son original avec un style plus soigné, plus élégant, plus français, s'il n'eût été intérieurement persuadé que cet original n'en valoit pas la peine. Sa traduction a paru en 1781, 3 vol. in-12, avec le texte.

## VALERIUS FLACCUS.

La poésie de style n'est pas, à beaucoup près, l'endroit brillant de cet auteur. Mais ce que nous avons de son poëme sur les Argonautes, est assez bien ordonné ; c'est du moins le plus épique des poëtes qui vinrent dans l'automne de la poésie latine. Ce poëme n'est point achevé.

La première édition de Valerius Flaccus a paru à Bologne, en 1474, in-fol.

M. Harles a donné une bonne édition de cet auteur à Altenburg, 1781, in-8°.

Feu M. Grainville a laissé dans son portefeuille une traduction de Valerius Flaccus.

### CLAUDIEN.

Claudien, dans la monotonie de sa versification, a de l'élévation, de l'élégance, du style ; que d'agrémens répandus dans ses épithalames ! Les pièces que les connoisseurs lisent avec le plus de plaisir, sont ses invectives contre Rufin et contre Eutrope. Viennent ensuite les poëmes de l'enlèvement de Proserpine et du consulat d'Honorius.

On trouve dans Claudien des beautés d'autant plus admirables, que pour les produire, il lui a fallu s'élever au-dessus de la foiblesse de son siècle. Il semble que le génie de la poésie, qui l'inspiroit, ait voulu rassembler dans lui ses derniers feux, pour les opposer aux glaçons du nord, qui s'avançoient alors vers l'Italie, l'Italie, et devoient bientôt ensevelir les sciences et les beaux-arts sous les ruines de Rome. Son style est ordinairement pur, noble, élégant; ses vers, assujettis aux règles les plus sévères de la prosodie, sont pleins d'une harmonie majestueuse, et charmeroient toujours, si cette harmonie n'étoit pas trop uniforme. Pour les pensées, elles ont souvent de l'élévation, mais plus souvent encore, elles ne frappent que ceux qui se laissent éblouir par un vain éclat. Ce qu'il y a de plus fâcheux, c'est que l'auteur paroît n'avoir presque pas connu cette finesse de goût qui règne dans les écrits de Virgile; c'est qu'il ignore l'art d'allier le grand avec le tempéré; c'est qu'après avoir bien dit, il veut encore mieux dire; c'est que cherchant toujours à s'étendre, à s'enfler, à s'élever, il fatigue son lecteur, languit lui-même, et tombe. Quelles sont donc ces beautés dont on parloit tout à l'heure ? Ce sont des beautés de détail, qui, sans être caractérisées par ces coups de maître qui enchantent, ne laissent pas de plaire et d'émouvoir même quelquefois par un certain ton de force et de grandeur dans les pensées, que soutient noblement l'harmonie des expressions.

Claudien a été imprimé pour la première fois à Vicence, 1482, in-fol.

La meilleure édition de cet auteur est celle de Gesner, Leipsic, 1758, 2 vol. in-8°.

### M. DE LA TOUR.

La traduction de Claudien, par M. de la Tour, est très-bien faite, et les gens de goût la liront avec plaisir. Elle parut avec le texte en 1798, 2 vol. in-8°. Les notes prouvent l'érudition du traducteur, qui cependant n'auroit pas dû se borner à des notes sur le seul *Enlèvement de Proserpine*; d'ailleurs, chaque pièce du temps auroit dû être accompagnée de recherches historiques, et nous invitons l'estimable traducteur à y ajouter ce supplément, pour donner à son ouvrage toute la perfection dont il est susceptible.

### NÉMÉSIEN ET CALPURNIUS.

Ces poëtes bucoliques ont eu un traducteur, qui les a fait passer dans notre langue avec toutes les grâces, toute l'élégance et la fidélité qu'on pouvoit désirer. Cet auteur est M. Mairault, mort en 1746, deux ans après que sa traduction eût paru. Du temps de Charlemagne, les poésies de Némésien étoient au nombre des ouvrages classiques. On y trouve des idées fières, et des vers qui ne manquent ni de tour ni d'élégance. Le langage des bergers de Calpurnius est moins pur et moins naturel, que celui des bergers de Virgile; mais il offre quelques endroits, où la vie champêtre est peinte avec grâce, et le sentiment rendu avec vérité.

Les Eglogues de Némésien et de Calpurnius ont été imprimées ensemble à Mittau, en 1774, in-8°.

## M. DE LA TOUR.

M. de la Tour nous a donné, en 1799, in-18, une nouvelle traduction des idylles de Némésien, et d'un commencement de poëme sur la Chasse. Il y a joint la traduction d'une idylle de Fracastor, sur les Chiens de Chasse. Ces petits poëmes étoient fort difficiles à mettre en français; le traducteur a vaincu plusieurs de ces difficultés; souvent le sens est bien saisi, mais l'expression est forcée, l'inversion dure, l'image exagérée ou effacée.

La première édition de cet auteur, donnée séparément, a été imprimée à Milan, 1490, in-fol.

## AUSONE.

Ausone a de beaux morceaux. L'abbé Jaubert a traduit toutes ses Œuvres, Paris, 1769, 4 vol. in-12. Le traducteur auroit beaucoup plus fait pour la gloire de son auteur, s'il n'eut traduit que les ouvrages qui méritoient de l'occuper, comme le poëme de la Moselle, l'Amour fustigé, les Roses, quelques épigrammes, la plupart des épîtres en vers ou en prose, et le Remercîment à Gratien, tout singulier qu'il est, ou même à cause de sa singularité.

L'édition *ad usum*, par l'abbé Souchay, Paris, 1730, in-4°., a été bien accueillie.

## MANILIUS.

Manilius écrivoit sous Auguste; il a composé en vers un Traité d'Astronomie, dont il ne nous reste que cinq livres. Son style est plein d'énergie et quelquefois de poésie; mais on y trouve des expressions, des tournures, qu'on chercheroit en vain dans les poëtes de son temps.

La première édition de Manilius est de Bologne, 1474, in-fol.

L'édition *ad usum*, avec les notes du savant Huet, Paris, 1679, in-4°., est recherchée.

L'obscurité du texte et la diversité des éditions, avoient obligé plusieurs savans de renoncer au projet de traduire Manilius ; mais l'Académie des Sciences de Paris, qui connoissoit le mérite de M. Pingré, l'un de ses membres, engagea cet homme laborieux à donner une nouvelle édition du poëte Latin, et à faire passer dans notre langue les beautés que l'on remarque souvent dans les Astronomiques ; l'épisode d'Andromède a été jugé digne de Virgile, par plusieurs savans critiques. Le mérite de la traduction de M. Pingré est apprécié depuis long-temps ; Manilius a trouvé en lui l'astronome qui étoit le seul capable de nous le faire lire en français. Cette traduction parut en 1786, 2 vol. in-8°., avec celle des *Phénomènes* d'Aratus, poëte Grec, d'après la version de Cicéron, et les supplémens de Grotius.

## SAINT PROSPER.

Quand le christianisme eût éclairé les hommes, il épura leurs mœurs ; mais il ne put parvenir à perfectionner leur goût. Il ne nous reste, des premiers siècles de l'Eglise, que des hymnes où règne une simplicité sainte, qui les fait plus estimer par les gens pieux, que par les amateurs de la belle poésie. La plupart de ces hymnes ont été traduites par de Sacy, et insérées dans les Heures de Port-Royal. Corneille entra en lice avec lui, et traduisit les mêmes hymnes. Sa version est communément soutenue, harmonieuse, noble ; mais il y a aussi des négligences, des vers foibles, quelques tours forcés et des expressions dures.

Les Œuvres de Saint Prosper forment un vol. in-fol., imprimé à Paris, en 1711, par les soins de M. Mangeant, d'après les recherches de Lebrun des Marettes.

Le poëme de Saint Prosper contre les Ingrats, a été loué par tous ceux qui pensent qu'on peut mettre la théologie en vers.

> Disciple d'Augustin, et marchant sur sa trace,
> Prosper s'unit à lui pour défendre la grace.
> Il poursuivit l'erreur dans ses derniers détours,
> Et contre elle des vers emprunta le secours.
> Les vers servent aux Saints ; la vive poésie
> Fait triompher la Foi, fait trembler l'Hérésie.

Ce poëte a été traduit en français, en vers et en prose, par de Sacy, et cette traduction estimée a été réimprimée en 1717, in-12.

## §. III. DES POËTES LATINS MODERNES.

La plupart des gens de goût sont prévenus contre ceux qui font des vers dans une langue morte; et la latinité moderne leur paroît aussi au-dessous de l'ancienne, que le français est au-dessus du jargon de quelques-unes de nos provinces. Ce préjugé peut être injuste; mais comme il paroît avoir généralement gagné, nous nous étendrons fort peu sur les poëtes des siècles derniers qui ont écrit en latin; et nous ne parlerons guère que de ceux qu'on a traduits ou imités en français.

### VIDA.

On reconnoît dans tous les ouvrages de Jérôme Vida, évêque d'Albe, un génie aisé, une imagination agréable, une élocution légère et facile, quelquefois un peu trop verbeuse et peut-être trop nourrie de la lecture de Virgile, ce qui lui donne en quelques endroits un air de *centons*. Son *Art Poétique*, que Jules Scaliger préféroit à celui *d'Horace*, est écrit avec autant de méthode que d'élégance;

il est divisé en trois chants : dans le premier, il s'occupe de l'éducation du poëte, de la manière de lui former l'oreille et le goût ; il indique les auteurs qu'il doit lire, après quoi il crayonne en peu de mots l'origine et l'histoire de la poésie ; dans le second, il parle de l'invention et de la disposition du sujet, surtout dans l'épopée, qu'il semble avoir eu seule en vue dans son ouvrage ; dans le troisième, il s'agit de l'élocution poétique, sur laquelle il donne des détails très-instructifs ; il y traite de l'harmonie imitative des vers, avec une précision et une clarté qu'on ne trouve pas même chez ceux qui en ont écrit en prose.

La meilleure édition des Œuvres de Vida est celle d'Oxfort, 1722, 1725 et 1733, 3 vol. in-8°.

## TRADUCTIONS.

### MM. BATTEUX ET CRIGNON.

L'abbé Batteux a joint la traduction de la Poétique de Vida à celles d'Aristote, d'Horace et de Despréaux, sous le titre des *Quatre Poétiques*, 1771, 2 vol. in-8°. et in-12. Quelques auteurs regardent le *Poëme sur les Vers d'soie*, comme le meilleur ouvrage de Vida. M. Crignon l'a traduit en 1786, petit in-12.

JEAN

## JEAN SECOND.

Les dix-neuf Baisers de Jean Second, poëte latin, Hollandais, peuvent être regardés comme des élans rapides d'un génie tendre, voluptueux et passionné. Rien de plus varié, de plus naturel, de plus délicat, de plus animé, que ses tableaux. On n'a point à lui reprocher le cynisme de Catulle ; mais il pourroit y conduire. Ses peintures, quoique plus chastes que celles du chantre de Vérone, paroissent d'autant plus séduisantes, qu'elles sont l'expression la plus vive d'une âme qui ne respire que l'amour.

Les poésies de Jean Second ont été imprimées à Leyde, en 1631, in-12.

On les trouvera encore dans les *Amœnitates poeticæ*, imprimées par Barbou, 1779, in-12.

## TRADUCTEURS.

### M. MOUTONNET ET LE COMTE DE MIRABEAU.

Nous avons de M. Moutonnet de Clairfons, une traduction fidèle des Baisers de Jean Second, Paris, 1771, in-8°. On en a imprimé une du comte de Mirabeau, à la suite de sa traduction de Tibulle. *Voyez* le jugement que nous en avons porté, à l'article de ce dernier auteur.

## MM. HEU ET TISSOT.

Au moment où nous envoyons ces articles à l'impression, paroissent deux traductions en vers de notre auteur : l'une par M. Heu, chef de bureau au ministère de la guerre ; l'autre par M. Tissot, avantageusement connu par sa traduction des églogues de Virgile.

## THÉODORE DE BEZE.

Le même volume, imprimé chez Barbou, qui contient les poésies de Jean Second, renferme aussi celles de Théodore de Beze, de Muret et de Bonnefons. Jules Scaliger, le moins indulgent des critiques qui ont parlé des poésies de Beze, lui reproche de fréquens gallicismes. Ce n'est pas, à mon avis, le seul défaut de ce poëte, souvent agréable. On pourroit l'accuser encore de porter la facilité d'esprit jusqu'à l'abus de l'esprit même ; de jouer quelquefois sur le mot jusqu'à la puérilité ; de rabaisser les sujets qu'il traite par des idées minutieuses et peu nobles ; enfin, de sacrifier le mérite des pensées à celui des vers, à la recherche frivole d'une diction facile et abondante. Il mérite cependant d'être distingué de cette foule, si j'ose le dire, de singes de l'antiquité, qui depuis trois siècles ont inondé tous les pays où l'on cultive les lettres. On n'estime guère de ce poëte, que quelques morceaux tirés de ses Sylves, ses élégies, ses épitaphes, ses portraits, ses épigrammmes. Théodore de Beze, l'une des principales colonnes du calvinisme, naquit à Vezelai, l'an 1519, et mourut à Genêve en 1605.

## MURET.

Cet auteur est celui des modernes, qui a peut-être le mieux écrit en latin, si c'est bien écrire que d'avoir su imiter parfaitement le tour d'expression, le nombre et l'abondance verbeuse de Cicéron, sans en avoir la richesse des pensées, ni la force. Ses vers respirent le même goût de l'antiquité, que sa prose; mais il manque de chaleur et d'élévation. L'imitation servile des anciens s'y fait trop sentir; et l'on y trouve souvent un défaut assez ordinaire dans les écrivains de ce temps, c'est l'affectation ridicule de mettre de l'érudition jusque dans les choses de pur agrément. Ses poésies galantes ont été traduites en français.

Muret étoit Limousin, et mourut à Rome, où il étoit professeur, en 1585.

M. François de Neufchâteau a imité en beaux vers français les vers latins que Muret a écrits pour l'usage de son neveu; il a intitulé son ouvrage : *Conseils d'un père à son fils*, Paris, Desessarts, 1798; et Parme, Bodoni, 1801, in-8°.

## BONNEFONS.

On trouve dans ce poëte, né à Clermont en Auvergne, dans le seizième siècle, mort lieutenant général de Bar-sur-Seine, les mêmes grâces, la même facilité que dans les ouvrages de Jean Second; mais non peut-être cette mollesse délicieuse, qui n'est un mérite que dans les poésies galantes. La *Pancharis*, de Bonnefons, et ses vers phaleuques, dans le goût de Catulle, sont de tous les ouvrages modernes, ceux qui approchent le plus du pinceau facile et de la délicatesse de cet ancien. La Bergerie a traduit la *Pancharis* en vers français, fort inférieurs aux vers latins.

## SIDRONIUS HOSSCHIUS.

Très-peu de personnes connoissent en France ce poëte latin, même parmi les gens de lettres. Il n'en est cependant ni moins célèbre, ni moins estimé en Flandres, en Allemagne, en Italie et en Espagne. La beauté de sa poésie, ses tours heureux, la pureté de sa latinité, la justesse de ses expressions, la clarté de son style, le font regarder comme un des meilleurs poëtes d'un siècle, où il y en avoit un grand nombre d'excellens, surtout dans une langue trop négligée de nos jours. Le seul reproche qu'on puisse faire à ce jésuite, est celui qu'on a fait à Ovide, d'épuiser sa matière, de remanier souvent la même pensée, en un mot, d'être fécond à l'excès, c'est-à-dire, de ne l'être pas assez en idées, et de l'être trop en paroles. Ses élégies sur la Passion de Jésus-Christ, au nombre de dix-sept, forment à mon gré un poëme régulier, qui a son exposition, son nœud, son dénoûment, sa morale. L'esprit est intéressé et le cœur attendri en le lisant. M. Deslandes, avocat aux conseils, qui l'a traduit en vers français, ne s'est point attaché servilement à la lettre; il a quelquefois retranché des répétitions ; il a de temps en temps ajouté, pour éclaircir la pensée; il a même pris la liberté de changer les images, quand il a cru que celles qu'il leur substituoit, convenoient également au sujet, et seroient plus de notre goût.

Six livres d'élégies de Sidronius Hosschius ont été imprimés à Lyon, en 1688, in-12.

Edition de Barbou, 1723, 2 vol. in-12.

## LE PÈRE SARBIEWSKI.

La lecture réfléchie des Œuvres de ce jésuite Polonais, le représente en même temps comme un grand poëte, et comme un auteur plein de défauts. On trouve dans la plupart de ses pièces du feu, de l'élévation, de la noblesse, des images vives, intéressantes, des expressions éclatantes, brillantes, magnifiques; mais on y voit aussi fort souvent des écarts outrés, des emportemens gigantesques, des mots hasardés ou peu latins, des tours inconnus à toute l'antiquité romaine, de l'obscurité, du galimatias. Il s'élève quelquefois jusqu'à un sublime plus frappant peut-être que tout ce qu'on admire en ce genre dans aucun autre poëte lyrique; d'autres fois, il se perd dans les nues; et il y laisse son goût, sa raison, son bon sens; ou bien il se précipite, se plonge, s'ensevelit dans une ivresse plus barbare que poétique. Il a saisi le génie, la finesse, les grâces, le style même d'Horace; mais il a mêlé à ces trésors exquis, les misérables emprunts qu'il s'est avisé de faire chez un Stace, chez un Claudien, etc. Ce composé bizarre est un assemblage des plus purs rayons du soleil, enveloppés de vapeurs grossières; c'est un combat de la lumière et des ténèbres. Ici règne une sombre nuit; là les éclairs brillent; tantôt c'est une foible lueur qui perce à peine le nuage; tantôt c'est toute la sérénité du brillant Ether, qui se développe. On peut juger, après cela, que notre poëte est au moins un homme assez singulier, pour mériter l'attention des gens de lettres; et que malgré tous ses défauts, la lecture de ses odes peut être utile à la plupart de nos poëtes Français, qui, dans les matières les plus susceptibles du feu de la véritable poésie, paroissent affecter plus que jamais de répandre toutes les glaces du bel esprit.

Barbou a imprimé, en 1759, in-12, les poésies de Sarbiewski.

Il en existe une nouvelle édition de 1791.

## DU FRESNOY.

L'Art de la Peinture, poëme latin, par Charles du Fresnoy, Parisien, peut entrer en comparaison avec celui d'Horace sur l'Art Poétique. Ce sont deux grands maîtres qui ont puisé dans les mêmes sources ; l'un et l'autre ont étudié la nature dans ce qu'elle a de plus parfait ; l'un et l'autre donnent des leçons si sûres, que les négliger, c'est s'égarer : voilà ce que dit l'auteur de la Vie de Mignard ; mais tous les critiques n'ont pas pensé comme lui. L'ouvrage de du Fresnoy a paru peu méthodique ; et ses préceptes sont exprimés quelquefois avec trop de sécheresse. Quoi qu'il en soit, son poëme a eu beaucoup de succès. Il fut traduit en français par Roger de Piles.

Cette version parut en 1668, in-8°., avec le texte et un grand nombre de remarques sur le poëme. Le traducteur tâche d'y expliquer les endroits les plus difficiles et les plus nécessaires, de la manière à peu près qu'il en avoit entendu parler à du Fresnoy, dans les conversations qu'il avoit eues avec lui. Cette traduction fut réimprimée en 1684, in-12, avec un petit dictionnaire des termes de peinture. Comme le génie de notre langue a beaucoup changé depuis ce temps-là, elle a aujourd'hui un air suranné, peu propre à piquer le goût de notre siècle. Elle avoit donc besoin d'être remaniée ; et M. de Querlon, à qui l'usage des deux langues étoit également familier, y fit,

fit, en 1753, les changemens nécessaires ; il joignit à l'édition qu'il en donna, le poëme latin de l'abbé de Marsy, sur la Peinture, avec la traduction.

Feu M. Renou a publié, en 1789, in-8°., une traduction libre en vers français, du poëme de du Fresnoy.

## LE PÈRE SAUTEL.

Un génie heureux et facile, mais indulgent à lui-même, abandonné à cette chaleur d'imagination, qui se répand toujours hors du vrai; un génie trop flexible et trop souple, qui se plie à tout, qui profite de tout, qui s'attache à tout ce qu'il rencontre sur son passage, pour l'entraîner avec lui; un tel génie, sans doute, n'est jamais capable de ce vrai beau, qui seul mérite les suffrages des contemporains, que couronnent ceux de la postérité. Tel est néanmoins l'esprit du Père Sautel; il se livre en jeune homme à cette facilité malheureuse, qui ne permet ni l'usage du choix, ni le temps de la correction, et qui suit toujours un certain luxe immodéré de style, qui révolte le connoisseur. Il s'appesantit sur son sujet, ne le quitte point qu'il ne l'épuise, et ne l'épuise point qu'il ne manque l'effet. En

le lisant, vous commencez par le plaisir; il a
l'expression riante et le vers aisé; vous conti-
nuez par la satiété, vous finissez par le dégoût.
Au reste, le Père Sautel se rend justice le premier, et avoue dans sa préface, en vers élégiaques, car il traite tout en élégie, qu'il a
composé ses *Jeux Poétiques* dans un âge, où
les jeux en effet sont encore permis; que ses
petits vers se sont faits comme d'eux-mêmes,
et qu'on pouvoit fort bien les laisser dans un
éternel oubli. Il faut convenir cependant qu'il
n'est guère possible de narrer avec plus de
grâce, mais avec moins de précision. Le plus
agréable ruisseau ne coule pas avec un plus
séduisant murmure, que les vers du Père Sautel. Point de voyelles qui s'élisent, point de
consonnes qui se heurtent. Tous les Jeux de
cet auteur ne sont proprement que des fables,
auxquelles il a donné mal à propos un autre
nom; et parce qu'il les a écrites en vers élégiaques, contre l'exemple de Phèdre et de
tant d'autres, il les a appelés des élégies avec
aussi peu de justesse. Il ne se dément jamais;
c'est toujours la même marche à chaque Jeu
Poétique, qu'on devroit plutôt nommer Travail ou tournure poétique. N'en concluez pas
pour cela, que le Père Sautel soit sans méri-

te. Il a du talent, de la délicatesse, des grâces, de l'aisance, une molle urbanité ; il a tout, excepté la précision, cette précision si rare, que le goût seul peut donner. Les jeunes gens peuvent le lire pour s'orner l'imagination d'idées riantes. Son coloris n'a rien que d'aimable; mais il ne faut pas imiter son dessein.

Les *Lusus Poetici* de Sautel ont été imprimés par Barbou, en 1754, in-12.

## MASÉNIUS.

Jacques Masénius s'appliqua, dans le dix-septième siècle, à l'éloquence et à la poésie latine. Il est auteur de plusieurs ouvrages, dont celui qui a fait le plus de bruit, est le poëme de la *Sarcothée*, que l'Ecossais Lauder a prétendu avoir servi de modèle au Paradis Perdu de Milton. On trouve dans l'édition de Barbou, 1771, in-12, les pièces insérées à ce sujet, dans le Journal Etranger et dans les Mémoires de Trévoux. Mais soit que Milton ait imité la Sarcothée, ou qu'il n'en ait pas eu connoissance, le poëme anglais est fort supérieur au poëme latin. La perte de *Sarcothée*, ou de la nature humaine, en est le sujet. M. l'abbé Dinouart a inséré la traduction paraphrasée de ce poëme, dans l'édition de Barbou.

## QUILLET.

Nous avons de cet auteur un poëme latin intitulé, la *Callipédie,* ou la manière d'avoir de beaux enfans, qui parut en 1656, in-8°., avec une épître dédicatoire au cardinal Mazarin. Il est sans doute singulier qu'un poëme, qui enseigne un pareil art, et où l'on trouve la peinture des plaisirs de l'amour, et des détails sur l'article de la génération, ait été composé par un abbé, et dédié à un cardinal. Mais la science des bienséances n'a été connue que fort tard parmi nous. Quoi qu'il en soit, il y a peu de poëtes Latins modernes qui puissent être comparés à celui-ci, soit pour le fonds qui est extrêmement intéressant, soit pour la juste distribution des parties, soit pour l'ingénieux emploi de la fable, soit pour la variété des épisodes, soit pour la beauté de la versification. La sécheresse des préceptes disparoît sous le coloris du pinceau poétique. L'harmonie, la douceur, l'élévation, le nombre et la cadence caractérisent la muse de Quillet.

D'Egli, auteur du Journal de Verdun, membre de l'Académie des Inscriptions et

Belles-Lettres, publia, en 1749, in-8°., une traduction française en prose de ce poëme.

M. Caillau, médecin de Bordeaux, a publié, en 1799, in-8°., une traduction nouvelle du poëme de Quillet, avec des variantes et le texte latin à la fin du livre.

## LE PÈRE RAPIN.

Le poëme latin de ce jésuite sur les Jardins, est le meilleur qui ait paru depuis le siècle d'Auguste : les amateurs des belles-lettres latines n'ont point hésité de le mettre en parallèle avec les Géorgiques de Virgile. Lorsque cet ouvrage vit le jour, il fut pris pour un de ces brillans phénomènes, qui ne reviennent embellir l'horizon, qu'après une longue suite de siècles. On fut surpris, sous le règne de Louis le Grand, d'entendre un Français faire retentir les rives de la Seine de ces sons harmonieux, que répétèrent autrefois les bords du Tibre, et qui charmoient l'oreille de César. On doute encore, malgré la corruption du goût, si la muse du poëte de Mantoue a répandu dans ses poésies champêtres plus d'intérêt, de rapidité, de richesses, de peintures et d'images. Dans le poëme des Géorgiques et dans celui des Jardins, c'est presque la même abondance, le même feu d'imagination, une ordonnance aussi belle, aussi variée, une versification aussi heureuse, un style aussi épuré. Cette production immortelle a réfuté d'avance l'altière et fausse décision de nos graves raisonneurs, qui ont prétendu qu'il n'étoit pas possible de composer actuellement un poëme passable dans l'idiome d'Horace.

Le poëme des Jardins a été imprimé au Louvre, en 1665, in-4°.; il a paru dans le format in-12 dès l'année suivante.

L'abbé Brotier a donné la meilleure édition des Jardins, chez Barbou, en 1780, in-12; elle n'est cependant pas exempte de reproches.

Quoiqu'on puisse désirer dans la traduction qu'en a donnée M. Gazon d'Ourxigné, en 1770, in-12, un peu plus d'élégance et moins de prolixité, son ouvrage a été bien reçu du public; et la littérature lui doit de la reconnoissance, d'avoir le premier essayé, sans commentateur et sans guide, de faire passer dans notre langue ces richesses étrangères. Le style du Père Rapin est pur, facile, varié, souvent élevé, et toujours proportionné à l'objet qu'il a sous les yeux; il n'est pas aisé de s'imaginer le nombre des difficultés qui ont dû se présenter à l'interprète, pour tâcher de rendre, selon le génie de notre langue, des images, des beautés et des expressions qui en sont si éloignées, et de conserver aux détails l'intérêt, l'agrément que leur donnent les couleurs séduisantes de la poésie latine.

MM. Voiron et Gabiot ont fait paroître, en 1782, in-8°., sous le voile de l'anonime, une nouvelle traduction des Jardins, qui est beaucoup plus fidèle que celle de M. Gazon d'Ourxigné.

## LE PÈRE COMMIRE.

Ce jésuite est un des meilleurs poëtes latins qui aient illustré le siècle de Louis XIV. L'aménité, l'abondance, la facilité, sont en général le caractère de sa versification : mais plus propre à embellir qu'à s'élever, il n'a point cette hardiesse, ce feu, cette énergie, cette précision, qui font de la poésie le plus sublime de tous les arts. Son talent est d'orner; il brille dans les petits sujets; dans les grands, il n'est qu'élégant et fleuri; il a cependant de l'imagination, de l'invention même; mais il ne prend pas l'essor de l'aigle; il plane délicatement sur la terre, et se repose toujours dans des jardins agréables, dans des prairies délicieuses : avec le vol de la colombe, il en a toute la candeur. Il étoit né poëte, mais poëte doux, aisé, fécond, ingénieux; voilà proprement son caractère et celui de ses ouvrages. Plusieurs poëtes Français ont imité ou traduit diverses pièces de ce jésuite. On trouvera ces imitations dans le recueil de ses Œuvres, Paris, 1716, 2 vol. in-12.

## SANTEUIL.

C'est à ce poëte que nous sommes redevables de ces belles hymnes, qui se chantent dans plusieurs diocèses. Que de piété et d'onction dans les sentimens! que d'élégance et d'énergie dans les expressions! Les hymnes de la Vierge sont charmantes ; l'auteur y développe toutes les grâces de la poésie, et tous les sentimens de la plus tendre dévotion. Santeuil lisoit ses vers, faits pour les habitans des cieux, avec toutes les agitations d'un démoniaque. Despréaux disoit que c'étoit le Diable que Dieu forçoit à louer ses Saints. Enfin, c'est un des poëtes dont le génie fut le plus impétueux, et la muse la plus décente.

Ses hymnes ont été traduites en vers français

çais par l'abbé Saurin, Paris, 1699, in-12; mais si cette version est fort au-dessous de l'original pour la verve, l'enthousiasme, la précision et l'énergie, elle peut du moins servir à le faire entendre.

M. l'abbé Poupin, prieur d'Auxon, a cru rendre service à la littérature et aux âmes pieuses, en faisant passer de nouveau, en 1760, en 1 vol. in-12, les beautés des Hymnes de Santeuil dans une traduction en vers, aussi fidèle que le permet la différence de deux langues, et des tours attachés à l'une et à l'autre. Cette version nous a paru exacte, noble, élégante. On pourroit désirer que l'auteur l'eût animée d'un peu plus de chaleur.

Il est vrai que l'original est fécond en expressions, en images; mais Santeuil n'a point assez varié ses tours, et n'a pas employé souvent la figure de l'apostrophe, qui produit un si bel effet dans la poésie. En un mot, il est trop économe de ce désordre heureux, qui est l'âme de l'ode; et une hymne n'est autre chose qu'une ode sacrée. M. Poupin eût dû aussi jeter moins d'uniformité et de monotonie dans son rhythme; les vers français sont déjà assez pesans, assez peu variés par eux-mêmes.

Les autres productions de Santeuil, traduites, soit en vers, soit en prose, par plusieurs poëtes du dernier siècle, se trouvent dans le recueil de ses Œuvres, à Paris, 1698, in-12, et plus complètes dans l'édition des mêmes Œuvres, procurée par M. Pinel de la Martelière, 1729, 3 vol. in-12.

## HUET.

Huet, ancien évêque d'Avranches, dans ses Métamorphoses, joint à la pureté et à la richesse du langage de Virgile, l'ingénieuse fécondité, et l'expression variée et pittoresque d'Ovide. Dans la relation de son Voyage de Suède, il réunit tous les agrémens du récit. Dans l'ode, il ne manque ni de force, ni d'élévation. Enfin, dans tous les genres où il s'est essayé, on voit une tournure d'esprit aisée et gracieuse.

On trouve une traduction du Voyage de Suède dans le 6e. volume des mélanges de littérature étrangère, publiés par M. Millin, Paris, 1785, 6 vol. in-12.

## FRAGUIER.

Dans les poésies de Fraguier, on reconnoît avec plaisir, ce vernis d'urbanité qu'il avoit pris dans le commerce de madame de la Fayette et de Ninon Lenclos. Quel élégant badinage avec ses amis! qu'il sait bien rendre intéressans ces riens de société, ces petites galanteries, qui ne peuvent avoir d'autre mérite aux yeux du public, que celui de l'enjouement et de la délicatesse! Que de philosophie, que de poésie dans son Ecole de Platon! Toutes ses pièces portent l'empreinte d'une imagination également aimable et facile, et respirent une aménité, une gaieté d'autant plus surprenantes, que la plupart ont été faites pendant dix-neuf ans de douleurs les plus aiguës.

## MASSIEU.

La naissance du café dans l'Arabie, sa description, celle de l'arbre qui le porte, les précautions qu'il faut prendre pour le recueillir, le préparer, le mécanisme des ustensiles nécessaires à ces différens usages, les effets merveilleux de cette liqueur bienfaisante, c'est ce que Massieu a exprimé en très-beaux vers, dans son poëme latin sur le Café; il passe ensuite à la découverte de ce fruit et de ses propriétés.

## LA MONNOIE.

Les poésies latines de ce poëte Bourguignon, sont des fables, des épigrammes et des contes : trop de licence dans l'expression réduit à un très-petit nombre, les morceaux qui peuvent se lire à des oreilles chastes. Une diction élégante et simple, un tour fin, naturel et plaisant, de la vivacité dans le récit, voilà ce qui caractérise ce conteur latin, comparable, on ose le dire, à tout ce que nous avons de meilleur en ce genre.

## L'ABBÉ D'OLIVET.

Les œuvres latines des quatre derniers poëtes dont je viens de faire mention, savoir, Huet, Fraguier, Massieu, La Monnoie, ont été recueillies et mises au jour, en 1 vol. in-8°. (Amsterdam, 1743), par l'abbé d'Olivet, qui y a fait mettre aussi un ouvrage de sa façon, et quelques vers grecs de Boivin. La pièce dont l'abbé d'Olivet a enrichi cette édition, est une idylle sur l'origine des Salines de Franche-Comté, ou une Métamorphose dans le goût de celles d'Ovide. La fiction en est bien imaginée et encore mieux rendue.

L'auteur consacre le reste de son poëme à la gloire de la Franche-Comté sa patrie, et en particulier de la ville de Salins.

Cette collection est d'autant plus précieuse pour les amateurs de la poésie latine, que ce siècle leur fournit moins de quoi nourrir et satisfaire ce goût. La fin du dix-septième siècle et le commencement du dix-huitième, ont été, parmi nous, les beaux jours de la poésie latine et française.

L'abbé d'Olivet a encore publié, en 1749, un recueil important, intitulé : *Poemata didascalica*, 3 vol. in-12. On y trouve entre autres, les deux poëmes de l'abbé de Marsy, et un poëme sur *le Mariage des Fleurs*, par Demétrius Delacroix, désigné sous le nom de Patrice Trante. Dans ce poëme, qu'il adressa à son frère, M. Delacroix paroît avoir pris pour modèle, quant à la forme didactique, l'épître d'Horace sur l'Art Poétique; et quant à la versification, les Géorgiques de Virgile. M. A. A. Barbier a publié, en 1798, in-12, à Paris, chez Drost, une édition de ce poëme, avec l'ancienne traduction française, et des notes tirées de la belle édition de l'original, donnée par Richard Clayton, à Bath, 1791, in-8°.

## LE PÈRE DE LA RUE.

Le poëme latin sur les conquêtes de Louis XIV, que le grand Corneille mit en vers français, et deux tragédies latines, *Lysimachus et Cyrus*, dont l'auteur du Cid a fait l'éloge, ont mérité au Père de la Rue, jésuite, un rang distingué sur le Parnasse latin. Ses poésies ont été recueillies et imprimées chez les frères Barbou, qui en ont donné une nouvelle édition. M. Turpin, historien du grand Condé, et auteur de plusieurs ouvrages estimés, a traduit ou imité la tragédie de *Cyrus*.

Les poésies du P. de la Rue ont été imprimées, pour la cinquième fois, en 1688, in-12.

## POLIGNAC.

L'Anti-Lucrèce de l'illustre cardinal de Polignac ne seroit désavoué ni par Descartes, ni par Virgile : le goût ne s'y fait pas moins sentir que le raisonnement. Des vérités sublimes y sont développées avec art, avec méthode, avec élégance. Le cardinal de Polignac racontoit volontiers ce qui lui avoit fait naître l'idée de cet ouvrage. En revenant de Pologne, il s'arrêta quelque temps en Hollande. Il y eut plusieurs entretiens suivis avec le célèbre Bayle. Les argumens d'Epicure, de Lucrèce et des Sceptiques qui venoient depuis peu d'être poussés très-loin dans le Dictionnaire critique, peut-être le furent encore davantage dans la conversation. Le cardinal de Polignac forma dès lors le dessein de les réfuter. Deux exils dans deux de ses abbayes, lui donnèrent ce loisir nécessaire pour les lettres.

« Il me paroît, dit Voltaire, que l'au-
» teur a perdu beaucoup de temps et beau-
» coup de vers à réfuter la déclinaison des
» atomes, et les autres absurdités dont le
» poëme de Lucrèce fourmille. C'est em-
» ployer de l'artillerie pour détruire une
» chaumière : pourquoi encore vouloir met-
» tre à la place des rêveries de Lucrèce, les
» rêveries de Descartes ? Le Cardinal a insé-
» ré dans son poëme, de très-beaux vers sur
» les découvertes de Newton ; mais il com-
» bat, malheureusement pour lui, des véri-
» tés démontrées. »

L'anti-Lucrèce a été imprimé à Paris, chez Guérin, 1747, 2 vol. in-8°.

La traduction de M. de Bougainville est de 1749, 2 volumes in-8°. : on y désireroit plus d'exactitude et d'élégance.

M. l'abbé Bérardier de Bataut a traduit l'Anti-Lucrèce en vers français, en 1786, 2 vol. in-12. Cette traduction n'a eu aucun succès.

## VANIÈRE.

Le *Prædium Rusticum* du Père Vanière a trouvé autant d'admirateurs, que le poëme des Jardins du Père Rapin, et a eu aussi son traducteur. M. Barbou l'a réimprimé en 1786, in-12, avec des augmentations et la vie du père Vanière, par M. Capperonnier. Il a été publié en français, sous le titre *d'Economie rurale*, par M. Berland d'Halouvry, 1756, 2 vol. in-12.

La réputation de ce poëme est établie de-depuis long-temps. Vanière écrit en vers avec une facilité admirable. On sent qu'il s'étoit nourri de la lecture des auteurs du siècle d'Auguste. Quelques critiques veulent que certains épisodes soient déplacés. Pourquoi, disent-ils, à l'occasion de la maladie contagieuse des bœufs, nous donne-t-on la description de la peste de Provence, et les éloges des illustres prélats qui en ont bravé les dangers ? Pourquoi tant d'autres digressions étrangères à son sujet ? Pourquoi tant de détails petits et minutieux ?

minutieux ? Mais quelque chose qu'on dise, il faut toujours admirer l'aisance qu'a l'auteur de s'exprimer en beaux vers sur tant de sujets différens. On doit pourtant convenir que Vanière a des défauts considérables dans l'exécution poétique, et dans l'ordonnance même, où cette heureuse gradation de matière et d'intérêt, si chère aux connoisseurs, ne se fait point assez remarquer. Un style trop uniforme et toujours le même, quelque matière qu'on traite ; la répétition fréquente des mêmes tours, des mêmes figures ; une marche régulière si vous voulez, mais qui ne varie point dans une course aussi longue ; point de mouvemens vifs, point de traits sublimes, point de fictions vraiment poétiques ; beaucoup d'écarts donnés pour des épisodes ; beaucoup plus encore de détails minutieux, qui ne finissent point, et qui reviennent à tout propos ; une harmonie sans contraste et sans nuance ; l'attention trop scrupuleuse à faire des vers sans dureté, sans élision, quoique le sujet exige quelquefois le contraire pour la force et la vérité du tableau : tout cela, sans doute, étoit plus que capable de décourager un traducteur ; et, peut-être, pour ces raisons, personne, avant M. Berland, n'avoit essayé de traduire le Père Vanière. Quelle différence de ce style sans mouvement, sans chaleur et sans vie, à celui des Géorgiques de Virgile, toujours animé, toujours vivant, toujours pittoresque ! Le Père Vanière devoit apprendre d'un si grand maître, le bel art de nuancer les couleurs, et de varier le pinceau ; c'est là, que certaines duretés préparent heureusement l'oreille à mieux sentir les beautés d'une poésie mélodieuse. Au jugement de Pline, Virgile n'a pris que la fleur de son sujet, réservant les détails qui brillent moins en poésie, à qui les voudroit traiter ; c'est agir en homme de goût. Vanière ne montre que la gentillesse de son esprit, dans les digressions qui remplissent et terminent la plupart de ses livres ; Virgile, au contraire, fait voir, dans les épisodes des Géorgiques, toute la beauté de son génie. Si le jésuite parle d'une allée d'arbres, il s'épuise aussitôt en vains regrets, et déplore la coupe d'une longue avenue qui conduisoit à la maison de campagne du collége de Toulouse. Que dis-je ! il en prend occasion de faire passer en revue tous ses anciens amis et confrères, qui venoient y méditer des vers ou des sermons dans le silence ; chacun d'eux a son éloge à part.

Mais qu'est-ce que cela fait pour l'économie de la campagne, et le plaisir du lecteur? Il faut que les digressions que se permet un poëte, soient de nature à pouvoir intéresser tout le monde; ou bien elles dégénèrent en longueurs fastidieuses.

Le traducteur, qui a trop de goût pour être idolâtre de son original, a bien senti l'inconvénient de ces accessoires très-déplacés, qui ne font que défigurer ce grand poëme, par une charge inutile; mais quel remède à ce mal? celui de l'avouer en le condamnant.

Au reste, dans le Père Vanière, la fécondité de l'expression, l'harmonie des vers, l'aménité des descriptions, la multitude des images, et la douceur du style, semblent dédommager des agrémens de la fable qu'il n'a point employés, et qui cependant font l'âme de la belle poésie. On trouve partout des paysages charmans; ses tableaux des mœurs et des plaisirs champêtres ont un si beau coloris, qu'on est tenté de renoncer au séjour des villes, et de s'écrier avec Horace.

*O rus! quando ego te aspiciam?*

## LE PÈRE SANADON.

Parmi les poëtes latins, dont les vers ont fait honneur à la société des jésuites, on peut regarder le Père Sanadon comme un des meilleurs lyriques de son siècle. Ce jésuite a fait revivre dans ses vers le génie et le goût des plus célèbres poëtes du beau siècle d'Auguste, qui n'auroient pas désavoué ses poésies, pour la force et la pureté de l'expression, pour le tour et l'harmonie du vers, pour le choix et la délicatesse des pensées ; mais elles manquent d'imagination. Il a fait des odes, des élégies, des épigrammes sur différens sujets, que les frères Barbou ont recueillies et imprimées en 1754.

## LE PÈRE BRUMOY.

Les jésuites produisirent, dans le dix-septième siècle, divers poëtes latins ; et leur Parnasse n'a pas été stérile dans le dix-huitième siècle. Nous avons du Père Brumoy deux poëmes célèbres, les Passions et l'Art de la Verrerie. Les petites négligences qu'on trouve dans le premier, sont peu de chose, quand on les compare avec la force des pensées, la variété et la multiplicité des images, la vivacité des descriptions, la pureté et l'élégance du langage. Sa latinité est plus romaine que ne l'est celle de la plupart de nos auteurs latins d'aujourd'hui. Le père Brumoy, pour ne pas perdre le mérite de son travail, auprès de ceux qui n'entendent ou ne goûtent point le latin, a traduit en leur faveur son ouvrage en prose française. Ceux qui sont versés dans les deux langues, trouveront que sa version est peu littérale, et que le traducteur se perd quelquefois de vue lui-même ; mais elle est écrite d'un style élégant et soutenu.

Le poëme de l'Art de la Verrerie n'intéresse pas moins en son genre, que celui des Passions. Il n'y a ni moins d'art dans l'invention, ni moins d'agrémens dans la conduite. Le physicien et le poëte s'y montrent dans un jour avantageux, surtout dans les deux derniers chants, où l'auteur exprime aussi heureusement, qu'il décrit savamment les différens ouvrages de verrerie. Le Père Brumoy a aussi traduit ce poëme en prose ; mais il est plus littéral que dans son poëme des Passions, quoique son style soit aussi poli, que ses expressions soient aussi pures, aussi châtiées, aussi élégantes.

Les poésies du Père Brumoy ont été recueillies en 4 vol. in-8°., en 1741.

## L'ABBÉ DE MARSY.

Dans son poëme intitulé, *le Temple de la Tragédie*, l'on voit des choses communes fort bien exprimées. Le portrait de la Tragédie est noble. La peinture de l'Amour qu'on mène aux pieds de la Tragédie, est fort ingénieuse ; mais cette idée est empruntée du poëme du Goût de M. Roy, ainsi que tout le dessein de l'ouvrage, où la sécheresse des préceptes poétiques est dérobée par la vivacité de l'action, et le voile de l'allégorie. Les petits sommaires trop fréquens qui se trouvent à la marge de ce poëme, m'ont rappelé ce peintre d'Ubeda, dont il est parlé dans Don Quichotte, qui écrivoit au bas du tableau, c'est un coq. L'auteur s'est trop humilié par cet excès de précaution.

Dans un autre poëme sur la Peinture, fait par le même auteur, l'abbé de Marsy veut d'abord que le peintre choisisse le genre pour lequel il se sent le plus de disposition, ou l'histoire, ou le paysage, ou le portrait, ou la miniature, ou le grotesque. En exprimant avec art tous ces genres si différens, il se montre lui-même peintre universel. La description du tableau de la chute des géans, de Jules Romain, qui est un merveilleux effort d'imagination, fait extrêmement briller celle de l'auteur, qui paroît presque lui-même, dans sa peinture poétique, un autre Jules Romain.

Le poëme de la Peinture a été imprimé en 1736, in-12. On le trouve dans les *Poemata didascalica*, ainsi que le second poëme du même auteur, intitulé : *Tragœdia*.

M. de Querlon a publié une traduction séparée du poëme de la Peinture, 1738, in-12 ; il l'a ensuite revue et corrigée, pour la joindre à l'édition qu'il a donnée, en 1753, du poëme sur l'*Art de Peindre* de Dufresnoy.

M. Clément de Genêve, croyoit que les poëmes sur la Peinture et la Tragédie étoient presque dignes de Virgile et d'Horace. M. Clément de Dijon, au contraire, assure que l'abbé de Marsy a le style de tous les poëtes latins de collége ; que son poëme est chargé d'ornemens ambitieux ; qu'il ne sera goûté que des lecteurs superficiels. On peut lire dans *les Trois Siècles*, de l'abbé Sabatier de Castres, une réfutation victorieuse de ce dernier jugement, beaucoup trop rigoureux.

## LE PÈRE DOISSIN.

Depuis le poëme de la Peinture, composé par l'abbé de Marsy, lorsqu'il étoit jésuite, le collége de Louis-le-Grand n'avoit rien produit dans le même genre, qui pût être mis en parallèle avec ce petit chef-d'œuvre. Les muses latines gémissoient sur la perte des Rapin, des Commire, des la Rue, des Sanadon, des Brumoy, des Vanière. Le Père Doissin ranima leurs espérances. Semblable à Electre, qui, dans la tragédie, va souvent visiter le tombeau de son père Agamemnon, pour se remplir de son esprit, et s'exciter à la vengeance, le jeune poëte interrogea les mânes des grands hommes de sa société ; et de leurs cendres sortirent des étincelles du beau feu qui les avoit animés. La matière de ses premiers chants est la Sculpture, soit qu'elle travaille sur le marbre et sur la pierre, soit qu'elle s'exerce sur le bois ou sur l'airain. Les préceptes, qui sont les mêmes que pour tous les arts dont l'imitation est l'objet, sont dictés par la raison et embellis par l'imagination. Mais où le poëte est estimable surtout, c'est dans la description des chefs-d'œuvres de la sculpture, soit anciens, soit modernes. Il fait

respirer,

respirer, dans ses peintures animées, la Vénus de Praxitèle, le Laocoon du Vatican, la fameuse vache de Miron, si bien célébrée par les épigrammatistes Grecs et les poëtes Latins. Le Père Doissin met aussi sous les yeux du lecteur les belles statues des Tuileries, de Saint-Cloud, de Marly, de Versailles, etc. On souhaiteroit peut-être, dans ce petit poëme, une ordonnance plus régulière. L'auteur commence par établir des préceptes; il donne ensuite des exemples; et après avoir parlé de plusieurs grands artistes, il regrette de n'être pas sculpteur lui-même, pour représenter M. le Duc de Bourgogne, frère aîné de Louis XVI; il reprend la chaîne interrompue des préceptes, et finit par l'origine de la sculpture. Il me semble qu'il eût été plus naturel de débuter par l'origine de cet art, et de donner les préceptes tout de suite. Le poëte a le talent de les exprimer en vers si doux et si faciles, et d'y mêler tant d'ingénieuses comparaisons, qu'il n'en devoit pas craindre la sécheresse. Il auroit appuyé ses règles par des exemples; et la naissance de M. le Duc de Bourgogne auroit heureusement couronné son ouvrage.

Un poëme en trois chants sur la Gravure, traduit en français par un de ses confrères, est le dernier ouvrage du Père Doissin, qui est mort jeune. La gravure présente plusieurs parties dignes d'être célébrées : ses différentes espèces, ses artistes, ses avantages forment la division naturelle de ce poëme, et la matière de ses trois chants. Entre plusieurs conseils que le poëte donne aux graveurs, il leur recommande surtout de ne travailler que d'après les peintres les plus célèbres. Quand on s'est fixé à un beau tableau, il faut s'appliquer à en rendre tous les traits, quelqu'indifférens qu'ils paroissent. Tout le deuxième chant est consacré à la gloire des graveurs et de leurs ouvrages. L'auteur ne parle point des artistes vivans; il sacrifie le plaisir de les célébrer, à la crainte d'offenser ceux qu'il ne pourroit louer sans flatterie. Le troisième chant traite des ouvrages de la gravure, et présente une longue énumération de tous les différens objets, qui peuvent être mis sous les yeux avec le secours du burin. La géographie lui doit ses cartes générales et particulières de l'univers; l'histoire naturelle, ses descriptions de plantes, de fleurs et d'animaux; l'architecture, ses dessins de palais, de fontaines, de places publiques; l'art militaire, ses représentations de siéges et batailles. Il conserve la mémoire des événemens publics, donne de nouveaux agrémens à l'imprimerie, et rend toutes les beautés de la nature et de l'art, qu'il sait réunir à la fois dans un très-petit espace. Ce poëme est écrit avec beaucoup d'imagination, de feu, de clarté et d'élégance.

Le poëme de la Sculpture a été imprimé à Paris, en 1751, et celui de la Gravure, en 1753, tous deux accompagnés de la traduction française.

## LE PÈRE DESBILLONS.

Ce n'est point, en général, l'esprit d'invention qu'on voit briller dans les fables latines du Père Desbillons, jésuite, puisque l'auteur avoue lui-même, que le genre qu'il traite est l'ouvrage de la Grèce ; genre aimable, sur lequel mille écrivains, chez toutes les nations, se sont exercés avant lui. Son mérite est d'avoir mis en vers d'une latinité pure, coulante, exquise, des sujets déjà connus, à l'exemple de Phèdre, qui n'est pas plus créateur que notre fabuliste. On peut même assurer que le style de ce dernier a plus de chaleur, de poésie et d'agrément, que celui de Phèdre ; l'auteur s'étant efforcé de rendre, par des grâces latines, les grâces françaises de notre divin La

Fontaine. Il en a le riant badinage, l'élégante naïveté dans les morceaux qu'il a composés d'après lui. Quel charme de retrouver ce grand homme ! Quel triomphe pour lui, de nous plaire encore dans une langue étrangère ! Voilà la marque du génie et le sceau des bons écrits. Dans quelques idiomes qu'on les transporte, ils parlent toujours le même langage, parce qu'ils ne parlent que celui de la nature. Pour varier le plaisir du lecteur, et pour jeter plus d'intérêt dans cet excellent recueil, le nouveau fabuliste fait partout un agréable mélange de sujets traités avec la simplicité de Phèdre et l'aménité de La Fontaine.

Quant à la pureté du style ( j'entends une certaine légitimité, pour ainsi dire, d'expressions), je la crois aussi parfaite qu'elle peut l'être dans un ouvrage de ce genre ; on n'en peut juger que par comparaison. Comment déterminer au juste la propriété des termes et la délicatesse des tours, dans une langue qui ne vit plus ? Du moins l'auteur, plus heureux que la plupart de nos Français qui écrivent en latin, a-t-il su se garantir de gallicismes. Son art surtout est admirable dans l'usage qu'il fait, toujours à propos, des expressions fortes ou diminutives. Quoique Phèdre n'emploie jamais ces dernières, il est des occasions cependant, où les diminutifs sont très-pittoresques.

L'ouvrage du Père Desbillons est divisé en deux parties, réunies en un seul volume. Il indique exactement au bas des pages, les auteurs où il a puisé les sujets de ses apologues. Ceux qui n'ont point d'indications, il croit qu'il les a créés ; il le croit et ne l'assure pas ; car il a reconnu, dans ses lectures, plusieurs fables qu'il se flattoit d'avoir imaginées, et les a rendues à leurs inventeurs.

Le Père Desbillons a publié lui-même une édition de ses Fables, avec la traduction française, Manheim, 1779, 2 vol. in-8°.

M. Barbou a donné plusieurs éditions des Fables de ce célèbre jésuite ; la première est de 1755, et la dernière de 1769.

On peut lire avec fruit l'ouvrage intitulé : *Réponse de M. l'abbé Valart, aux deux dernières Apologies de la Latinité du P. Jouvenci,* l'une par M. de Querlon, et l'autre par le P. Desbillons, jésuite, avec l'examen de plusieurs fables latines de ce dernier, 1767, in-12. L'examen de la Latinité du Père Jouvenci, par le même abbé Valart, se trouve à la fin de ce volume.

## CHAPITRE II.
### DES POËTES ÉTRANGERS.

### § I<sup>er.</sup> POËTES ÉPIQUES.
#### LES ITALIENS.
#### LE DANTE.

LA poésie italienne, fille de la latine, passa par différens degrés. Le Dante en fut le père. Il fit de mauvais imitateurs; et lui-même étoit, à quelques égards, un mauvais modèle. Les Italiens l'appellent Divin; mais c'est une divinité cachée; peu de gens entendent ses oracles. Il a des commentateurs; c'est peut-être encore une raison de plus pour n'être pas compris. Sa comédie de l'Enfer, du Purgatoire, du Paradis, a été mise autrefois en rimes françaises; mais cette version est si grossière et si insipide, que nous ne croyons pas devoir nous y arrêter.

Ce poëme est semblable à l'ancienne comédie, c'est-à-dire, à celle d'Aristophane et de ses contemporains, qui, comme tout le monde sait, attaquoient les vices et les ridicules des citoyens. Le Dante est aussi très-mordant, très-satirique dans son poëme. De plus, le poëte y parle moins souvent, que les interlocuteurs qu'il introduit en grand nombre sur la scène. Ainsi, son ouvrage tient plus du drame que de la narration, et par conséquent porte le nom de comédie avec plus de raison que celui de poëme épique. Le Dante embrasse les choses universelles, soit générales, soit particulières, soit communes, soit relevées, soit scientifiques : son poëme est non-seulement semé, mais tissu d'idées grandes et agréables. C'est un canevas ourdi et travaillé par une imagination agitée d'un enthousiasme extraordinaire. L'auteur a formé son langage poétique, de celui des Grecs, des Latins, des Hébreux, des prophètes, et par-là, il a enrichi sa langue naturelle.

L'édition originale du Dante a été donnée à Foligno par Jean Numeister, en 1472, in-fol.

La plus complète que nous ayons (Venise, 1757, 5 vol. in-4°., fig.), est due au comte Christ. Zapata de Cisneros ; c'est aussi la plus estimée.

On fait cas de l'édition de Prault, Paris, 1768, 2 vol. in-12.

## LE COMTE D'ESTOUTEVILLE.

Une traduction complète de la *Divine Comedie* du Dante, c'est-à-dire, de l'*Enfer*, du *Purgatoire* et du *Paradis*, par le comte d'Estouteville, étoit restée long-temps manuscrite. Montesquieu en dit assez de mal dans ses *Lettres Familières*; cela n'a pas empêché le libraire Sallior de la publier en 1798, 3 vol. in-8°. On a prouvé à l'éditeur, qu'il n'avoit pas la plus légère teinture de la langue italienne, et qu'en voulant corriger l'ancienne traduction, il y avoit ajouté de nouveaux contre-sens. On peut donc désirer une traduction plus parfaite; en attendant, celle-ci mérite d'être accueillie.

## M. MOUTONNET DE CLAIRFONS.

La traduction de l'*Enfer*, par M. Moutonnet de Clairfons (Paris, 1776, in-8°.), est exacte, élégante, noble et pleine d'énergie. En la comparant avec le texte italien, on ne s'aperçoit pas que le traducteur se soit éloigné du sens de l'original. Cette difficulté vaincue, surtout dans une version du Dante, est digne des plus grands éloges, et auroit dû encourager M. Moutonnet de Clairfons à compléter

compléter sa tâche, en donnant la traduction du *Purgatoire* et du *Paradis*; les notes qui accompagnent chaque chant, sont instructives et savantes.

### LE COMTE DE RIVAROL.

La traduction de la comédie de l'Enfer, par le comte de Rivarol, 1785, in-8°., est élégante ; mais elle manque de cette énergie qui caractérise l'original. Il ne s'y trouve pas de fautes assez grossières pour qu'on la repousse, mais c'est une estampe sans vigueur du tableau le plus original; d'ailleurs, le traducteur est souvent infidèle.

### LE PULCI.

Le Pulci est regardé comme le créateur du poëme épico-romanesque, ou poëme de chevalerie. Gravina prétend qu'il a voulu tourner en ridicule tous les romans provençaux et espagnols de son temps. Il fit en conséquence son *Morgante Maggiore*, ou le grand Morgant ; c'est le nom qu'il donne à un géant Sarrasin et grand scélérat. Il prend pour théâtre de ses fictions, le fameux siége de Paris, par les Maures ou Sarrasins d'Espagne. Les conquêtes de Charlemagne sur les infidèles, les faits mémorables de ses barons, désignés tantôt sous le nom des douze pairs de France, tantôt sous celui de paladins ou palatins, c'est-à-dire, officiers du palais; les amours de ces chevaliers avec des princesses et des reines; les enchantemens, les conjurations, les fées, les magiciens, etc.; voilà ce qui fait le fonds de ce poëme héroïque-burlesque.

L'auteur confond à dessein l'ordre des temps, des lieux et des événemens. Il fait passer ses héros de la Perse et de l'Egypte, aussi aisément que de Toulouse ou de Lyon à Paris; il jette du ridicule, même sur les choses saintes; il travestit malignement Charlemagne, et feint que ce prince n'aime d'autre personnage, qu'un certain Gano ou Ganelon, seigneur de Mayence, artisan de fraudes et de trahisons; qu'il dissimule les excès de ce fourbe, pour lui laisser librement opprimer Roland, Renaud, et les autres paladins, dont la vertu étoit odieuse à Charles, parce qu'elle étoit supérieure à la sienne.

Ce poëme est un tissu de bouffonneries, d'extravagances, de satires; mais les mœurs véritables y sont souvent peintes heureusement; et d'ailleurs le poëte a un style plein de grâce, de douceur et d'urbanité. Son géant

Morgant est mordu au talon par une écrevisse de mer, et meurt de cette morsure.

Pulci étoit un gentilhomme Florentin, qui vivoit dans le quinzième siècle; il acquit l'amitié de Laurent de Médicis, ce restaurateur des lettres et des arts.

La première édition du Morgante Maggiore est celle de Venise, 1494, in-4°.

On estime l'édition de Domenichi, Venise, 1545, in-4°.

Edition de Prault, Paris, 1768, 3 vol. petit in-12.

## BOÏARDO.

Mateo-Maria Boïardo, comte de Scandiano, au territoire de Reggio dans le Modenois, commandant de la ville et citadelle de Reggio, mort en 1494, est connu principalement par son poëme de Roland l'Amoureux. A l'imitation d'Homère dans l'Iliade, Boïardo a choisi pour son sujet le siége de Paris, qu'il substitue à celui de Troye, comme le Pulci l'avoit fait avant lui. Les Roland, les Rodomon, les Atton, les Ruger, et d'autres personnages extraordinaires sont ses héros. Les fées et les enchanteurs jouent encore un grand rôle dans son poëme, où brillent de grandes beautés, mais où l'on rencontre souvent des idées et des expressions basses. Cependant cet auteur a la gloire d'avoir peut-être été le guide de l'Arioste, dans son Roland le Furieux ; ils ont l'un et l'autre donné carrière à leur imagination, qu'ils avoient également vive et brillante. Mais si l'un a le mérite de l'invention, l'autre l'emporte pour le style.

La première édition de Boïardo a été faite à Venise, en 1500, petit in-fol.

L'édition la plus recherchée est celle de Venise, par les frères Nicolini de Sabio, en 1544, in-4°.

L'édition de Molini, Paris, 1768, 4 vol. in-12, est l'ouvrage de Boïardo, refait ou travesti en vers burlesques par François Berni.

## TRADUCTIONS.

### LE SAGE.

L'auteur de Gil Blas, l'ingénieux le Sage, donna en 1717, en 2 vol. in-12, une traduction ou plutôt une imitation du Roland Amoureux. Il a été forcé d'y faire beaucoup de changemens. Le poëte Italien, très-ignorant en géographie, rapprochoit les Etats les plus éloignés, et commettoit les bévues les plus singulières. Son traducteur les a corrigées autant qu'il l'a pu. Il s'est encore écarté quelquefois de son original, pour lier les aventures l'une à l'autre, et faire disparoître la contrariété qui se trouve souvent entr'elles dans le poëme italien. Pour les hauts faits d'armes et les enchantemens qui ne se peuvent changer, sans défigurer l'auteur, il les a conservés, de même que les caractères. Son style est pur, élégant, léger; et l'on y reconnoît l'auteur de Gil Blas.

La première édition de Roland Furieux a été faite à Ferrare en 1515, in-4°.

Édition de Venise, avec les figures de Porro, 1584, in-4°.

Edition de Prault, 1768, 4 vol. in-12.

## L'ARIOSTE.

Le Roland Furieux de l'Arioste est, comme nous l'avons dit, une imitation du Roland Amoureux du Boïardo. La pureté et l'élégance du style, l'heureux choix des termes, les grâces de l'imagination, une gaieté inépuisable, des tirades sublimes; voilà ce qui a fait fermer les yeux sur les imperfections de l'Arioste. Mais lorsqu'on le lit de sang-froid, on ne sauroit se dissimuler que son poëme, à le prendre à la rigueur, n'a ni commencement, ni milieu, ni fin : on ne sait quel en est le héros principal. Aucun épisode n'y semble naître du fond du sujet ; le comique, et souvent un comique bas et obscène, s'y trouve confondu avec le tragique et l'héroïque. Cet ouvrage d'ailleurs est plein de descriptions chimériques, d'exagérations outrées, qui interrompent continuellement le cours de la narration. C'est un poëme charmant, dit Voltaire ; mais un poëme épique, pour qu'il soit tel, doit au moins avoir un but ; et l'Arioste semble n'avoir que celui d'entasser fables sur fables.

## TRADUCTIONS.

### MIRABAUD.

Mirabaud nous a donné une traduction du poëme de l'Arioste, dans laquelle il a rendu le sens de son auteur, mais rarement ses grâces. Ce *molle et facetum* de l'Arioste, cette urbanité, cet atticisme, cette bonne plaisanterie répandues dans tous ses chants, n'ont été, dit *Voltaire*, ni rendues, ni même senties par Mirabaud, qui ne s'est pas douté que l'Arioste railloit de toutes ses imaginations.

## LE COMTE DE TRESSAN.

Si l'on compare la traduction de cet auteur avec celle de Mirabaud, on trouvera que Mirabaud étrangle l'original, au lieu que le comte de Tressan le paraphrase ; le premier est trop sec et trop nu, le second trop orné et trop fleuri ; Mirabaud oublie qu'il traduit un poëte ; le comte de Tressan ne se souvient pas toujours que ce poëte est extrêmement simple et naturel. Peut-être les agrémens qu'il a prêtés au poëte Italien, valent-ils mieux que ceux qu'il nous a dérobés ; peut-être l'imagination riche et féconde du traducteur a-t-elle réellement embelli l'original ; mais on eût mieux aimé voir l'Arioste tel qu'il est.

## PANCKOUCKE ET M. FRAMERY.

Ces deux auteurs ont donné au public, en 1787, en 10 vol. in-18, la meilleure traduction de l'Arioste que nous ayons en français, et celle qui approche le plus des grâces de l'orignal. Les cinq premiers volumes et le discours sur la traduction, sont de *Panckoucke*, qui, par un accord assez rare, réunissoit les talens d'un littérateur et d'un bon écrivain, aux vues les plus étendues sur le commerce de la librairie. Les cinq derniers volumes sont de M. Framery, connu par son goût pour les arts, et particulièrement pour la musique.

## THÉOPHILE FOLENGO.

Le Pulci, dans une longue Epopée, moitié sérieuse, moitié bouffonne, a célébré le grand Morgant, *Morgante Maggiore*; mais Roland, le héros par excellence, est celui qui a le plus excité la verve des poëtes Italiens du quinzième et du seizième siecles. Boïardo, dans son *Orlando Innamorato*, a décrit ses amours et ses aventures avec la belle Angélique; et l'Arioste, brodant sur le même canevas, a chanté, dans *Orlando Furioso*, les fureurs de ce même Roland, à qui l'infidélité d'Angélique avoit fait perdre la raison.

L'enfance de cet illustre Preux est la matière de l'*Orlandino*, poëme burlesque en huit chants, qu'on ne connoît presque pas en France, et qui, même en Italie, étoit devenu très-rare, quoiqu'il y en ait eu quatre ou cinq éditions depuis la première, qui parut à Venise, en 1526, in-8°. On doit savoir gré aux libraires de Paris, qui ont réimprimé ce poëme en 1775, in-12, avec la même élégance et du même format, que la char-
mante

mante collection des auteurs Italiens, et surtout des soins qu'ils se sont donnés, pour rendre cette édition plus exacte et plus correcte que les précédentes. Non-seulement le texte étoit rempli de fautes ; mais, comme l'auteur a cru pouvoir employer, dans un ouvrage comique, des termes lombards, napolitains, siciliens, d'en estropier même quelquefois, quand la rime l'embarrasse, et qu'il abuse un peu trop de cette licence, on s'est attaché, dans cette réimpression, à lever les obstacles qui pouvoient arrêter le lecteur peu instruit de ces différens dialectes.

Ce poëme fit beaucoup de bruit en Italie lorsqu'il parut; il n'est pas inutile d'observer que, peu de temps après sa publication, Louis Dolce, jaloux, sans doute, du succès de cet ouvrage, fit de son côté un poëme, où il chanta les exploits de Roland encore enfant. Le célèbre Arétin, contemporain de Folengo et de Dolce, s'exerça pareillement sur la même matière, ce qu'il en composa existe sous ce titre : *Li due primi canti di Orlandino del divino Pietro Aretino;* c'est-à-dire, les deux premiers chants du petit Roland, par le divin Pierre Arétin. Son but étoit de tourner en ridicule le petit Roland de Folengo, Renaud, Astolphe, et tous les paladins, qu'il représente comme des personnages méprisables et sans courage. Il se moque même de Pulci, de Boïardo et de l'Arioste, qui en ont dit tant de merveilles ; il ne s'épargne pas lui-même ; cependant il a soin d'y faire l'éloge des trois premiers chants du poëme de Marphise, qu'il avoit donnés au public.

Folengo ne manque pas, à l'exemple de ceux qui l'avoient devancé, de citer le très-véridique Turpin, pour garant des prodiges qu'il va célébrer. Son poëme d'*Orlandino* est, à proprement parler, l'histoire des amours clandestins de Milon et de Berthe, sœur de Charlemagne : Roland est le fruit de ce commerce secret. L'auteur y raconte les aventures de ces deux amans, obligés de s'enfuir de la cour, pour se soustraire aux ressentimens de l'empereur.

Folengo, auteur de ce poëme, étoit moine bénédictin, né à Mantoue, et mort à Venise en 1544. Le plus considérable de ses ouvrages est sa *Macaronée*, poëme satirique et burlesque, qui lui suscita de fâcheuses affaires ; mais il s'en tira par le crédit de ses protecteurs, au nombre desquels il y en avoit d'illustres qui aimoient son humeur enjouée, et le genre folâtre de ses compositions. Le titre de Macaronique qu'il a donné à cette production, vient du mot macaroni, espèce de petit gâteau qu'on fait en Italie avec de la farine, des œufs et du fromage. Cette dénomination caractérise en effet le style de Folengo, qui est un mélange, un salmis de mauvais latin et de mots italiens, toscans, lombards, etc., la plupart défigurés. L'auteur, pour se cacher, avoit pris le nom de Merlin Coccaie; c'est sous ce nom qu'il est plus généralement connu, et que fut publiée la première édition de sa *Macaronée*, en 1521, in-12. Cette édition est très-rare. L'ouvrage fut traduit en français en 1606. Cette vieille version a été réimprimée, sans aucun changement, en 1734, en deux volumes in-12. C'est, pour le dire en passant, de cette histoire macaronique, que Rabelais a tiré son roman de Pentagruel.

Le nom de *Limerno*, que Folengo se donna au frontispice d'*Orlandino*, est l'anagramme de *Merlino*, en français Merlin. Le surnom de *Pittoco* qu'il y ajoute, et qui veut dire gueux, mendiant, truant, fait allusion à sa pauvreté monastique et à sa gourmandise. Il aimoit passionnément les plaisirs de la table, et cherchoit les bons dîners.

## TRISSIN.

Le Trissin, célèbre en Italie par un poëme épique, est celui de tous les poëtes Italiens, qui a le plus imité Homère. Il en emprunte, dans son poëme de l'*Italie délivrée des Goths*, les comparaisons les plus riches, et les figures les plus vives. Il rejette tous les ornemens superflus; ses expressions sont simples, pures, figurées par intervalles, mais avec une extrême retenue. Si ce poëte n'a pas toutes les grandes qualités des anciens, il en a du moins une bonne partie, sans avoir les défauts des modernes. Gravina avoue néanmoins, que le Trissin n'a qu'un très-petit nombre d'admirateurs en Italie. « Il étoit, avec rai-
» son, dit Voltaire, charmé des beautés
» d'Homère, et cependant sa grande faute
» est de l'avoir imité; il en a tout pris, hors
» le génie. Il s'appuie sur Homère pour
» marcher, et tombe en voulant le suivre.
» Il cueille les fleurs du poëte Grec; mais

» elles se flétrissent dans les mains de l'i-
» mitateur. Le Trissin est cependant le pre-
» mier moderne qui ait fait un poëme épi-
» que régulier et sensé, quoique foible; le
» premier qui ait osé secouer le joug de la
» rime, et le seul des poètes Italiens, dans
» lequel il n'y ait ni pointes, ni jeux de
» mots. »

L'édition originale de ce poëme a été imprimée à Rome, en 1547 et 1548, 3 vol. in-8°.

On estime l'édition de l'abbé Antonini, Paris, 1729, 3 vol. in-8°.

M. Grainville a traduit L'*Italie délivrée des Goths*, poëme du Trissin, qu'il a analisé et comparé avec ceux d'Homère, de Virgile et du Tasse, etc.; mais cette traduction n'est pas encore imprimée.

## LE TASSE.

La Jérusalem Délivrée du Tasse est peut-être le seul poëme dont l'Italie puisse se glorifier. On ne sauroit trop louer la belle ordonnance de cet ouvrage, ce grand intérêt qui y va toujours croissant, cet art singulier d'amener les événemens, et de présenter successivement au lecteur les tableaux les plus terribles de la guerre, et les peintures les plus riantes de l'amour. Le Tasse paroît surtout supérieur à Homère, dont il semble avoir suivi les traces, par l'art de nuancer les couleurs, et de donner aux différentes espèces de vertus et de vices, les traits qui leur sont propres et qui les distinguent le plus. Où trouver des caractères plus variés, plus fortement soutenus que dans la Jérusalem Délivrée ? Le style de ce poëme achève la séduction. Il est toujours clair, élégant, harmonieux ; et dans le ravissement où il jette le lecteur, il fait oublier tous les défauts de l'auteur : ces enchantemens qui semblent appartenir à la féerie ; ce mélange bizarre d'idées païennes et chrétiennes ; ces jeux de mots et ces concetti puérils, que le goût du siècle avoit arrachés au poëte. Il n'y a qu'un Italien qui puisse supporter l'excès auquel le Tasse a porté le merveilleux de son poëme. Dix princes chrétiens, métamorphosés en poissons dans les bassins d'Armide, et un perroquet chantant des chansons galantes de sa propre composition, sont des choses bien étranges aux yeux d'un lecteur sensé, quoique nous soyons prévenus par l'histoire de Circé dans l'Odyssée, et quoique nous voyions tous les jours les perroquets imiter la voix humaine. On ne comprend pas comment des personnes de bon sens peuvent approuver un magicien chrétien qui tire Renaud des mains des sorciers mahométans. On voit avec surprise, dans le Tasse, la messe, la confession, les litanies des saints et des morceaux de sorcellerie, confondus ensemble et formant le plus grotesque assemblage. Gravina lui reproche trop de pompe et d'ornement, trop peu d'étude de la nature, plus de préceptes que de récit, un amas de dogmes philosophiques, et un puéril étalage de règles de rhétorique ; des pensées plus brillantes que vraies, des vers plus sonnans, plus bruyans, que justes et gracieux.

La première édition complète de la Jérusalem, parut à Ferrare, en 1581, in-4°.

L'édition de Didot aîné, 1784, 2 vol. in-4°., est enrichie de 41 belles gravures, d'après Cochin.

Edition de Prault, 1768, 2 vol. in-12.

## TRADUCTIONS.

### MIRABAUD.

Le traducteur du poëme de l'Arioste l'a été de celui du Tasse. Mirabaud en publia une traduction en prose, en 1724. Cette version, dans laquelle le génie du poëte Italien reprenoit une nouvelle vie, fut le titre de sa réception à l'Académie Française. « Ça été, lui dit M. de Fontenelle, » votre belle traduction de la Jérusalem du » Tasse, qui a brigué nos voix : vous avez » appris aux Français combien étoit estima- » ble ce poëte Italien qu'ils estimoient déjà » tant. Dès qu'il a parlé par votre bouche, » il a été reçu partout; partout il a été ap- » plaudi. L'envie et la critique n'ont pas eu la » ressource de pouvoir attribuer ce grand » succès aux seules beautés du Tasse; il per- » doit le charme de la poésie; il perdoit les » grâces de sa langue; il perdoit tout, si » vous ne l'eussiez dédommagé. »

Le traducteur s'étoit fait un système qui avoit été l'occasion de plusieurs fautes répandues dans la première édition de cet ouvrage; tantôt il supprimoit entièrement tout ce qui n'étoit point de son goût; et tantôt il changeoit, ornoit, étendoit ou resserroit ce qui lui plaisoit davantage. Mais dans sa seconde édition, il se permit beaucoup moins de liberté; et son ouvrage acquit un mérite plus solide.

M.

## M. LE BRUN.

La version que M. le Brun publia en 1774, en deux vol. in-8°., mérite un rang distingué parmi les ouvrages de ce genre. On y remarque autant de précision que d'élégance. Cette traduction, qui est anonime, fut attribuée, pendant quelque temps, à Jean-Jacques Rousseau; mais malgré la modestie du traducteur, on parvint à le connoître. La version de M. le Brun est d'un ton noble et animé : l'âme du poëte y respire ; et c'est ce qui manque absolument dans la traduction de Mirabaud, foible, prolixe, languissante, souvent infidèle, écrite du style d'un conte plutôt que d'un poëme, et qui, malgré tous ces défauts, se faisoit lire, tant il y a d'intérêt dans l'ouvrage original. En 1803, le libraire Bossange a donné une nouvelle édition de la traduction de M. le Brun, avec des corrections de l'auteur, et une notice sur la vie du Tasse, par M. Suard. Cette nouvelle édition, qui a été faite avec le plus grand soin, et qui d'ailleurs est enrichie de belles gravures, a eu le succès le plus brillant et le mieux mérité.

## M. CLÉMENT.

M. Clément, de Dijon, a publié, en 1800, in-8°., une imitation en vers de la Jérusalem Délivrée, dans laquelle on trouve des morceaux bien faits, et qui prouvent un talent, sinon facile, du moins exercé.

## LA HARPE.

On connoissoit depuis long-temps des extraits des huit premiers chants de la Jérusalem Délivrée, traduits en vers par la Harpe. Quoiqu'on les trouve réunis dans les *Œuvres choisies* de ce célèbre littérateur, ils sont au-dessous de sa réputation.

## M. BAOUR LORMIAN.

M. Baour Lormian a traduit en vers la Jérusalem Délivrée, en 1795, 2 vol. in-8°., ou un vol. in-4°. Si l'auteur, encore jeune à cette époque, n'a pas réussi à faire passer dans notre langue les grâces du poëte Italien, il a du moins montré beaucoup de courage en se chargeant d'une pareille entreprise.

## MARIN.

On loue beaucoup l'Adonis de cet auteur. C'est un poëme héroïque, suivant ses admirateurs; ce n'est qu'un ouvrage de caprice et de fantaisie, selon beaucoup d'autres. Il est composé de vingt livres ou de vingt chants; et l'on ne peut guère les lire tous sans beaucoup d'ennui. Sa longueur, les idées singulières dont il est rempli, un phœbus perpétuel, des tirades de vers, où l'on ne trouve que la même pensée, des images peu naturelles, tous ces défauts dégoûtent ou impatientent du moins un lecteur français, qui ne peut s'accoutumer à ces bizarreries italiennes. Qui pourroit supporter, parmi nous, le mélange éternel qu'il fait du sacré et du profane? Lorsque dans le dix-septième chant, Marin fait voyager Vénus dans l'Asie, il la fait pleurer à l'aspect de ces pays dont un jour les Turcs s'empareront, pour établir le croissant sur les ruines de la croix. Auroit-on soupçonné qu'un pareil malheur, prévu de si loin, eût dû coûter des larmes à Vénus? Dans le jardin des plaisirs, consacré à la même déesse, il se trouve une fleur que le poëte décrit en dix stances, parce qu'elle porte imprimés sur ses feuilles tous les instrumens de la passion de Jésus-Christ.

On estime l'édition d'Amsterdam, 1651, in-12; et celle des Elzevirs, 1678, 4 vol. in-32.

## TRADUCTIONS.

On trouve une traduction de l'Adonis en vers, dans les *Œuvres* du président Nicole (Paris, 1681, 2 vol. in-12), et dans les *Œuvres complètes* du duc de Nivernois, publiées en 1796, chez Didot le jeune, 8 vol. in-8°.

### FRÉRON.

Fréron a imité plutôt que traduit, le huitième chant de l'Adonis, dans une brochure intitulée : *Les vrais plaisirs*, ou *les Amours de Vénus et d'Adonis*. Il y a mis une suite, des liaisons, et même ajouté diverses idées. On croit qu'il n'a fait que corriger cette espèce de traduction, et que le véritable auteur est le duc d'Estouteville.

### TASSONI.

Le Seau Enlevé, poëme du Tassoni, est regardé comme un des beaux monumens de la langue italienne. On y trouve beaucoup de feu, d'imagination et de gaieté. Rien de plus varié et de plus neuf que les comparaisons. Les caractères en sont bien frappés et bien soutenus. Le Tassoni a voulu réunir Calot et Raphaël. Un portrait grotesque est suivi d'un tableau sublime. L'enjouement du comique succède à des traits terribles. Partout on voit une force, une vivacité de coloris, qui annonce l'art et le génie. Un peu moins de hardiesse cynique n'eût pas déparé ce poëme. Les oreilles italiennes ne sont point alarmées comme les nôtres, du son effronté de certains mots.

Les factions des Guelphes et des Gibelins mirent autrefois l'Italie en combustion. Chaque Etat, chaque ville embrassa l'un des deux partis. Les Bolonais étoient Guelphes, et les Modenois étoient Gibelins : source de querelles et de guerres entre les deux nations. Les habitans de Modène, vainqueurs à la bataille de Fossalte, poursuivirent leurs ennemis jusque dans Bologne, détachèrent la chaîne d'une des portes de la ville, et l'emportèrent en triomphe comme un monument de leur victoire. Quelques historiens prétendent qu'au lieu d'une chaîne, on enleva le seau d'un puits.

Ce seau, qui a donné lieu à de sanglans

combats, a fourni la matière d'un poëme en douze chants, dont voici la substance. Les Bolonais redemandent leur seau avec opiniâtreté, et offrent en échange la seigneurie de Crevecœur : la proposition est rejetée; l'on se prépare à la guerre de part et d'autre. Les dieux, qui prennent part à la querelle, s'assemblent et délibèrent sous quels drapeaux ils se rangeront. Pallas et Apollon se déclarent pour Bologne ; Vénus, Mars et Bacchus pour Modène. Le dieu du vin n'a pas de peine à faire marcher ses fidèles Allemands sous la conduite d'Enzio, fils naturel de l'empereur Frédéric. Les Modenois, commandés par Gérard, d'une illustre famille du pays, assiégent Castel-Franco. Les Régiens, alliés des Bolonais, attaquent et prennent la forteresse de Rubière ; mais ils sont assiégés à leur tour dans la place dont ils viennent de se rendre maîtres, et se trouvant pressés par la faim, font une capitulation honteuse. Castel-Franco est emporté d'assaut, et l'on met tout à feu et à sang. Les Bolonais rassemblent leurs troupes, livrent bataille, sont vainqueurs, et Enzio est fait prisonnier. Gérard et sa sœur Renope, brave amazone, défendent l'entrée d'un pont, par où les ennemis pouvoient arriver à Modène, et font des prodiges de valeur. On propose une trêve de dix jours pour travailler à la paix, qui se conclut enfin par la médiation du Saint-Siége. Les principaux articles sont que les Modenois resteront maîtres du seau, et les Bolonais de la personne d'Enzio.

La belle édition de Conti, qui parut en 1766, est en 2 vol. in-8º.

On peut se contenter de celle de Prault, qui est de 1768, in-12.

## TRADUCTIONS.

#### PIERRE PERRAULT.

C'est le frère de l'académicien de ce nom; il publia, en 1678, en 2 vol. in-12, une traduction platement littérale de ce poëme; et la copie ne donna pas beaucoup d'estime pour l'original.

#### M. DE CEDORS.

En 1758, M. de Cedors en a donné une en 3 vol. in-12, qui est plus élégante, et peut-être plus fidèle. Il a dû trouver de grandes difficultés dans la modestie de notre langue; cependant si l'on en excepte quelques négligences de style, quelques expressions trop familières, sa version ne déplaira pas à la plupart des lecteurs.

Le traducteur nous apprend dans sa préface, que cette version lui a très-peu coûté. A voir toutes les négligences dont elle est remplie, on le croira facilement. Il n'a pas voulu, dit-il, faire une traduction littérale, à la bonne heure ; mais il falloit la faire exacte ; il falloit, dans les changemens, n'adopter que ceux qui pouvoient animer le récit ; il ne falloit pas retrancher ce qui donnoit plus de sel au discours ; il falloit ne point substituer ses propres idées à celles de l'original, des injures à des plaisanteries, des mots bas à des mots plaisans ; il falloit ne point laisser en doute si on ignoroit l'italien, ou si l'on affectoit exprès de rendre une expression par une autre. Il retranche, il change, il augmente, il altère le sens. Ce n'est pas là la liberté accordée aux traducteurs ; c'est une licence condamnable. Les notes qui accompagnent le texte sont, ou du Tassoni lui-même, ou du traducteur. Il y en a de fort plaisantes ; si elles appartiennent à ce dernier, il auroit dû nous en avertir ; et nous lui en aurions su gré. Sa version française, malgré tous ses défauts, se fait lire
avec

avec plaisir; il est fâcheux pour lui, mais il est agréable pour ceux qui savent l'italien, qu'on ait imprimé l'original vis-à-vis de la copie.

## M. CREUSÉ DE LESSER.

Le style de *la Secchia Rapita* est plein de ces *concetti* qui caractérisent presque tous les écrivains de l'Italie. Celui de M. Creusé de Lesser, qui n'a fait qu'imiter en vers (Paris, 1805, 2 vol. in-18) le poëte italien, est plein de traits fins et délicats, qui embellissent les pensées même les plus ordinaires.

## FORTIGUERRA.

Voici ce qui a produit le poëme qui va faire le sujet de cet article. On sait que l'Arioste et le Tasse ont leurs partis en Italie, et qu'à ce sujet il s'est élevé une guerre littéraire qui dure encore, et divise les savans. M. Fortiguerra étoit un prélat plein d'esprit et de feu, que sa naissance, sa science, et plusieurs autres avantages, appeloient aux premières dignités. Il s'étoit déclaré défenseur du Tasse; il rassembloit chaque semaine tout ce que Rome comptoit alors de génies illustres. Dans ces séances académiques, la dispute sur la préférence due à l'un de ces deux poëtes, étoit poussée fort loin. On dit qu'un jour le prélat, pour rabaisser le mérite du poëte auquel il étoit opposé, avança que rien n'est plus facile que de réussir dans un genre où l'on permet tout à son imagination ; et paria même de composer un ouvrage, à l'imitation de l'Arioste, avec une rapidité qui prouveroit sa proposition. On ajoute que la semaine suivante, il lut, dans la même assemblée, dix chants du poëme de *Richardet*, et qu'il l'acheva avec la même vitesse. Il en résulta, pour l'auteur, une célébrité qui ne fut pas avantageuse à sa fortune, si elle le fut à sa réputation poétique. Quelques morceaux trop licencieux, et des satires du même caractère, lui fermèrent, à ce qu'on assure, l'accès aux places éminentes, dont il étoit susceptible. Cet ouvrage sembla le consoler de ces désagrémens, en lui attirant un nombre infini d'éloges.

Mais quoiqu'on y trouve de la gaieté, de la plaisanterie et de la poésie, il est bien inférieur au poëme de l'Arioste, dont il semble être une continuation. Ce n'est plus la même fraîcheur, le même coloris, la même fécondité. Le Richardet est une espèce de parodie, à le comparer avec Roland Furieux. À chaque instant, on est révolté par des fautes énormes contre le goût; mais un des plus grands défauts, c'est cette profusion d'histoires qui ne produisent aucun intérêt, qui ne laissent aucune trace dans l'esprit du lecteur.

Il parut une bonne édition de ce poëme à Venise, en 1734, in-4°.

Prault en fit une à Paris, en 1767, 3 vol. in-12.

## TRADUCTIONS.

### DUMOURRIER, PÈRE DU GÉNÉRAL DE CE NOM.

Le traducteur avoit beaucoup d'esprit, et surtout une heureuse facilité. Il auroit pu la conserver, sans adopter les expressions marotiques; il devoit se borner à garder les tournures de ce langage, et bannir les *fort peu lui chaut*, *cil*, etc.; toutes façons de parler qui doivent être proscrites de la poésie, sous quelque genre qu'on nous la montre. Il devoit encore ne pas s'assujettir à la forme des octaves, quoiqu'il en ait varié le mètre; et seulement prendre le rhythme de cinq pieds, qui, dans cette espèce de poésie, est consacré. D'ailleurs le récit eût été plus vif, plus concis : ces octaves, qui sont une beauté dans la poésie italienne, ont dans la nôtre une marche paresseuse. Malgré toutes ces observations, ce poëme a été lu avec beaucoup de plaisir, surtout depuis que dans une seconde édition (1766, 2 parties in-8°.), on a corrigé la plupart de ces défauts.

### LE DUC DE NIVERNOIS.

On trouvera une traduction de Richardet, en vers, dans les Œuvres du duc de Nivernois, publiées chez Didot le jeune en 1796, 8 vol. in-8°. Elle ne fait pas oublier la précédente.

## POËTES ÉPIQUES.
### ESPAGNOLS ET PORTUGAIS.
### ALONZO D'ERCILLA.

Sur la fin du seizième siècle, l'Espagne produisit un poëme épique, célèbre par quelques beautés particulières qui y brillent, aussi-bien que par la singularité du sujet ; mais encore plus remarquable par le caractère de l'auteur.

Don Alonzo d'Ercilla y Cuniga, gentilhomme de la chambre de l'empereur Maximilien, fut élevé dans la maison de Philippe II, et combattit à la bataille de Saint-Quentin, où les Français furent défaits. Le jeune Alonzo, entraîné par une insatiable avidité de connoître les hommes et de voir le monde, voyagea par toute la France, parcourut l'Italie et l'Allemagne, et séjourna long-temps en Angleterre. Tandis qu'il étoit à Londres, il entendit dire que quelques provinces du Pérou et du Chily, avoient pris les armes contre les Espagnols leurs conquérans. La passion qu'il avoit pour la gloire, et le désir de voir et d'entreprendre des choses singulières, l'entraînèrent dans ces pays du nouveau monde. Il alla au Chily, à la tête de quelques troupes, et il y resta pendant tout le temps de la guerre.

Sur les frontières du Chily, du côté du Sud, est une petite contrée montagneuse, nommée Araucana, habitée par une race d'hommes plus robustes et plus féroces que tous les autres peuples d'Amérique. Ils combattirent pour la défense de leur liberté, avec plus de courage et plus long-temps que les autres Américains ; et ils furent les derniers que les Espagnols soumirent. Alonzo soutint contre eux une pénible et longue guerre, pendant laquelle il conçut le dessein d'immortaliser ses ennemis, en s'immortalisant lui-même. Il en fut en même temps le conquérant et le poëte ; il employa les intervalles de loisir que la guerre lui laissoit, à en chanter les événemens; et faute de papier, il écrivit la première partie de son poëme sur de petits morceaux de cuir, qu'il eut ensuite bien de la peine à arranger. Le poëme s'appelle *Araucana*, du nom de la contrée.

Il y a beaucoup de feu, surtout dans la description des batailles ; mais nulle invention, nul plan, point de variété dans les descriptions, point d'unité dans le dessein. Le poëme est plus sauvage que les nations qui en font le sujet. Vers la fin de l'ouvrage, l'auteur, qui est un des premiers héros, fait, pendant la nuit, une longue et ennuyeuse marche, suivi de quelques soldats, etc. Pour passer le temps, il fait naître entr'eux une dispute au sujet de Virgile, et principalement sur l'épisode de Didon. Alonzo saisit cette occasion pour entretenir ses soldats de la mort de cette reine, telle qu'elle est rapportée par les anciens historiens ; et afin de mieux donner le démenti à Virgile, et de restituer à la reine de Carthage sa réputation, il s'amuse à en discourir pendant deux chants entiers. Ce n'est pas d'ailleurs un défaut médiocre de son poëme, d'être composé de trente-six chants très-longs. On peut supposer, avec raison, qu'un auteur qui ne sait, ou qui ne peut s'arrêter, n'est pas propre à fournir une telle carrière.

L'édition originale de ce poëme parut en 1597, in-12.

La meilleure édition est celle de Madrid, faite en 1733, 5 vol., qu'on relie en 2 vol. in-folio.

On trouve la traduction de quelques fragmens de l'Araucana, dans les n[os]. 26 et 27 des *Archives littéraires de l'Europe*.

## LE CAMOENS.

De toutes les productions des Muses portugaises, nous ne connoissons guère que la Lusiade du Camoens, poëme héroïque sur la découverte des Indes orientales. Le fond de cet ouvrage n'est ni une guerre, ni une querelle de héros, ni le monde en armes pour une femme : c'est un nouveau pays découvert à l'aide de la navigation. Après le début, le poëte conduit la flotte portugaise à l'embouchure du Gange, décrit en passant les Indes occidentales, le midi et l'orient de l'Afrique, et les différens peuples qui vivent sur cette côte. Il entremêle avec art, dans le troisième et le quatrième chants, l'histoire du Portugal. La mort d'Inès de Castro, femme du roi dom Pèdre, qui fait partie de cette histoire, est racontée dans le troisième livre; et ce morceau passe pour le plus beau du Camoëns. Il y a, dit-on, dans Virgile, peu d'endroits plus attendrissans et mieux écrits.

La simplicité du poëme est relevée par des fictions aussi neuves que le sujet; mais il y en a où la décence est entièrement violée : telle est celle de cette île enchantée, où Vénus rend les Néréides amoureuses des Portugais. Les plaisirs les plus lascifs y sont peints sans voile. Un autre défaut de cet ouvrage, c'est le peu de liaison qui règne dans toutes ses parties; il ressemble au voyage qui en est le sujet : les aventures se succèdent les unes aux autres; et l'auteur n'y a d'autre art, que celui de les bien conter. Il faut que ce poëme soit plein de grandes beautés de détail, puisqu'il fait, depuis deux cents ans, les délices d'une nation spirituelle, qui certainement en connoît les défauts.

L'auteur

L'auteur est un peintre hardi, d'une imagination souple et féconde, qui se plie avec un succès égal au sublime, au simple et au gracieux, et qui manie les passions avec beaucoup de force et de délicatesse. Les descriptions sont neuves et vraies ; il peint les lieux, les mœurs et les personnes qu'il a connues dans ces pays éloignés; et son style, qu'il sait varier avec esprit, n'est point infecté de ces insipides jeux de mots, si familiers aux Espagnols et aux Italiens.

Cependant la *Lusiade*, à la bien considérer, n'est qu'une relation de voyageur, ornée de fictions souvent assez bizarres. Le poëte paroît n'avoir eu en vue que la gloire de sa nation ; faut-il s'étonner si la vanité des Portugais l'égale à Homère et à Virgile. L'intervention des dieux dans ce poëme est trop uniforme, et presque toujours ridicule ; et quelques-unes des fictions dégradent le héros. Enfin, le fond de l'ouvrage n'a rien de grand, de noble et d'intéressant ; il ne s'agit que de la découverte de quelque pays des Indes, d'où Gama revient en Portugal, sans avoir fait aucune conquête. Je ne parle point du mélange monstrueux de la fable avec la religion chrétienne.

La Lusiade parut pour la première fois à Lisbonne, en 1572, in-fol.

L'édition des œuvres de l'auteur, faite à Paris, par Didot, en 1759, est composée de 3 vol. in-12.

## TRADUCTIONS.

### DUPERRON DE CASTERA, D'HERMILLY ET LA HARPE.

La traduction de Camoens, publiée en 1776, 2 vol. in-8°., sous le nom de la Harpe, a été faite sur une version littérale du texte portugais, par M. d'Hermilly, très-versé dans la langue de l'auteur original. La Harpe s'est proposé d'animer du feu de la poésie, cette version scrupuleusement fidèle ; il ne s'est permis d'autre liberté que celle de resserrer quelques endroits un peu longs, mais rarement ; et cette diminution du texte est peu de chose. Il y a joint des notes historiques et critiques, nécessaires pour l'intelligence du poëme, et nous a donné aussi un fragment sur la vie et les ouvrages de Camoens.

Pour sentir tout le mérite de cette nouvelle traduction, on n'a qu'à la comparer à celle de Duperron de Castera, publiée en 1735,

3 vol. in-12, qui n'est qu'une paraphrase froidement ampoulée et prolixement périodique. Tout l'esprit poétique de Camoens y est absolument évaporé. Duperron de Castera, rhéteur sans goût, dénature à tout moment son original, en se croyant fait pour l'embellir. La nouvelle version est infiniment plus rapprochée du texte, et plus analogue à la simplicité élégante et sagement ornée, que l'auteur de la Lusiade semble vouloir imiter des anciens, quoiqu'il n'ait ni la richesse d'Homère, ni les mouvemens et le pathétique de Virgile. Duperron a surchargé son ouvrage d'une foule de notes historiques, le plus souvent employées à développer de prétendues allégories de la Lusiade, qui ne sont que des rêveries du traducteur, exposées avec un ton de persuasion quelquefois très-plaisant.

## POËTES ÉPIQUES.

### LES ANGLAIS ET LES ÉCOSSAIS.

Le commerce que nous avons avec les Anglais, l'étude qu'on fait de leur langue, le zèle de nos écrivains pour traduire leurs ouvrages, sont autant de voies qui nous ont facilité la connoissance du goût et du génie de leur poésie. Leurs versificateurs ont de grands défauts; mais ils ont aussi de grandes beautés. Nos productions poétiques sont beaucoup plus châtiées et plus régulières que celles des Anglais ; mais, en général, les leurs doivent être plus cadencées et plus remplies de ce feu, de cet enthousiasme qui constitue le caractère de la poésie, et en particulier celui des poëtes que nous ferons connoître.

## MILTON.

Le Paradis Perdu de Milton, est peut-être le seul poëme anglais où l'on puisse trouver dans un degré parfait, cette uniformité qui satisfait l'esprit, et cette variété qui réjouit l'imagination. Tous les épisodes de ce poëme sont comme des rayons qui tendent au centre d'un cercle. Quelle est la nation à qui l'entrevue d'Adam et de l'ange ne plaîroit pas ? Comment n'être pas charmé des traits hardis, avec lesquels est représenté le caractère rusé, intrépide et impitoyable de Satan ? Qui n'admireroit pas surtout, cette sublimité et cette sagesse, avec laquelle Milton peint l'Etre Suprême, et la majesté avec laquelle il le fait parler ? Il semble faire un portrait fidèle et parfait de la toute-puissance divine, autant qu'il est possible à la foiblesse humaine de s'élever jusqu'à elle au travers de cette poussière, qui, comme un nuage, nous environne de toutes parts. Les païens et quelques enthousiastes féroces, représentent Dieu comme un tyran cruel : le Dieu de Milton est un créateur et un juge; mais sa justice ne détruit point sa bonté ; son pouvoir suprême ne nuit point à la liberté de l'homme. Ses peintures sont si vives, qu'elles enlèvent l'âme du lecteur. Milton, en ce point et en plusieurs autres, est autant au-dessus des anciens poëtes, que la religion est au-dessus des fables païennes. Mais il a surtout un droit incontestable à l'admiration universelle des hommes, lorsque de ce haut point où il s'est élevé, il descend à la description naturelle des choses humaines. Où trouver des images plus grandes, plus sublimes, une poésie plus mâle, plus énergique, des idées plus neuves, plus hardies ?

Milton est peut-être celui des poëtes qui a le plus éprouvé cette ivresse, ce délire poétique, qui transporte l'homme hors de lui-même, et en faisant taire sa raison, ou souvent même en la troublant, lui fait produire presque dans le même moment, du sublime et du bizarre. Ce n'est, en effet, qu'aux écarts d'une raison troublée que l'on peut attribuer la triste extravagance de plusieurs peintures du Paradis Perdu. Les murailles d'albâtre, qui entourent le paradis terrestre ; les diables, qui, de géans qu'ils étoient, se transforment en pygmées pour tenir moins de place au conseil, dans une grande salle toute d'or, bâtie en l'air; les canons qu'on tire dans le ciel; les montagnes qu'on s'y jette à la tête; des anges à cheval qu'on coupe en deux, et dont les parties se rejoignent soudain ; tant d'autres extravagances n'ont cependant pas empêché que l'on ne comparât Milton à Homère, qui a aussi ses défauts, et qu'on ne le mît au-dessus du Dante, dont les imaginations sont encore plus extraordinaires.

Le Paradis Perdu fut long-temps négligé à Londres ; et Milton mourut sans se douter qu'il auroit un jour de la réputation. Ce fut le lord Sommers et le docteur Atterbury, depuis évêque de Rochester, et mort en France, qui voulurent enfin que l'Angleterre eût un poëme épique. Ils firent faire une belle édition du Paradis Perdu. Leur suffrage encouragea pour l'entreprise. Depuis, Addisson écrivit en forme, pour prouver que ce poëme égaloit ceux de Virgile et d'Homère. Les Anglais commencèrent à se le persuader ; et la réputation de Milton fut fixée.

Ce poëte, que l'on ne connoît guère en France que depuis que le Paradis Perdu a été traduit en notre langue, a le premier trouvé l'art de donner de la force et de la cadence aux vers anglais non rimés. Il a transmis dans cette production les beautés d'Homère, de Virgile et du Tasse ; et l'on a même prétendu qu'il n'étoit qu'un compilateur et un plagiaire. Un critique Ecossais, Guillaume Lauder, a osé avancer et soutenir que ses comparaisons, ses descriptions, ses discours, ses ornemens enfin, sont pris de différens poëtes modernes, d'où Milton n'a fait, pour ainsi dire, que les copier et les traduire ; que dans tout son ouvrage, il n'y a pas une seule idée dont il soit l'inventeur ; qu'il s'est approprié jusqu'aux défauts même de ses originaux ; que ses deux premiers chants sont les mêmes que ceux de la *Sarcothée* de Masénius ; que c'est dans le poëme de ce jésuite allemand, qu'il a puisé l'idée du palais, du char, de l'habillement de Lucifer, du combat des anges, du discours de Satan à son conseil, de la confusion qui se répandit dans la nature après la chute du premier homme, des comparaisons avec Pandore, Xerxès, Charlemagne ; que la tragédie de l'*Exil d'Adam*, par Grotius, lui a fourni aussi beaucoup de matériaux, tels que l'entretien du premier homme avec l'ange, sur la création du monde, la description du serpent qui a séduit Eve, la belle prière que celle-ci adresse à son époux, après sa chute, pour n'en pas être abondonnée, et la sortie d'Adam du paradis ; que l'invention des armes à feu parmi les diables est tirée de la *Guerre des Anges* du professeur Saxon Taubmann, etc. En un mot, Lauder ôte à Milton tout ce qui constitue le vrai génie, et soutient que les endroits les plus vantés de son poëme, ne sont que des ornemens qu'il a pillés de côté et d'autre. Les Anglais se sont fortement élevés contre ces accusations ; et Milton a trouvé parmi eux de zélés défenseurs, qui croient avoir convaincu l'agresseur d'ignorance et de mauvaise foi.

La première édition du Paradis Perdu parut en 1667, in-8°.

Les œuvres complètes de Milton, édition de Thomas Newton, furent imprimées à Londres, en 1778, 4 vol. in-8°.

## TRADUCTIONS.

## TRADUCTIONS.

### DUPRÉ DE SAINT-MAUR.

Le poëme de Milton ne commença à être connu en France, que par la traduction française qu'en donna Dupré de S. Maur, maître des comptes, et depuis l'un des quarante de l'Académie Française. Cette version parut en 1729, en 3 vol. in-12; et l'accueil qu'on lui fit alors, a obligé de la réimprimer plusieurs fois. Quoiqu'en prose, elle est écrite d'un style vif, brillant, et qui approche de la poésie. Le traducteur n'a pas toujours suivi littéralement son original. Tantôt il en a adouci quelques traits, tantôt il en a retranché d'autres. Il en a supprimé quelques-uns; par exemple, dans le livre neuvième, où la pudeur n'est point assez ménagée, lorsque le poëte fait la peinture des plaisirs que les premières atteintes de la concupiscence font chercher à Adam et Eve après leur chute. Mais il en reste assez dans la traduction, pour faire sentir que Milton, quoique chrétien, n'avoit pas sur cet article la même délicatesse que montre Virgile dans le quatrième livre de son Enéide. Dupré de S. Maur a aussi épargné au lecteur la plupart des détails, dans lesquels le poëte entre sur le chemin que le superflu des alimens prenoit dans les esprits célestes, comment il se dissipoit par la transpiration : et il y a d'autres imaginations encore plus extravagantes dans le poëme anglais, dont quelques-unes n'ont point, avec raison, été traduites par l'écrivain Français. Ce dernier n'a jamais prétendu se charger du travail pénible et peu glorieux, d'une version littérale ; il s'est proposé de nous faire admirer, dans notre langue, l'un des plus beaux poëmes qu'ait enfanté le génie britannique, ou plutôt l'esprit humain. Son ambition a été que nous retrouvassions dans sa libre copie, le sublime de l'original ; en un mot, il a voulu être poëte lui-même, et il faut convenir qu'il a parfaitement rempli son but.

## RACINE.

Racine le fils n'a pas pensé comme le premier traducteur de Milton ; il a fait entrer toutes ses beautés et tous ses défauts dans la nouvelle version qu'il nous a donnée de ce poëte, sous ce titre : le *Paradis Perdu* de Milton, traduction nouvelle, avec des notes, la vie de l'auteur, un discours sur ses poëmes, les remarques d'Addisson; et à l'occasion de ces remarques, un discours sur le poëme épique, en trois volumes in-12; 1755. Le traducteur rend son original avec assez de fidélité : on désireroit seulement plus de force et d'élévation dans son style. Il ne suffisoit pas de traduire Milton mot à mot, il falloit lui donner cet intérêt que Dupré de S. Maur a su lui prêter. Aussi la traduction de ce dernier, quoique moins littérale, est préférable à celle de Racine.

## M. MOSNERON.

On est unanimement convenu, en 1788, lors de la première édition que M. Mosneron a donnée de sa traduction, qu'en s'attachant à rendre le texte dans sa pureté, cette espèce d'asservissement n'excluoit pas l'expression des beautés de l'original, autant qu'il est possible de rendre en prose celles d'un poëme.

Il a paru en 1805, deux volumes in-12; une nouvelle édition de cette traduction, avec le texte à côté.

## MADAME DU BOCAGE.

Milton jouit d'un honneur dont bien des écrivains seroient jaloux. Une dame a donné, parmi nous, une imitation en vers de son Paradis Perdu; c'est madame du Bocage, connue avantageusement sur notre Parnasse. Elle a prêté son style au poëte Anglais, et l'a fait parler avec autant de pureté que d'élégance. Cette imitation se trouve dans le recueil de ses Œuvres, imprimées à Lyon, en 1762, 3 vol. in-8°.

## M. BEAULATON.

Cet auteur fit paroître, en 1778, une traduction en vers français du *Paradis Perdu*, 2 vol. in-8°. Ses vers ont une élégance et un nombre qu'on trouve rarement aujourd'hui dans les productions rimées de nos jeunes poëtes. La manière dont plusieurs détails sont rendus, annonce un talent estimable.

## M. DE LILLE.

Ce n'est pas pour nous faire connoître Milton avec tous ses défauts, que M. de Lille s'est donné la peine de composer environ douze mille vers ; c'est pour *importer ses richesses dans notre langue*, nous approprier ses beautés, nous en faire mieux jouir, en élaguant, ou adoucissant, du moins le plus possible, les bizarreries qui les déparent; enfin, pour traduire souvent Milton, mais quelquefois aussi se borner à l'imiter.

M. de Lille, obligé souvent d'orner Milton, a cru pouvoir se permettre de l'orner toujours. Il y a partout de la noblesse, de l'élégance, de la grâce ; c'est un vernis brillant, peut-être un peu uniforme, répandu sur toute cette composition inégale et, pour ainsi dire, raboteuse. Il charme souvent, il éblouit quelquefois ; mais quelquefois aussi n'affoiblit-il pas un peu des touches rigoureuses qu'il ne sauroit embellir ?

La version de M. de Lille, presque toujours égale à son modèle, quant à ce qui demande de la poésie et de la magnificence, laisse à cet égard peu de chose à désirer. Attentif à veiller quand Milton s'endort, il soutient l'attention par la noblesse de sa versification, il la ranime par d'heureux coups de pinceau; il colore une narration prosaïque, adoucit ou déguise une invention dégoûtante, puérile ou bizarre. C'est ici qu'il faut le remercier d'avoir été, comme le dit son éditeur, moins traducteur que poëte.

Les libraires Giguet et Michaud ont imprimé cette traduction en 1805, dans plusieurs formats.

On pourra comparer la manière de M. de Lille avec celle de M. Hennet, dans la traduction du discours de Satan à Belzebuth, et du discours d'Eve à Adam, poétique anglaise, tome III, pages 35 et 37.

M. de Nivernois, dans ses *Mélanges*, a traduit en vers les morceaux les plus frappans du Paradis Perdu.

Le Paradis Reconquis, qu'on trouve à la suite de la traduction de Racine, est un autre poëme de Milton, mis en français par le Père de Mareuil, jésuite, à Paris, 1732, in-12. Cet ouvrage est bien inférieur au Paradis Perdu. La fable de ce poëme n'est pas plus épique que l'action, elle n'a ni fiction, ni nœud, ni incident, ni variété. Les quatre chants dont il est composé, ne sont qu'un récit simplement historique, une espèce de paraphrase de ce que l'évangile nous apprend sur les tentations de Jésus-Christ. Les faits, leurs circonstances, leur arrangement, sont les mêmes dans l'histoire que dans le poëme. De là cette monotonie de faits répandus depuis le commencement du poëme jusqu'à la fin.

Quoiqu'il y ait plusieurs magnifiques descriptions, et des traits ingénieux et sublimes qui se font sentir, même dans la traduction, un pareil sujet pouvoit-il être la matière d'un poëme ? Faut-il s'étonner si l'original est regardé en Angleterre comme la traduction l'est en France. Dailleurs, il faut avouer que toutes ces fictions, aussi-bien que celles du Paradis Perdu, paroissent très-indécentes. L'imagination devroit respecter de pareils sujets, et n'y jamais toucher. C'est faire tort à d'augustes vérités, que de leur donner un air de fable.

## SAMUEL BUTLER.

C'est le nom de l'auteur d'un poëme anglais intitulé *Hudibras*, dont Voltaire fait l'éloge. « Le sujet, dit-il, est la guerre
» civile et la secte des Puritains tournée en
» ridicule ; c'est Don Quichotte ; c'est notre
» satire Ménippée fondus ensemble. C'est
» de tous les livres que j'ai jamais lus,
» celui où j'ai trouvé le plus d'esprit ; mais

» c'est aussi le plus intraduisible. Qui croi-
» roit qu'un livre qui saisit tous les ridicu-
» les du genre humain, et qui a autant de
» pensées que de mots, ne pût souffrir la
» traduction ? C'est que presque tout y fait
» allusion à des aventures particulières. Le
» plus grand ridicule tombe sur les théo-
» logiens que peu de gens du monde en-
» tendent. Il faudroit à tout moment un com-
» mentaire ; et la plaisanterie expliquée cesse
» d'être plaisanterie. »

Ce sont surtout les presbytériens et les indépendans que Butler se propose de rendre
ridicules dans son ouvrage : c'est leur hy-
pocrisie qu'il démasque, leur fanatisme qu'il
met dans tout son jour, par des traits bouffons, mais qui portent coup, et qui font sortir la manière extravagante et cruelle de
penser, de vivre et d'agir de ces enthousiastes, commis alors par le parlement, en
qualité de juges de paix, pour opprimer
les royalistes et tous ceux qui étoient attachés à l'ancien gouvernement de l'Eglise et
de l'Etat. L'auteur les a peints dans la personne d'Hudibras, qui est le nom du héros
de ce poëme. Il en a fait un chevalier pres-
bytérien, courant les provinces d'Angleterre,

parlant

parlant et agissant en conséquence de ses principes. Il est entêté, redressant les prétendus torts qui s'offrent à ses yeux, établissant partout la réforme. Ce nouveau Don Quichotte a aussi son Sancho Pança. Ralph ou Ralpho ( car on l'appeloit tantôt d'une façon, tantôt d'une autre ) est l'écuyer d'Hudibras ; on en a fait exprès un indépendant, pour l'opposer à son maître ; et de même que le bon sens de Sancho contraste merveilleusement avec les folies de Don Quichotte, il n'y a rien aussi de plus plaisant et de plus malin, que les traits dont Ralph accable Hudibras dans leurs différentes disputes.

Il ne seroit pas étonnant que les Français ne trouvassent pas dans ce poëme, tout l'esprit qui y est réellement, et qu'y admire Voltaire : 1°. nous ne prenons pas un assez vif intérêt à ces guerres étrangères de religion ; 2°. nous ne sommes point au fait de mille anecdotes qui fournissent des allusions à l'auteur ; 3°. il y a de certaines beautés qui, la plupart, sont intraduisibles, de l'aveu même de son interprète ; surtout, ce que les Anglais appellent *humour*, et qui ne peut être bien goûté ni bien senti que par les nationaux ; 4°. il y a dans cet ouvrage beaucoup de ces défauts ordinaires aux productions anglaises; tels que des longueurs, des inutilités, de mauvaises plaisanteries, des descriptions outrées, gigantesques, des digressions ennuyeuses, des moralités pesantes, etc. Le plan n'est pas même bien nettement conçu; on perd souvent de vue le héros; on ne sait ce que deviennent ses amours, ses stratagèmes et ses fourberies pour réussir à épouser une veuve. Il y a trop peu d'action, trop peu d'événemens dans la marche de la fable, fréquemment arrêtée par de grands et éternels épisodes, où l'on amène des disputes savamment théologiques, puisqu'il s'agit toujours de points de religion, qui deviennent à la longue insupportables. Malgré ces vices, qui blessent un lecteur éclairé, il y a dans ce poëme des morceaux de génie d'une force et d'une profondeur de sens admirables pour la satire.

On estime l'édition d'Hudibras, avec les notes de Zacharie Gray, Cambridge, 1744; 2 vol. in-8°.

Il parut à Londres, en 1793, une édition en 3 vol. in-4°., qui fut donnée par le docteur Nash.

## TRADUCTIONS.

### M. TONNELAY.

La traduction en vers du poëme d'Hudibras, 1757, 3 vol. in-12, est souvent mal rimée, et n'est ni élégante, ni même française en quelques endroits. M. Tonnelay déclare dans sa préface, qu'il n'a cherché qu'à être fidèle et presque littéral. On ne peut lui refuser ce mérite; son travail sera très-utile aux lecteurs qui voudront prendre une idée de ce poëme célèbre, particulièrement à ceux qui apprennent l'anglais; la traduction, placée vis-à-vis de l'original, leur facilitera l'étude de cette langue.

A l'égard des notes, auxquelles le traducteur n'a aucune part, et qui ont été ajoutées à la fin de chaque volume par une autre main ( par le savant M. Larcher ), elles sont toutes judicieuses, remplies d'une érudition instructive et amusante, et d'un secours réel pour l'intelligence du poëme.

On prendra une idée plus juste de la manière d'écrire de Butler, dans la traduction du début du second chant d'Hudibras, insérée par M. Hennet dans le 3e. vol. de sa Poétique anglaise, page 41.

## GARTH.

Samuel Garth, docteur en médecine, se distingua autant par ses talens pour la poésie, que par son habileté dans sa profession. Il sut mériter la faveur de Guillaume III, par des louanges données avec esprit, et profita de son crédit pour l'avancement d'un projet charitable, dont il étoit un des premiers auteurs. C'étoit l'établissement d'une pharmacie publique, dans le Collége de Médecine de Londres, où les pauvres pussent avoir des consultations gratuites et des remèdes à meilleur compte. Les apothicaires, et même quelques médecins se récrièrent contre ce projet, et l'attaquèrent par toutes sortes de moyens odieux et méprisables. Le docteur Garth voulut les punir par le ridicule, dans un poëme en six chants, que les Anglais mettent à côté du *Lutrin* de Boileau. Le succès en fut prodigieux ; et les éditions se suivirent avec rapidité.

La première édition du *Dispensary*, est de Londres, 1699, in-8°.

On estime l'édition de 1744, in-8°., ou celle d'Edimbourg, 1773, in-8°., qui renferme toutes les poésies de Garth.

## POPE.

Ce poëte, le premier qui ait réuni, en Angleterre, la force du style à l'élégance des expressions, est aussi célèbre en France que dans sa patrie. « On peut le traduire, dit » Voltaire, parce qu'il est extrêmement » clair, et que ses sujets, pour la plupart, » sont généraux et du ressort de toutes les » nations. » Il a été traduit en effet; et nous avons ses meilleurs ouvrages, dans le recueil qu'en a donné l'abbé de La Porte, avec les meilleures traductions françaises, à Paris, en 1779, 8 vol. in-8°.

Pope écrivit, contre ses ennemis, une satire anglaise, intitulée la *Dunciade*, c'est-à-dire, l'*Hébétiade* ou la *Sottisade*; il y passoit en revue les auteurs et même les libraires. Le héros de ce poëme est un certain Tibbald; dans le premier chant, il est représenté pensif, appliqué à l'étude; puis, renonçant tout à coup à un métier trop stérile pour lui, il élève un autel de livres, et y met le feu. Il éteint l'incendie en y jetant par hasard le poëme de *Thulé*, ouvrage sans doute très froid. L'auteur introduit, dans ce premier chant, plusieurs écrivains qu'il préconise à titre d'hébétés.

Le second chant présente des jeux entre les imprimeurs et les libraires. Pope évoque le fantôme d'un poëte, en l'honneur duquel ils font une course qui est décrite d'une façon très-burlesque. Les jeux finis, on propose une audience de deux auteurs d'ouvrages *in-folio*, dont il s'agit d'écouter la lecture, qui les endort tous.

Dans le troisième, on voit le héros endormi, la tête appuyée sur le sein de la déesse Stupidité. Quelques auteurs et quelques libraires stupides font encore les honneurs de ce chant.

Au quatrième et dernier livre, la Stupidité vient avec pompe détruire la Science. L'auteur dit comment elle fait taire les Muses, et qui sont ceux qui règnent à leur place. Le poëme finit ainsi : « Aucune flamme publique
» ou particulière n'ose briller; il ne reste
» ni divine inspiration, ni humaine étincelle.
» Chaos ! voilà ton redoutable empire bien
» rétabli. La lumière meurt avant ta parole
» incréante. Ta main, grand Anarque, laisse
» tomber le rideau ; et l'obscurité ensevelit
» tout. » A la place de Tibbald, l'auteur,

dans une nouvelle édition, mit partout le nom de Cibber, poëte de la cour. Il lui en vouloit pour quelques traits que Cibber avoit lancés contre lui.

Voici de quelle manière, dans un poëme qui porte le même titre, M. Palissot a parlé de la Dunciade de Pope :

> Pope, l'Anglais, fit une Dunciade ;
> Ce bel ouvrage éternisa son nom.
> En son pays, plus d'un cerveau malade,
> Plus d'un Philips, d'un Cibber, d'un Norton,
> Troupe stupide, et d'orgueil enivrée,
> Osoient juger un Driden, un Milton ;
> Et du Parnasse, à ces fils d'Apollon,
> Insolemment ils disputoient l'entrée.
> Pope lui-même, en butte au noir poison
> Qui distilloit de leur langue acérée,
> Les berna tous, et vengea la raison.

On est redevable de la conservation de ce poëme, au docteur Swift. Il étoit ami de Pope. Ils firent un jour tous deux un examen rigoureux de leurs écrits, bien résolus de désavouer et de proscrire tout ce qu'ils ne jugeroient pas digne de leur nom. Pope trouva sous sa main la Dunciade, et la jeta au feu ; Swift l'en retira promptement ; il connoissoit déjà tout ce que l'auteur en avoit composé ; il lui fit promettre de l'achever : le poëte lui tint parole.

« Troupeau d'hébétés, s'écrie un écrivain
» anglais, dont le pinceau de ce maître a si
» bien exprimé la sottise, c'est dans cet ou-
» vrage que vous êtes immortels. Vous serez
» connus aussi long-temps que l'on saura par-
» ler anglais dans le monde, comme on le
» parloit sous la grande reine Anne. L'illustre
» Pope a cru qu'il étoit de l'humanité de
» dire un mot ou deux de chacun de vous,
» afin d'apprendre à la postérité ce que vous
» étiez, ce que vous écrivîtes, en quel temps
» vous vécûtes, quand vous cessâtes de vi-
» vre. S'il a employé quelquefois des cou-
» leurs un peu fortes, ç'a été pour vous met-
» tre une espèce d'écriteau en gros carac-
» tère, de crainte qu'on n'ignorât ce qui
» vous a attiré un châtiment si sévère. »

La Dunciade, autrement dit encore le Temple de la Stupidité ou de la Bêtise, parut en 1728. Le rétablissement de l'empire du mauvais goût en est, comme l'on voit, le sujet. La Déesse des Sots choisit un poète, dont elle sauve les ouvrages du feu, auquel il alloit les livrer, et le fait ensuite couronner. A son honneur se célèbrent les fêtes et les jeux, dont nous avons parlé ci-dessus. Le nouveau roi s'endort sur le giron de la déesse; et pendant

dant son sommeil, transporté dans les Champs Elysées, il voit le triomphe passé et les espérances futures dont il est le chef. La déesse veut que, dans les universités, la pédanterie triomphe de la science ; que l'esprit et le cœur se corrompent dans des voyages mal entendus ; que le faux goût règne dans des collections d'antiquailles et de vaines curiosités ; et qu'enfin tous ses sujets, oubliant toute règle de conduite, ramènent à la fois la barbarie, la licence et l'irréligion.

En six mois de temps, il se fit cinq ou six éditions de ce poëme. Quoique la plupart des auteurs et des ouvrages critiqués soient inconnus en France, on ne laisse pas d'être frappé d'un grand nombre de traits singuliers, de saillies plaisantes, et d'une sorte d'esprit qui n'a point de modèle.

Ce qui procura le plus de gloire à Pope, est son excellente traduction d'Homère, pour laquelle toute l'Angleterre souscrivit, et où l'on retrouve les richesses, la force, la majesté de la poésie grecque. Il s'est servi de toute la facilité que lui donnoit sa langue, de s'énoncer avec force et avec précision ; et l'on ne trouve jamais dans son style, ni ce sublime affecté, ni ces tours d'expression, qu'on admire dans les modernes. Il s'en tient aux expressions de l'original, autant que sa langue et la bienséance le peuvent permettre ; et l'on peut dire que bien souvent, il corrige Homère sans l'altérer, et exprime avec politesse ce qui, dans son modèle, est taxé de grossièreté.

La préface de Pope et son Essai sur la vie d'Homère, ne lui firent guère moins d'honneur que la traduction même de ce poëte, tant pour le fonds, que pour le style, que l'on juge néanmoins un peu trop poétique. Sa diction a tout le beau feu dont la prose est susceptible. On peut dire même, si une chose peut être défectueuse par un excès de beauté, que cette préface est trop belle. On en a fait plusieurs traductions en notre langue ; la dernière et la plus estimée est celle de Kéating, originaire d'Irlande.

La Boucle de Cheveux enlevée est, parmi les Anglais, ce que le Vert-vert est parmi nous, si ce n'est que ce dernier est moins galant. On trouve dans ce petit poëme de l'invention, du dessin, de l'ordre, du merveilleux, de la fiction, des images et des pensées ; en un mot, ce qui constitue la vraie poésie. On y remarque un comique riant, fort éloigné du fade burlesque ; des allusions satiriques, sans être offensantes; des plaisanteries hardies, sans être trop libres; et des railleries délicates sur le beau sexe, peut-être plus capables de lui plaire, que toutes les fleurettes de nos madrigaux.

Pope entreprit cet ingénieux badinage pour réconcilier deux familles illustres d'Angleterre, qu'une boucle de cheveux, coupée indiscrètement à une dame, avoit brouillées. L'auteur n'en donna d'abord que deux chants; mais la pièce fut reçue si favorablement, qu'il l'augmenta de trois autres, et y fit entrer les Sylphes et les Gnomes, empruntés du comte de Gabalis. Un sujet si stérile en apparence, devint, dans les mains de l'auteur, une matière abondante de poésie.

L'abbé des Fontaines a traduit ce poëme en prose. Despréaux, de l'académie d'Angers, et Marmontel, l'ont mis en vers. On trouve ces différentes versions dans l'édition des Œuvres de Pope, publiée à Amsterdam. Ni l'une ni l'autre ne rendent les beautés de l'original. Celle de l'académicien d'Angers paroît avoir été faite sur la traduction de l'abbé des Fontaines. Marmontel s'est quelquefois éloigné de l'auteur anglais, pour se prêter au goût de notre nation.

On a les œuvres complètes de Pope, dans l'édition de Londres, 1751, 20 vol. in-8°. Les Anglais recherchent l'édition de 1717, 15 vol. in-12.

## GLOVER.

Cet auteur est connu par un poëme intitulé Léonidas. L'action de ce roi de Sparte, qui, à la tête de trois cents Lacédémoniens, disputa à Xerxès, roi des Perses, le passage des Thermopyles, fit l'admiration de son temps, et passe encore pour un des plus beaux monumens du tendre amour que l'on doit à sa patrie. A l'aide de quelques fictions, cette action héroïque a fourni le sujet de l'ouvrage de M. Glover. Ce n'est pas proprement un poëme épique. Il n'y a ni prodiges, ni enchantemens, ni monstres, ni divinités, ni allégories; et l'on n'y aperçoit aucune de ces machines qui constituent l'essence de l'épopée. Glover, plus philosophe que poëte, a préféré à ce merveilleux qui saisit l'imagination, les idées et les sentimens qui instruisent et qui touchent. Les caractères sont ordinairement assez variés. Celui de Léonidas est très-beau; mais en général, on trouve, dans ce poëme, plus d'esprit que de goût. Il a été traduit en français par J. Bertrand, en 1739, in-12; et cette version a eu moins de succès à Paris, que l'ouvrage original n'en avoit eu en Angleterre.

La première édition de Léonidas parut à Londres, en 1713, in-4°.

## OSSIAN.

C'est encore un sujet de discussion en Angleterre, même après l'édition des fragmens *des Poésies Galliques* originales, donnée par la Société Ecossaise (*Higgland Society*), et les recherches qu'elle a publiées, de savoir si ces poésies, attribuées à Ossian par Macpherson, ne sont pas de Macpherson lui-même. L'opinion dominante néanmoins, est qu'il a bien trouvé en Ecosse quelques-uns de ces poëmes, mais qu'il les a traduits librement, et qu'il en a ajouté d'autres à sa traduction.

En France, les savans sont divisés sur le mérite du barde écossais. Ce genre de poésie, disent les uns, presque toujours amphigourique, gigantesque et faux, ne peut plaire à ceux qui aiment à se nourrir des belles littératures grecque, latine, italienne, française. Selon d'autres, les idées grandes et fortes que ces poésies renferment sur les premiers sentimens de la nature, doivent plaire à tous les hommes dont l'âme est susceptible d'élévation et d'énergie; ce sont des chefs-d'œuvres inimitables. Notre intention n'est pas de prendre parti dans ce procès, encore moins de hasarder une décision : nous dirons seulement qu'Ossian passe pour être un barde ou druide écossais du troisième siècle ; qu'après avoir suivi son père Fingal dans ses expéditions, principalement en Irlande, il lui succéda dans le commandement. Devenu vieux et aveugle, comme Homère, il chanta les exploits des guerriers, et particulièrement ceux de son fils Oscar. Malvina, veuve de ce fils, restée auprès de son beau-père, apprenoit ses vers par cœur, et les transmettoit ainsi à d'autres. Ces poésies ayant été conservées de cette manière pendant quatorze cents ans, Macpherson les recueillit, dit-on, dans un voyage qu'il fit au nord de l'Ecosse, et dans les îles voisines, mais n'en fit imprimer que des fragmens, Edimbourg, 1760, in-8°.

Macpherson en donna une édition augmentée en 1773, à Londres, 2 vol. in-8°.

## M. BAOUR LORMIAN.

M. Baour Lormian a donné une traduction en vers du barde écossais, 1804, in-18. On a reconnu généralement que sa versification réunissoit la facilité à la correction. On pourroit y désirer un ton moins emphatique et moins solennel, dans quelques endroits.

## M. ARBAUD DE JOUQUES.

M. Arbaud de Jouques a publié quelques Essais d'une traduction d'Ossian, en vers (Paris, Pougens, 1801, in-8°.). On y trouve de beaux morceaux, et des vers qui, par leur couleur sombre, et ce charme secret qui inspire la rêverie, rappellent quelquefois le caractère de son modèle. Mais en visant à la force et à la précision, le traducteur nuit quelquefois à l'harmonie et à l'effet.

## LE TOURNEUR.

La traduction en prose de le Tourneur, est la seule littérale que nous ayons des poésies d'Ossian; mais quelque parfaite qu'elle soit, une traduction en prose ne peut rivaliser avec un grand poëte. On a fait une nouvelle édition de cette traduction en 1802, 2 vol. in-8°.

## M. LABAUME.

M. la Baume a traduit, avec son exactitude ordinaire, les poésies d'Ossian, et de quelques autres bardes, en 1797, 3 vol. in-18.

# POËTES ÉPIQUES.

## LES ALLEMANDS.

La poésie est aujourd'hui très-florissante en Allemagne ; elle y respire la simplicité, la noblesse, le naturel et la vérité. On a traduit depuis cinquante ans beaucoup de productions des Muses germaniques.

### M. ZACHARIE.

Les *Métamorphoses*, poëme héroï-comique, est l'ouvrage de la jeunesse de M. Zacharie, et le coup d'essai d'un poëte distingué par ses compositions. C'est une satire ingénieuse en quatre chants, contre les petits-maîtres et les coquettes, dans le goût de la *Boucle de Cheveux enlevée* de Pope, dont le poëme allemand n'est qu'une copie, et copie très-inférieure à l'original. L'imitateur n'a ni les grâces, ni le goût, ni l'invention du poëte anglais. Il faudroit que les Métamorphoses eussent été mieux amenées, qu'elles produisissent des effets plus heureux. Il n'y a presque point d'action ; la plaisanterie en est lourde et sans sel. La plupart des poëtes Allemands s'obstinent à tout peindre, bien différens en cela des anciens.

La

La traduction française des *Métamorphoses*, a paru en 1764.

Le poëme du *Phaéton renversé* est regardé, en Allemagne, comme une des plus agréables productions de M. Zacharie. Cet ingénieux auteur y a réuni les groupes bouffons de Callot et les effets séduisans du pinceau des Rubens et des Teniers. C'est à peu près le genre du Lutrin de Boileau et de la Boucle de Cheveux enlevée. Il faudroit néanmoins que les Allemands fussent bien prévenus en faveur de leurs écrivains, pour ne pas convenir de la très-grande infériorité du *Phaéton*, comparé à ces deux poëmes. On y remarque, à la vérité, de l'imagination, des plaisanteries piquantes, des morceaux pleins de poésie et même de noblesse; mais les images ne sont pas toujours choisies; mais il y en a de basses; et si Scarron est passé de mode parmi nous, je doute que le burlesque de certains endroits du poëme de Zacharie trouve plus de faveur dans l'esprit des personnes d'un goût délicat. Le fonds du poëme est une jeune fille, qui ayant fait à son père goutteux, un plat de champignons, qu'il a mangé avec appétit, celle-ci lui permet, quoiqu'avec peine, de mener elle seule son phaéton. Les chevaux prennent le mors aux dents; le char est renversé; et la jeune personne est sauvée de la mort par son amant qui arrête les chevaux.

Le traducteur de ce poëme, M. de la Grange, de Montpellier, a plutôt voulu en donner une imitation en vers qu'une traduction. Il en a coupé les descriptions, abrégé les détails, et a rendu, par ce moyen, la marche de l'ouvrage plus vive qu'elle n'étoit. Il n'a rien changé au plan; et il en a conservé la plupart des fictions. Quant à son style, il est généralement assez commun, assez inégal. On trouve néanmoins, de temps en temps, des traits assez heureux et qui prouvent que le traducteur n'étoit pas dénué de talens.

Le petit poëme en six chants, de Raton aux Enfers, par le même auteur, est un badinage ingénieux, où il y a de la gaieté et de l'imagination dans le plan et dans les détails. Il en a paru deux versions en 1774, l'une en vers et l'autre en prose; toutes deux sont de M. Mentelle : dans la première, le traducteur s'est donné une libre carrière; dans la seconde, il a suivi littéralement l'original. Les fictions dont il est orné, décèlent de l'esprit, du talent, une imagination riante et féconde. Il y a quelques endroits qui peuvent plaire aux Allemands, mais que l'interprète devoit adoucir en notre faveur. La versification du traducteur est, en général, naturelle, facile, élégante ; et si l'on compare ses vers avec la prose, on voit qu'il y a ajouté une infinité de traits agréables.

Une demoiselle nommée Rosaure, a pour compagnie ordinaire, une suivante, un chat et un perroquet. Pendant que le chat, fatigué d'avoir couru toute la nuit, repose dans l'appartement de sa maîtresse, le perroquet aperçoit une furie dans les airs. Il s'écrie : « Ah ! » qu'elle est laide ! » La furie, pour se venger, suscite contre lui un chat, que l'oncle de la demoiselle tue d'un coup de bâton. L'animal descend aux enfers ; mais ne pouvant être admis dans la barque de Caron, parce que son corps, jeté sur le fumier, étoit resté sans sépulture, il prend le parti de se mêler avec les revenans ; il apparoît à sa maîtresse, lui adresse sa prière ; et l'on fait enterrer le cadavre.

## WIÉLAND.

Le poëme des Grâces est celle de ses productions que Wiéland affectionne le plus. En effet, il s'y est montré heureux disciple de Socrate et d'Horace, de Lucien et d'Hamilton ; il a su mettre dans les actions, dans les discours des personnages, le goût, le ton de l'antiquité, cette simplicité qu'on admire dans les productions qui nous restent des beaux siècles de la Grèce ; mais toutes les fois que le poëte est lui-même en scène, lorsqu'il s'adresse à sa Danaë, l'élégance et la légèreté modernes reparoissent. Édition de Leipsic, 1770, in-8°.

M. d'Ussieux avoit publié, en 1770, une imitation de ce poëme. Juncker en donna la même année une traduction ; ces deux morceaux sont bien au-dessous de l'original. La traduction qui a paru dans le tome onzième de la Bibliothèque des Romans, année 1804, ne le fait pas mieux connoître.

Le poëme d'Oberon est un des plus beaux ouvrages qui soit sorti de la plume du célèbre Wiéland, et méritoit d'être connu parmi nous. Dès 1784, il en parut à Berlin une traduction française en rimes octaves, par M. de Boaton, ancien capitaine dans un régiment Suisse, au service du roi de Sardaigne. Ce traducteur a fait voir, par cette entreprise, qu'on pouvoit introduire avec succès, dans la poésie française, les stances de l'Arioste et de Berni. M. le comte de Borch a publié aussi une traduction en vers français du même poëme,

Leipsic, 1798, in-8°. M. Pernay nous en a donné une bonne traduction en prose, Paris, 1799, in-12. M. d'Holbac fils en fit paroître une autre, en 1800, in-8°., sous le voile de l'anonime.

## M. VOSS.

M. Voss a enrichi la poésie allemande, en 1795, d'une production intéressante, qu'il a appelée *Louise*, poëme champêtre, en trois idylles. Le poëte y chante en vers hexamètres, un événement extrêmement simple, et dont chaque famille peut offrir le tableau. Le mariage d'une jeune personne, une fête champêtre et une visite du futur qui le précèdent, et enfin la soirée de la noce. Il a su remplir ce cadre de tout ce qu'il y a de plus riant dans la nature agreste, de plus touchant dans l'intérieur d'un ménage, présidé par un vénérable vieillard, et de plus gracieux dans les circonstances d'un mariage heureux.

Qu'on nous permette ici quelques réflexions sur un nouveau genre de poésie qui a fait fortune en Allemagne. Le caractère de l'épopée est de raconter un événement intéressant, circonscrit dans de certaines limites, et enrichi du merveilleux de la fiction. Mais comment trouver de nos jours le merveilleux? Tous les poëtes modernes en ont senti la difficulté. Nous ne voyons plus au milieu de nous, ces divinités qu'avoit créées l'imagination brillante des Grecs; et les êtres abstraits que nous dévoile la religion, ne se prêtent point aux usages poétiques ou deviennent gigantesques, lorsqu'on veut les employer. Mais le même progrès des lumières qui nous ôte ces fictions poétiques, nous ramène dans notre intérieur, et donne plus d'intérêt aux événemens simples et journaliers, lorsqu'ils sont représentés sous un jour favorable et avec des couleurs vives et vraies. Les secousses politiques même contribuent peut-être à ramener les cœurs dans le sein du ménage, et à faire mieux apprécier le bonheur domestique : il a paru en 1800, in-12, chez Maradan, une traduction du poëme de M. Voss.

Cet auteur a établi sa réputation par sa traduction d'Homère, qui passe pour un chef-d'œuvre de fidélité; par une traduction des Géorgiques de Virgile, qui a autant d'hexamètres allemands, que l'original en a de latins; enfin, par une traduction des Métamorphoses d'Ovide, qui est digne d'être placée à côté des deux traductions précédentes.

## GESSNER.

La Mort d'Abel, que Gessner, imprimeur de Zurich, a choisie pour en faire le sujet d'un poëme épique, avoit déjà été traitée en notre langue, avec les mêmes personnages et presque dans la même forme. Thomas le Coq, poëte Normand, prieur de la Sainte-Trinité de Falaise, fit imprimer à Paris, en 1580, une tragédie morale, intitulée : *l'Odieux et sanglant meurtre commis par le maudit Caïn, à l'encontre de son frère Abel*, sans distinction d'actes ni de scènes, c'est-à-dire, un poëme à peu près dans le goût de celui de Gessner, et dont les acteurs étoient Adam et Eve, Abel et Caïn, Calmana et Delbora, sœurs et femmes de Caïn et Abel, l'Ange et le Diable, le Remords, le Sang d'Abel, le Péché et la Mort. L'auteur Allemand n'a personnifié aucun de ces quatre êtres moraux ; et c'est presque l'unique différence que présente l'idée de ces deux poëmes.

Quant à l'exécution, Gessner a mis en récit ce qui est en action dans l'ancien drame. Ce sujet prête si peu à la fiction, et se trouve resserré dans un cercle d'événemens si étroit, que, pour remplir la mesure ordinaire d'un poëme épique, il a fallu recourir nécessairement à de fréquentes descriptions, à de longues conversations, et à d'autres détails accessoires, tels que des peintures du cœur et des tableaux de sentiment : c'est le talent propre de l'auteur moderne ; et l'on peut dire qu'il a suivi son génie.

On voit que Gessner est rempli de la lecture des livres sacrés et d'Homère ; il exprime partout le sentiment ; son pinceau est beaucoup plus gracieux que sublime ; il a mis peu d'invention dans son ouvrage ; c'est même un drame plutôt qu'un poëme. Il faut l'avouer encore, le sujet principal est noyé dans des épisodes d'une longueur fatigante ; il ne comportoit qu'un chant. Quant à la fiction, l'auteur est bien au-dessous de Milton ; mais il marche à ses côtés pour la noble simplicité, le touchant, la belle nature, partie si négligée aujourd'hui, si étouffée sous les vains ornemens de l'art. Rien de plus pathétique, que la situation d'Adam avec Caïn, dans le premier chant ; il porte le sentiment jusqu'aux larmes ; les remords de Caïn jettent de l'intérêt sur son caractère odieux. Que de grâces ! que de charmes poétiques dans ce morceau, où les anges qui peuplent la terre ;

qui

qui remplissent l'espace, se montrent aux yeux dessillés d'Adam et d'Eve !

Ce poëme ne respire que la vertu, les bonnes mœurs et la vraie philosophie. Mais en le jugeant à la rigueur, on trouvera que l'auteur s'étend trop, se répète beaucoup, invente peu et n'intéresse guère. Ce n'est pas qu'il n'y fasse couler des ruisseaux de larmes. Excepté le féroce Caïn, qui n'en répand qu'une seule fois, les autres acteurs en ont les yeux toujours mouillés ; ils ne disent pas un mot qu'ils ne versent des pleurs de tristesse ou de joie. Il n'y a pas deux pages de suite dans cette composition, qui ne soient arrosées de quelques larmes, auxquelles le lecteur mêle rarement les siennes. Mais l'on voit dans ce tableau de la nature naissante, tous les ornemens de la plus brillante poésie. Le parfum des fleurs, l'émail des prairies, le murmure des eaux, le souffle des zéphyrs, l'éclat des astres, le chant des oiseaux, les fruits de la terre, les charmes de l'hymen, les douceurs de l'amitié, la tendresse paternelle, l'amour filial, voilà les images riantes et gracieuses qui font de ce poëme une galerie de peintures, plutôt qu'un édifice auguste et majestueux.

## TRADUCTIONS.

### HUBER.

Le traducteur paroît s'être pénétré de son original; il en a rendu toutes les beautés. Peut-être qu'on lui reprocheroit de manquer quelquefois à la délicatesse de notre langue, au choix de l'expression, défauts qui ne doivent pas faire oublier que sa traduction est pleine de l'esprit de son auteur.

Le succès qu'eut parmi nous la traduction de la Mort d'Abel, engagea Huber à nous faire aussi connoître deux autres poëmes de Gessner, *Daphnis* et le *Premier Navigateur*, réunis en un volume in-12, et imprimés en 1764. Dans l'un, on chante les amours de Daphnis et de Philis; dans l'autre, on raconte comment l'Amour a suggéré à un amant, l'art de construire une nacelle, pour aller joindre celle qu'il aime.

On reconnoît toujours dans ces deux poëmes, cette heureuse simplicité, cette belle nature et ce caractère de l'antiquité, qui semblent être la manière distinctive de Gessner. L'innocence, la candeur, la vertu, les beaux jours de l'âge d'or, respirent dans toutes ses poésies. C'est partout une richesse d'images, qui est animée de toute la flamme du sentiment. Depuis les Grecs, nous n'avons rien de plus naturel. Il faut cependant convenir que ces deux poëmes sont bien au-dessous de celui d'Abel ; on y trouve peu d'invention, et une prodigalité d'images monotones, qui font disparoître le fonds, et qui se nuisent à elles-mêmes par leur multiplicité. Autre défaut ; Gessner ne s'est pas aperçu que quelquefois, à force de vouloir rendre la nature dans l'exacte vérité, il a crayonné des portraits qu'il eût pu supprimer, sans faire tort à la chaleur de ses poëmes. On lit dans Daphnis : « Philis passoit doucement la main sur son » menton uni ; ils s'embrassèrent beaucoup. » A chaque ligne ce sont des baisers donnés et rendus avec une vivacité qui peut-être paroîtra indécente. Il faut avouer que des âmes ingénues seroient moins effrayées de cette nudité de nature, si l'on peut parler ainsi ; mais Gessner devoit considérer qu'il écrivoit dans un siècle qui n'étoit pas le siècle de l'ignorante simplicité. Il n'y a que la pure innocence qui ne rougisse pas des vrais mouvemens de la nature.

Parmi la multitude d'éditions qui existent

des œuvres de Gessner, traduites en français, l'homme de goût peut se contenter des deux suivantes; savoir : la belle édition de Barrois l'aîné, enrichie de figures de M. le Barbier, Paris, 1786, 3 vol. in-4°., et celle de Renouard, 1799, 4 vol. in-8°., avec figures d'après Moreau le jeune.

## KLOPSTOCK.

Klopstock, l'Homère et le Pindare de l'Allemagne, a concouru puissamment à faire fleurir la littérature allemande. Ce n'est qu'au moment que la Messiade parut, que la Mort d'Abel de Gessner, le Printemps de Kleist, les Odes de Ramler et les Chansons de Gleim virent le jour. Les Allemands comparent la Messiade au Paradis Perdu, et la jugent préférable à plusieurs égards. Ce poëme leur a fait connoître l'énergie, la richesse et l'harmonie dont leur langue étoit susceptible. M. Voss n'auroit peut-être pas employé, dans sa belle traduction d'Homère, le vers hexamètre, si Klopstock n'avoit montré quel avantage on peut en tirer. La Messiade de cet auteur, poëme en vingt chants, où l'on remarque de grands sentimens, et des portraits tracés d'un pinceau mâle et vigoureux, a pour sujet la Passion de Jésus-Christ. Les six premiers chants parurent en 1751, et les six derniers, en 1773.

On en a publié en 1800, à Goeschen, une magnifique édition sur papier vélin, en 4 vol. in-4°., enrichis de belles gravures. Deux volumes, publiés précédemment, contiennent les odes du même auteur.

## TRADUCTEURS.

### JUNKER, D'ANTHELMY, ET UN ANONIME.

Ces trois auteurs ont publié, en 1769, 2 vol. in-12, la traduction des dix premiers chants du poëme de Klopstock ; elle est écrite avec élégance, et se fait lire avec plaisir.

### M. PETITPIERRE.

M. Petitpierre, pasteur à Neufchatel, a fait une traduction complète du *Messie;* elle a paru en 1795, 4 vol. in-12 : le style en est très-négligé.

### MADAME DE KOURZROCH.

Madame de Kourzroch, pleine de vénération pour Klopstock, a fait paroître, en 1800, une nouvelle traduction complète du Messie : heureuse si elle eût eu autant de facilité pour écrire en français, que d'enthousiasme pour l'original allemand !

La *Bataille d'Herman*, Bardit de Klopstock, ne ressemble à aucune de nos pièces modernes, et se rapproche davantage des tragédies grecques, où l'action n'est interrompue que par les chœurs. Le célèbre Gluck en faisoit grand cas et a tâché d'y adapter sa musique forte, et pleine d'expression ; il est mort sans avoir pu l'achever.

Le traducteur de ce poëme, M. Cramer, ami et disciple de Klopstock, a fait précéder sa traduction (Paris, 1799, in-8°.) d'un discours préliminaire rempli d'érudition.

## GOETHE.

*Herman et Dorothée*, poëme en vers hexamètres, a fait la plus grande sensation en Allemagne parmi toutes les classes de lecteurs. Il a pour sujet l'histoire d'une jeune fille qui, forcée de s'expatrier par les circonstances de la guerre, est remarquée dans sa route par le fils d'un aubergiste allemand, qui finit par l'épouser. Le poëme est divisé en neuf chants, dont chacun est désigné par le nom d'une des neuf Muses. Le grand art du poëte a été d'avoir su tellement ménager l'intérêt, qu'il va toujours en croissant et prépare de la surprise au lecteur. Comme Homère, il commence par nous familiariser avec ses personnages, par le tableau de leurs mœurs et de leurs usages. Le style simple du poëte, joint à la peinture des passions, rapproche cet ouvrage de ceux des anciens poëtes classiques.

Ce poëme parut à Berlin, chez Vieweg, sous la forme d'un Almanach pour 1798.

## TRADUCTEUR.

### M. BITAUBÉ.

La traduction d'*Herman et Dorothée* ne pouvoit tomber en de meilleures mains que dans celles de l'auteur de *Joseph*, des *Bataves* et de la traduction d'*Homère*. M. Bitaubé, à force d'étudier son auteur et de l'approfondir, a su tellement se l'approprier, qu'on ne s'aperçoit pas du travail pénible du traducteur, et qu'on croit lire l'original. Cette traduction a paru en 1801, in-18.

# POËTES ÉPIQUES.

## LES CHINOIS.

### KIEN-LONG.

On nous parle tant de ce peuple, qu'il ne sera pas inutile d'indiquer les livres qui peuvent donner une idée de sa poésie. Nous nous arrêterons principalement à l'éloge de la ville de Moukden et de ses environs, poëme composé par Kien-long, empereur de la Chine et de la Tartarie, mort vers la fin du dernier siècle; il est accompagné de notes curieuses sur la géographie, sur l'histoire naturelle de la Tartarie orientale, et sur les anciens usages des Chinois. On y a joint une pièce de vers sur le thé, composée par le même empereur; le tout a été traduit en français par le Père Amiot, missionnaire à Pékin, et publié par M. de Guignes, Paris, in-8°., 1770. Ce livre est infiniment curieux par toutes les notions historiques, géographiques, physiques et littéraires sur la Chine et la Tartarie, ainsi que par la singularité du sujet, de la matière et de l'auteur.

A la tête de ce poëme est une préface, où l'on dit que la poésie, lorsqu'il s'agit de l'éloge d'un d'un lieu, exalte principalement les choses que ce lieu produit ou renferme ; en conséquence, l'auguste poëte s'étend assez au long sur l'histoire naturelle de Moukden ; il chante l'étonnante variété des quadrupèdes, des volatiles, des poissons, des arbres, des plantes et des simples de toute espèce, qui se trouvent dans le district ou la dépendance de cette ville.

Quoi de plus noble et de plus pittoresque que ce début, où l'empereur décrit le moment de son départ ? « Le jour fixé, on déploya le
» grand étendard ; on équipa mes coursiers,
» dont la marche fière et légère ne le cède
» point à la vitesse de l'oiseau qui vole. On les
» attela à celui de mes chars, dont les bril-
» lantes peintures représentent au dehors des
» nuages, des phénix, des dragons, et dont
» les étoffes qui l'embellissent en dedans, ne
» servent pas moins à la commodité qu'à la
» magnificence. Revêtu moi-même de ces ha-
» bits qui inspirent, à ceux qui les voient, un
» profond respect pour celui qui les porte, je
» montai dans ce char ; à l'instant tous les pe-
» tits drapeaux, auxquels les différentes cou-
» leurs dont ils sont ornés, donnoient un éclat
» merveilleux, flottèrent au gré des vents,
» et firent entendre des sons qu'on auroit pris

» pour le gazouillement des oiseaux. Je par-
» tis, je dirigeai ma route vers ces lieux véné-
» rables que les esprits protègent, que cou-
» vrent les plus brillans nuages, que les étoi-
» les inondent de leurs influences, que le ciel
» et la terre embellissent à l'envi, et com-
» blent de leurs dons les plus précieux; enfin,
» j'arrivai dans le séjour de mes respectables
» ancêtres. »

En général, ce poëme, dont ce n'est ici que le début, offre de l'harmonie, de l'élévation, des images, un tour heureux d'expressions, et une vigueur de pensées qui caractérise le génie, et le génie sur le trône. On demandera comment un empereur de la Chine, gouvernant par lui-même le plus vaste empire de l'univers, a pu composer, dans ses momens de loisir, et par manière de délassement, un ouvrage qui demande des connoissances plus qu'ordinaires? Je réponds que ceux qui ont ramassé pour lui les matériaux qu'il vouloit employer, qui les ont rédigés, rangés et digérés, qui ont tenu la plume sous sa dictée, qui ont revu, corrigé et ajouté, ont tous été des savans et des littérateurs du premier ordre. Au désir de plaire à un maître absolu, qui pouvoit les punir ou les récompenser à son gré, chacun d'eux joignoit l'intérêt personnel de lui procurer une gloire, dont l'éclat devoit rejaillir sur eux, jusque dans les siècles à venir : car qui ne sait, dans l'empire, que les docteurs qui approchent le plus près de la personne de sa majesté, ne sont placés là que pour faire en sorte qu'il ne tombe rien de son pinceau qui ne soit excellent?

## § II. POËTES DRAMATIQUES.

### LES ITALIENS.

### LE TRISSIN.

C'est sous Léon X que la tragédie reprit naissance en Italie. La *Sophonisbe* du célèbre prélat Trissino, nonce du pape, est la première tragédie régulière que l'Europe ait vue, après tant de siècles de barbarie, comme la *Calandra* du cardinal Bibiena avoit auparavant été la première comédie dans l'Italie moderne. Elle parut en 1524, in-4°.

Le Trissin choisit un sujet connu, parce qu'il ne voulut point qu'il fût étranger aux spectateurs; il donna la préférence à l'histoire de Sophonisbe, et à ce qu'il y a de plus intéressant dans cette histoire, aux malheurs de cette reine, qui meurt par le poison que

Masinissa lui envoie. Cette tragédie a été traduite deux fois en français, mais il y a deux siècles; et ces versions n'étant plus supportables, il est inutile d'en nommer les auteurs. Mairet en a donné une imitation, qui a été jouée long-temps sur notre théâtre.

## LE TASSE.

Après la Jérusalem Délivrée, il n'y a aucun ouvrage du Tasse qui soit plus célèbre que son Aminte, qu'il fit pour plaire au duc de Ferrare, son protecteur. Cette pièce, qu'il appelle Fable Bocagère, fut représentée avec beaucoup d'applaudissemens devant ce prince. Il a su conserver, dans cet ouvrage, la naïveté de l'églogue, en y joignant la richesse sagement distribuée, dont est susceptible une action compliquée, qui différencie la pastorale d'avec l'églogue. Il a su soutenir l'intérêt de sa pièce, en ménageant dans son sujet même, des situations touchantes, sans faire intervenir une double action. Enfin, on remarque dans presque toute cette pastorale, une sagesse d'expression qui n'a pas toujours trouvé dans les poëtes Italiens de scrupuleux imitateurs. On lui reproche cependant un peu de sécheresse, et ce nombre infini de récits consécutifs, qui, ne donnant rien à la représentation, laissent sans occupation un des principaux sens, par l'organe duquel les hommes sont le plus facilement touchés, celui de la vue.

## TRADUCTEURS.
### PECQUET, L'ESCALOPIER, ET M. CHOISEUL-MEUSE.

Cette pastorale a eu plusieurs traducteurs: on a distingué parmi eux, Pecquet et l'Escalopier ; l'un donna sa version en 1734, et l'autre en 1735. Il y a plus de fidélité et de précision dans celle-ci, et plus de vivacité, d'énergie et de délicatesse dans le style de Pecquet.

M. Choiseul-Meuse a publié, en 1784, une nouvelle traduction de l'Aminte; elle n'a pas fait oublier les précédentes.

Le Tasse a aussi donné une tragédie intitulée *Thorismond*. Nous nous contenterons de citer ici diverses pièces aussi peu connues en France, faites par plusieurs auteurs, telles que l'*Orbèque* de Giraldi, la *Canacé* de Spéroni, l'*Horace* d'Arétin, la *Didon* et la *Mariamne* de Dolce, la *Sémiramis* de Mansfrede, la *Tullie* de Martelli, l'*Alcipe* de Céba, le *Gismonde* de Razzi, la *Mérope* et le *Tancrède* de Torelli, le *Mithridate* de Cortellini, les *Troyennes* de Bragazzi, l'*Astianax* de Gratarolo, l'*Hidalbe* de Vénier, l'*Elise* de Closio, la *Cléopatre* et le *Crésus* du cardinal Delphino, le *Soliman* de Bonarelli, l'*Aristodème* de Dottori, la *Jocaste* et l'*Ezzelin* de Baruffaldi, la *Polixène* et le *Crispe* d'Annibal Marchesi, l'*Iphigénie en Tauride* de Pierre Martinelli, l'*Alceste* et le *Cicéron* du même, le *Témisto* de Salio, l'*Achille* de Montanari, le *Conradin* de Caracci, la *Didon* de Zanotti, l'*Ulysse* de Lazzarini, le *Brutus* et le *César* de Conti, etc. Toutes ces pièces sont des tragédies. Les auteurs qui ont travaillé dans le genre comique, sont Bibiena, l'Arioste, Firenzuela, Salviati, Doménichi, Lorenzino de Médici, Ambra, Machiavel, Lasca, les deux Secchi, Annibal Caro, Bentivoglio, Dolce, Porta, Lanci, etc.

## GUARINI.

L'Aminte du Tasse inspira aux poëtes Italiens le goût de la pastorale. Jean-Baptiste Guarini, gentilhomme Ferrarois, donna,

peu de temps après lui, son Pastor Fido,
ou son Berger Fidèle : cette pastorale est son
chef-d'œuvre. On y voit un auteur abondant
dans ses expressions, presque toujours juste
dans ses comparaisons, riche dans ses images, intéressant dans la conduite de sa pièce ;
on y trouve même plusieurs morceaux plus
brillans et plus frappans, qu'on n'en rencontre communément dans l'Aminte. Cette
pièce plut beaucoup dans les représentations.
Guarini avoit su disposer le théâtre de façon que, sans aucun changement de décoration, on voyoit le temple au-dessus de la
montagne, la grotte au pied, et le vallon
où se passent toutes les scènes. Mais la lecture laissa apercevoir des défauts qui échappent presque toujours à la représentation :
telles sont une infinité de comparaisons longues, et par conséquent languissantes, des
scènes dont l'excessive prolixité fatigue ;
beaucoup de jeux de mots réprouvés dans
notre langue ; d'ailleurs, la longueur de cette
pièce passe presque la vraisemblance. Quoique la scène soit en Arcadie, l'auteur fait ses
personnages trop savans et trop instruits
des grands systèmes de l'ancienne philosophie. Il a trop subtilisé le raisonnement sur

des choses qui, au fond, pouvoient être censées à la portée de simples bergers.

La première scène du second acte, où est décrite, avec toutes les grâces de la poésie, la *Battaglia de Baci*, la Dispute des Baisers; la cinquième du même acte, le chef-d'œuvre du sentiment; la scène troisième du troisième acte, où respire la félicité pastorale; la fameuse scène qui commence : *O Mirtillo, Mirtillo*; la description de la chasse dans la sixième du même acte; la cinquième scène du quatrième acte, embrasée des feux de la passion; les dernières paroles de Mirtille prêt à mourir; toute la scène quatrième du cinquième et dernier acte, remplie du plus grand pathétique; tous les chœurs, qu'on ne sauroit trop relire, et qui représentent, sous les traits les plus touchans, les plaisirs et les peines des bergers : tous ces morceaux sont d'une beauté inimitable, et suffisent seuls pour faire asseoir Guarini parmi les meilleurs poëtes. Le Tasse, il est vrai, lui a servi de modèle; il disoit même que l'auteur du *Pastor Fido* étoit un voleur qui lui avoit enlevé son bien; accusation trop forte et trop injuste. Si Guarini a puisé des beautés dans l'Aminte du Tasse, il en a qui lui appartiennent;

nent ; et jamais il n'y eut de copie aussi heureuse d'un original estimé.

On estime l'édition de Venise, 1602, in-4°.; l'édition d'Elzevir, 1678, in-16 ; et l'édition de Paris, Didot, 1782., in-8°.

## TRADUCTIONS.

### TORCHE ET PECQUET.

Cette pastorale a été traduite en vers par l'abbé Torche, et en prose par Pecquet. La traduction du premier parut en 1667, à Paris, in-12; et celle du second vit le jour dans la même ville, en 1733, 2 vol. in-12. Cette dernière version, sans être parfaite, l'emporte de beaucoup sur l'autre, pour l'exactitude, la fidélité, et pour les agrémens du style. On ne voit dans celle de l'abbé Torche aucune des grâces qui sont répandues partout dans l'italien. Ces fleurs, qui en sont un des plus beaux ornemens, y trouvent le même dépérissement, qu'essuie le plus délicieux parterre aux approches de l'hiver. La traduction de Pecquet a été réimprimée en 1759.

Nous avions déjà plusieurs autres traductions en prose de cette même pastorale ; les littérateurs en connoissent six ou sept : dans celle d'un anonime, publiée au commencement du dix-septième siècle, on a mis des chœurs, et quelques endroits en vers. Antoine de Giraud, gentilhomme Lyonnais, en donna une autre en 1623. Celle d'un M. de Merandé est oubliée. En 1724, on joua sur le Théâtre Français une pastorale héroïque en trois actes, sous le titre même de *Pastor Fido*. Cette pièce, que l'abbé Pellegrin avoit imitée de Guarini, eut un succès médiocre ; on y applaudit cependant beaucoup à la célèbre pensée de l'auteur Italien, rendue dans ce seul vers :

Dieux, changez la nature, ou révoquez la loi.

## BONARELLI.

La Philis de Scire du comte Bonarelli, est la troisième pastorale que les Italiens mettent au nombre de leurs chefs d'œuvres en ce genre. Si elle cède le premier rang à l'Aminte, et le second au Pastor Fido, elle occupe le troisième, et personne ne le lui refuse ; elle n'est pas aussi délicate ni aussi spirituelle que les deux autres ; mais elle les égale dans l'invention ; et comme elle est plus selon les règles, elle les passe dans la conduite. La reconnoissance y est bien amenée ; le changement d'état produit l'effet convenable à la comédie, qui est de rendre tous les personnages contens. L'unité de lieu n'y est pas exactement observée ; mais l'action est une, et sa durée ne s'étend que depuis le lever du soleil jusqu'à son coucher.

L'édition d'Amsterdam, Elzevir, parut en 1678, in-24.

Il y a une édition de Glascou, qui est de 1772, in-12.

## TRADUCTIONS.

### DU BOIS DE SAINT GELAIS ET L'ABBÉ TORCHE.

Parmi les traductions de cette pastorale, celle qu'on préfère est la version que du Bois de Saint Gelais donna en trois vol. in-12, à Bruxelles, en 1707. « Comparée avec l'ita-
» lien, elle m'a paru, dit l'abbé Goujet, exacte
» à rendre les pensées de l'auteur, et même
» son goût, son génie, ses expressions, au-
» tant qu'une traduction française peut ren-
» dre un poëme italien. Le traducteur avoue
» cependant, qu'il a fait quelques change-
» mens ; et j'aurois de la peine à l'en blâmer.
» Assez circonspect pour ne point s'éblouir
» par les fausses beautés répandues en quel-

» ques endroits de la Philis de Scire, il s'est
» cru en droit de mettre des correctifs aux
» pensées qui lui ont paru trop forcées. Dans
» d'autres, il a employé des termes d'une si-
» gnification différente, mais susceptibles du
» même sens. »

L'abbé Torche avoit traduit avant lui, en vers, la Philis de Bonarelli ; mais sa version, imprimée à Paris, en 1669, in-12, est bien foible et bien languissante.

## APOSTOLO ZENO.

L'Italie a manqué long-temps de bonne poésie lyrique. Lorsqu'Apostolo Zeno parut, il enleva tous les suffrages. De ses différens poëmes, les uns sont dans le genre de la tragédie, les autres dans celui de la comédie, et plusieurs dans le genre pastoral. On en a fait imprimer un recueil à Venise, en 1744, 10 vol. in-8°., qui en contient soixante-trois ; le premier est de l'année 1695, et le dernier de l'année 1737. On est étonné de trouver plusieurs endroits de nos bonnes tragédies dans la plupart de celles d'Apostolo Zeno. Non content d'en avoir dérobé les situations les plus frappantes, il en a copié mot à mot, et traduit littéralement des scènes entières, sans autre changement que celui des noms propres, sans autre différence que celle de la langue. Mais quoiqu'imitateur, et même copiste, l'auteur Italien fait paroître beaucoup de talent dans quelques-unes de ses tragédies. Les caractères y sont, en général, bien soutenus, les scènes naturellement dialoguées, et les situations pleines d'intérêt.

Toutes les critiques justes qu'on peut faire d'Apostolo Zeno, n'aveugleront pas les connoisseurs sur ses beautés. Cet auteur a du feu, du génie, du sublime, et même du grand tragique : on peut le comparer à Métastasio, comme nous comparons Corneille à Racine, avec cette différence, que les deux poëtes Français sont fort supérieurs aux deux Italiens. Zeno subit même à peu près le sort du grand Corneille; sa réputation fut balancée par celle de l'abbé Métastasio. Ce dernier a plus de grâce, plus de douceur, plus d'harmonie, plus du mode des Latins, que son prédécesseur; mais Apostolo Zeno a plus d'invention, plus de fécondité, plus de vérité dans les sujets, que Métastasio. On voit, dans le premier, une intelligence de l'art dramatique, une force de dialogue, une vigueur de pinceau, que le second ne possède pas au même degré.

Je parle d'après les Italiens eux-mêmes; les jugemens d'une nation éclairée sur ses écrivains, et sur leur mérite, sont, pour l'ordinaire, les plus équitables.

Cependant, pour ne pas être choqué des défauts de Zeno, il faut toute l'indulgence que nous sommes convenus d'accorder aux tragédies lyriques; ce genre comporte des libertés, des licences, des absurdités même, qu'il ne seroit pas possible de passer dans des tragédies proprement dites. Les ouvrages de cet auteur sont, en général, un amas confus d'intrigues entassées; il ne fait qu'un seul drame de trois ou quatre autres déjà connus; ce sont, par conséquent, des pièces du second ordre; de beaux membres et point de corps : telle est sa manière et celle de beaucoup d'auteurs Italiens et Français. Ce n'est pas ainsi que les Grecs ont composé, et depuis ces maîtres de l'art, Corneille et Racine. Cette multiplicité d'événemens, d'épisodes, d'aventures, est la ressource des esprits médiocres.

## TRADUCTION.

### BOUCHAUD.

Sa traduction, qui n'étoit qu'un essai pour pressentir le goût du public, ne contient que huit drames, et ne forme que deux volumes, imprimés en 1758. Bouchaud ne s'est pas attaché à choisir précisément les meilleures pièces, mais celles qu'il regarde comme les plus propres à faire connoître le génie du poëte. C'est dans cette vue qu'il a terminé chaque volume par un de ces drames sacrés, que les Italiens appellent *Oratorio*. Dans les endroits imités de Corneille, de Racine, et de la Motte, il a préféré de se servir des expressions de ces trois poëtes, mais sans jamais perdre de vue l'ordre, la propriété et le choix des termes, le genre et le goût des deux langues.

## MÉTASTASIO.

Bientôt le célèbre Métastasio balança la réputation d'Apostolo Zeno, et l'obscurcit. Ce poëte, élève du fameux Gravina, a su joindre à la justesse d'esprit et à l'érudition de son maître, un génie délicat, et une douceur de caractère que celui-ci n'avoit pas. Son style est pur, élégant, et quelquefois touchant et sublime ; le fond de ses pièces est noble, intéressant et théâtral. Personne n'ignore les étonnans succès qu'il a eus à la cour de Vienne.

L'élégance et l'harmonie de ses vers semblent laisser peu de chose à faire au musicien; il a soumis l'opéra à des règles ; il l'a dépouillé des machines et du merveilleux qui étonnent les yeux, et ne disent rien au cœur. Tous ses tableaux sont puisés dans la nature ; les situations intéressantes de ses acteurs attachent, et souvent arrachent des larmes. Ce sont des actions célèbres, des caractères grands et soutenus, des intrigues bien liées, sagement conduites, heureusement dénouées ; en un mot, rien n'est plus propre à donner une idée des opéras de cet illustre poëte, que nos belles tragédies. C'est ce qui fait qu'indépendamment des grâces que la musique prête à ses drames lyriques, on les lit avec plaisir, au lieu que les paroles des nôtres, à l'exception d'un très-petit nombre, ne sont pas supportables à la lecture.

On ne doit cependant pas s'attendre de voir dans ses pièces cette régularité si exacte, ni cette simplicité si féconde, qui fait le mérite particulier des tragédies françaises. On s'aperçoit bien qu'il a voulu se conformer à ces beaux modèles : il découvre dans son sujet ce qu'il renferme de plus intéressant ; il s'exprime toujours par des traits hardis ; mais un incident auquel on ne s'attendait
pas,

pas, un écart, quoiqu'heureux, le trahit, et fait reconnoître sa patrie. Je crois qu'il seroit impossible de faire une bonne tragédie en musique, en observant les trois unités. C'est pourquoi il est permis aux poëtes lyriques de briser ces chaînes; on exige seulement qu'ils s'attachent à l'unité d'intérêt; et Métastasio ne la perd jamais de vue.

Une dernière preuve en faveur de ses opéras, c'est que les comédiens d'Italie les jouent et les déclament comme des tragédies proprement dites; ils en retranchent l'ariette, qui est uniquement consacrée au chant. Les pièces privées de cet ornement et de celui qu'elles reçoivent de la musique, attirent une aussi grande foule de spectateurs, et n'en sont pas moins applaudies. Il dépend de nos poëtes lyriques de mériter de pareils honneurs, ils n'ont qu'à cultiver, à l'exemple de Métastasio, le champ fertile de l'histoire; ils en recueilleront des sujets grands, nobles, des situations vraiment tragiques; ils y puiseront l'idée d'un nouveau genre, qu'avec un peu d'art et de génie, ils nous feront aisément adopter.

On ne peut disconvenir que Métastasio ne soit naturel, simple, aisé dans le dialogue : mérite rare parmi les écrivains dramatiques; qu'il entend supérieurement les finesses et les ressources de son art; qu'il a prêté à sa langue de nouvelles grâces et une élégance inimitable; qu'il répand dans ses plus foibles ouvrages l'intérêt et la chaleur du sentiment. En même temps on lui refuse la première partie du poëte, l'invention; il n'a pas le sublime d'Apostolo Zeno, et a beaucoup emprunté de nos auteurs Français, et sans doute des écrivains des autres nations et de la sienne. Il sera donc mis, par la postérité, à la tête des plus beaux esprits de l'Italie, mais exclus du rang des génies. Cette décision est l'arrêt de tous les connoisseurs et de tous les pays. Il est vrai qu'on peut occuper une place éminente sur le Parnasse, sans être assis à coté des Dante, des Arioste, des Tasse, et cette place est unanimement accordée à l'abbé Métastasio.

On a donné en 1755 une belle édition faite à Paris, des poésies italiennes de Métastasio, en neuf volumes, grand in-8°., chacun d'environ quatre cent soixante pages. Tout ce qu'on peut désirer, par rapport à l'art typographique, se trouve ici rassemblé; caractères neufs et fondus exprès, beau papier, ornemens finis et placés avec goût, texte correct, collection complète des œuvres de l'auteur. C'est le témoignage que M. l'abbé Métastasio rend lui-même à l'éditeur, M. de Calsabigi, de l'académie de Cortone, dans une lettre imprimée à la tête du premier volume. L'édition est dédiée à madame la marquise de Pompadour; l'épître dédicatoire est en vers italiens, composés par l'éditeur lui-même; ils sont élégans et faciles. Cette épître est embellie d'une vignette très-ingénieuse de M. Cochin, dont le crayon et le burin sont si recherchés, quand on est curieux de donner au public ce qu'ils peuvent produire de plus parfait.

Cette édition cependant a été effacée par celle que l'on doit aux soins de l'abbé Pezzana, Paris, veuve Hérissant, 1780 et années suivantes, 12 vol. in-4°. ou in-8°., avec fig.

## TRADUCTIONS.
### RICHELET.

On a publié en douze volumes, d'un petit format, depuis l'année 1750 jusqu'en 1761, une traduction des œuvres de Métastasio, par Richelet. Elle contient la plus grande partie du théâtre du poëte Italien, la seule que l'interprète ait embrassée ; il n'a traduit ni les oratorio, ni les sonnets, ni les épithalames, ni les chansons, etc. ; mais grâces à ses soins, ceux qui n'entendent pas l'italien, peuvent lire ce que Métastasio a composé de plus parfait, et prononcer eux-mêmes sur son mérite poétique. Ces douze volumes nous présentent trente-six pièces, tant tragédies, opéras, que petits drames en musique.

On ne peut donner assez d'éloges à Richelet sur l'élégance et la fidélité de sa version ; il possède et la langue qu'il traduit, et celle dans laquelle il traduit ; il ne trompe ni ne dégoûte ceux qui ne peuvent juger que sur sa foi. Après ce mérite, le premier, sans contredit, de toute traduction, ce qu'on aime, ce qu'on estime en lui, c'est le goût, le discernement, l'impartialité qu'il fait paroître dans les préfaces qu'il a mises à la tête des volumes. Les éditeurs, les commentateurs et les traducteurs sont, en général, des Don Quichotte pour leurs originaux. Richelet s'est préservé des accès du fanatisme.

## MAFFEI.

Le marquis de Maffei est principalement célèbre par sa Mérope. On sent dans cette tragédie, le goût d'un écrivain qui s'est formé sur la majestueuse simplicité des Grecs. L'intrigue est naturelle, la scène animée par les actions qui s'y passent ; les mœurs sentent l'antique ; le langage est noble et poétique, sans être affecté ; les personnages sont intéressans.

Cette tragédie a été imprimée à Modène, en 1714, in-4°., avec un excellent discours du marquis Orsi.

## TRADUCTIONS.
### FRERET, ET UN ANONIME.

Cette pièce fut imprimée, pour la première fois, en 1710 ; nous en avons deux traductions françaises : la première par Freret, est estimée pour sa fidélité. Voltaire ayant traité le même sujet en 1743, pour le Théâtre Français, les applaudissemens que sa tragédie reçut dans les représentations, occasionnèrent une nouvelle traduction de Mérope. Mais le génie italien y est moins conservé que dans la première version; et l'exactitude même à rendre le sens de l'original n'est pas si entière. Clément de Genève a fait aussi une Mérope, d'après celle de Maffei.

## GORINI.

Le marquis de Gorini est, en général, un poëte fécond, qui, quoiqu'imitateur, et même copiste, fait paroître beaucoup de génie dans quelques-unes des pièces qui composent son théâtre. Mais presque toutes ses scènes sont mal dialoguées; nulle précision dans son style; la plupart de ses acteurs sont d'ennuyeux discoureurs, qui disent bien des choses communes sans esprit et sans élévation. Si l'on excepte sa *Jezabel*, le théâtre de nos poëtes les plus médiocres est fort au-dessus de celui-ci. Il y a quelques beautés dans la tragédie d'*Hécube*; les rôles de Pyrrhus et de Polixène, imités de ceux d'Achille et d'Iphigénie de Racine, sont nobles et intéressans. Celui d'Hécube est très-touchant, et peut-être trop; car elle pleure toujours, et, qui pis est, elle est presque toujours dans la même situation; d'ailleurs la tragédie pèche en plusieurs endroits contre la vraisemblance. Dans la mort d'Agrippine, les caractères de cette impératrice, de Sénèque et de Calvisius, sont formés sur ceux d'Agrippine, de Burrhus, et de Narcisse de Racine, à qui Gorini a même dérobé plusieurs scènes. Avec toutes les imitations dont cet auteur a enrichi sa pièce, il n'est pas étonnant qu'elle ait quelques beautés, outre celles qu'il y a jointes de son propre fonds. Son Brutus est fort inférieur ; tous les caractères de cette tragédie sont défectueux et mal soutenus. On n'y trouve ni art, ni conduite ; et il y règne une extrême confusion. Les comédies de ce poëte sont de mauvaises copies de l'Ecole des Femmes de Molière, du Fâcheux, de Pourceaugnac, de la Comtesse d'Escarbagnas et des Femmes Savantes. Ses autres tragédies méritent peu d'être nommées.

## GOLDONI.

Goldoni, né avec le génie de l'observation, et secondé du plus heureux naturel, a remporté le prix de son art en Italie, et sa comédie du *Bourru Bienfaisant* prouve qu'il n'auroit pas moins réussi en France. Les comédies de Goldoni n'étoient pas susceptibles d'être traduites entièrement, soit à cause de la nature des sujets, soit à raison du mélange des différens idiomes italiens, dont on ne peut faire passer dans une autre langue, la finesse et les grâces.

Quelques pièces offrent un intérêt plus général et un effet plus indépendant du langage; et c'est dans cette dernière classe que le traducteur des *chefs-d'œuvres dramatiques de Goldoni*, M. Amar du Rivier, a fixé son choix. Sa traduction est faite avec soin, et le texte italien, imprimé en regard, a été revu sur les meilleures éditions. Le discours préliminaire offre un précis de la vie et des ouvrages de Goldoni, et chaque pièce est précédée d'une analise raisonnée. Ce recueil, composé de 3 vol. in-8°., imprimés en 1801, contient huit comédies.

Goldoni a publié sa vie et l'histoire de ses productions dramatiques, en 3 vol. in-8°., écrits d'un style où règne une simplicité naïve et un ton de bonhomie qui fait autant estimer ses écrits que chérir sa personne.

Ses œuvres de théâtre ont été imprimées à Venise, en 1788, en 4 vol. in-8°.

## ALFIERI.

## ALFIERI.

Vittorio Alfieri passe, avec raison, pour le meilleur auteur dramatique, non-seulement de l'Italie, mais de l'Europe moderne : ainsi que le chantre du Vaucluse, il chanta l'idole de son cœur; mais dans des vers d'une touche plus mâle, plus élevée et surtout moins platonique. Plus heureux que Pétrarque, il reçut le prix de sa constance et de de son amour en obtenant la main de la princesse de Schomberg, dont l'époux venoit de mourir. Les principaux ouvrages d'Alfieri sont, *l'Etrurie vengée, la Tyrannie, le Prince et les Lettres, l'Amérique libre, la Vertu méconnue, le Panégyrique de Trajan, et des Tragédies.* Si les circonstances politiques ont beaucoup contribué à l'enthousiasme qu'ont excité ces écrits, il est certain toutefois que les éminentes beautés qu'ils renferment, et qui acquerront chaque jour un nouvel éclat à mesure qu'ils seront mieux étudiés, assureront la gloire de leur auteur, et lui rendront au tribunal de l'impartiale postérité, les avantages qu'il pourra perdre à plusieurs égards.

Quant aux tragédies, leurs beautés et leurs

défauts annoncent qu'Alfieri a obéi à l'inspiration de la nature, et a négligé le poli de la perfection que les grands maîtres doivent au secours du travail et de l'art. Ces tragédies ne peuvent être bien appréciées que par ceux qui les liront en italien : la traduction qui en a été donnée en français, par M. Petitot, en 1802, 4 vol. in-8°., est trop foible, trop molle, et a trop défiguré l'original pour avoir pu le faire véritablement connoître.

Les œuvres d'Alfieri ont été imprimées à Milan, en l'an X, 8 vol. in-12.

## POËTES DRAMATIQUES.

### LES ESPAGNOLS.

L'Espagne a été surtout féconde en poëtes dramatiques. Il y a plus de comédies espagnoles, qu'il n'y a de tragédies italiennes et françaises depuis leur origine jusqu'à présent. Aussi le théâtre espagnol est-il la source où plusieurs de nos tragiques et de nos comiques les plus estimés ont souvent puisé.

### LOPÉ DE VEGA.

Cet auteur, natif de Madrid, fut le premier qui donna quelqu'éclat au théâtre espagnol, par le double mérite de la représentation et de la composition. Cervantes qui l'avoit connu, dit qu'il excelloit dans la poésie pastorale, et la faisoit servir d'intermèdes à ses comédies.

Lopé donna, dit-on, de bonne heure des indices de génie; à cinq ans, il lisoit l'espagnol et le latin. A un âge où ses mains étoient trop foibles pour écrire, il récitoit des vers de sa composition; et déjà ses camarades les lui payoient en petites gravures et en joujoux.

Avant l'âge de douze ans, il avoit fait quelques tragédies; et comme il le dit lui-même, il les composoit toutes en quatre actes, selon l'ancienne coutume. Bientôt il en publia une en trois actes, qui, au témoignage de son ami Montalban, annonce la réforme que Lopé devoit opérer au théâtre.

Ce poëte, en effet, méprisa les anciennes règles, bannit du théâtre la vraisemblance, la régularité, la décence; fit naître, croître, vieillir et mourir ses héros dans le cours d'une représentation : ils parcourent la terre du couchant à l'orient, du midi au nord; et quelquefois il les fait voler dans les airs. Les laquais parlent en courtisans, les princes en fanfarons, les dames de qualité en femmes du peuple; les acteurs entrent en foule, et sortent en confusion; une seule pièce présente souvent jusqu'à soixante personnages, et finit par une procession. On ne peut entendre, sans étonnement, qu'il ait composé deux mille pièces de théâtre; mais quand on connoît la nature et la forme de ces sortes d'ouvrages, ce phénomène apparent est plus aisé à concevoir. Les Espagnols ont un grand nombre de rapsodies, sous le titre de chroniques, d'annales, de romances, de légendes, etc. On y trouve quelques anecdotes historiques, quelques aventures intéressantes, noyées dans un fatras de circonstances merveilleuses, extravagantes, puériles et superstitieuses, que la tradition populaire ne cesse d'y ajouter. Un auteur choisit une de ces aventures, en transcrit sans choix et sans exception, tous les détails, met seulement en dialogue ce qui est en récit, et donne à cette compilation le nom de comédie.

Les œuvres de cet auteur ont été recueillies à Madrid, en 1776, 21 vol. in-4°.

## MICHEL CERVANTES.

Ce fameux auteur de Don Quichotte, se livra d'abord au genre comique ; une invention heureuse et féconde lui fit composer plusieurs pièces qui purent servir alors de modèles à sa nation.

On estime l'édition des comédies de Cervantes de Madrid, 1749, 2 vol. in-4°., surtout à cause d'une dissertation de Blas Nassarre, sur le Théâtre Espagnol.

## CALDERON.

Les règles de l'art ne sont pas bien observées dans les ouvrages de Calderon. C'est aussi la vie d'un homme depuis sa naissance jusqu'à sa mort ; c'est une aventure historique ou romanesque, qui dure quarante à cinquante ans : nul plan, nulle préparation, nulle vraisemblance dans l'exécution. La scène se transporte tout à coup et sans ménagement d'un bout de la terre à l'autre. L'auteur établit des ports de mers à Capoue, à Vérone, à Paris. Les scènes les plus sérieuses sont entremêlées de bouffonneries; un prince, dans une situation touchante, est interrompu par les impertinentes plaisanteries de son valet. Malgré ces défauts, Calderon est regardé comme le dieu du théâtre espagnol. Son génie supérieur lui fit enfanter les plus grandes choses au milieu des plus foibles. On admire dans son style, la noblesse d'une diction élégante sans obscurité ; on estime sa manière ingénieuse de tenir toujours les spectateurs en suspens.

La meilleure édition des comédies de Calderon, est celle de Madrid, 1685 - 1694, 9 vol. in-4°.

## THOMAS DE YRIARTE.

Yriarte, auteur d'un poëme sur la *Musique*, et de fables dites *littéraires*, est un des auteurs qui ont essayé d'annoblir la scène comique de leur patrie, en peignant, toutefois avec plus de délicatesse que de gaieté, les ridicules de la société. Il y a assez bien réussi dans deux comédies, intitulées l'une, l'*Enfant gâté*, l'autre, la *Demoiselle mal élevée*. Elles sont agréablement écrites, semées de traits heureux ; mais elles ne paroissent pas avoir cette force comique qui éternise les ouvrages.

Les Espagnols prétendent appeler du jugement porté en France sur cet auteur, d'après la traduction du poëme de la *Musique* et celle des *Fables littéraires*, qui auroient pu être beaucoup plus soignées.

On a donné à Madrid, en 1779, une superbe édition in-4°. du poëme de la Musique.

## TRADUCTIONS.

### LE SAGE.

Cet auteur de Turcaret, et de tant de romans estimés parmi nous, a aussi donné, en 1700, un volume in-12, intitulé le *Théâtre Espagnol*, ou les meilleures comédies des plus fameux auteurs Espagnols, traduites en français. Ce titre est sans doute trop pompeux ; car le traducteur n'a donné que deux pièces, et ne s'est pas même attaché à être littéral. Les Espagnols ont, dit-il, des façons de parler, qu'on ne me blâmera pas d'avoir changées. Tantôt ce sont des figures outrées, qui font un galimatias de termes pompeux de ciel, de soleil et d'aurore ; tantôt ce sont des saillies du capitan Matamore, des mouvemens rodomonts, qui ne laissent pas véritablement d'avoir de la grandeur et de la force, mais qui sont trop opposés aux usages, pour qu'ils puissent être goûtés des Français. Le traducteur a donc adouci ce qui lui a paru trop rude ; mais il n'a pas travesti ses acteurs à la française. Il a voulu qu'on pût toujours reconnoître, à leur manière de penser et de parler, qu'ils étoient nés sous un autre ciel que le nôtre. Quand il n'a pu, sans supprimer des incidens qui lui ont paru agréables, consommer l'action en un jour, il en a pris deux. Pour l'unité de lieu, il n'a pas cru qu'il lui fût possible de la garder, sans ôter le merveilleux, et sans tronquer les intrigues. L'auteur avoit promis de pousser ce travail beaucoup plus loin, et en particulier, de nous faire connoître les écrivains dramatiques Espagnols, et les obligations qu'il croit que nous leur avons; il n'a pas tenu parole.

## LINGUET.

Nous ne devons pas regretter que le Sage n'ait pas rempli sa promesse, depuis que Linguet nous a donné son Théâtre Espagnol, en quatre volumes in-12, 1770. Cet ouvrage est fait avec beaucoup plus de goût, que celui de le Sage; et il y a un bien plus grand nombre de pièces. Son recueil est terminé par quelques intermèdes qui sont des espèces de farces, lesquelles tiennent lieu aux Espagnols, des petites pièces que l'on donne en France, après les pièces en cinq actes.

actes. Il est certain que Linguet a rendu un véritable service à notre littérature en publiant cette traduction; et pour la rendre plus agréable, il a pris le parti de retrancher du texte, certaines expressions, et même certains récits qui ne sont supportables tout au plus que dans la langue espagnole; mais pour en faire connoître le génie, il a presque toujours le soin d'avertir des changemens qu'il juge nécessaires; il donne une notice des scènes qu'il supprime, et met au bas des pages les expressions qu'il n'a pas cru devoir traduire mot à mot. C'est avoir trouvé le moyen de satisfaire également, et la curiosité des gens de lettres, et la délicatesse des lecteurs difficiles.

## CASTERA.

Du Perron de Castera avoit donné, avant Linguet, des extraits de dix comédies de Lopé de Vega, en trois brochures in-12, 1738. Ces extraits sont assez bien faits; mais on vouloit avoir les pièces en entier; et c'est ce qu'on trouve dans le recueil de Linguet, beaucoup plus ample et plus estimable.

## POËTES DRAMATIQUES.
### LES PORTUGAIS.

Le théâtre portugais met au rang de ses auteurs dramatiques, un Dias Balthazar, de l'île de Madère, qui a fait de ces anciens drames appelés *Auto*, dont la plupart roulent sur des sujets pieux, comme en France les anciens mystères ; un Henri de Gomez, auteur de vingt-deux comédies, dont on ne connoît plus guère que quelques titres originaux, tels que ceux-ci : « Trompez pour » régner ; les Soupçons n'offusquent pas le » soleil à minuit ; le Soleil arrêté, etc. » Gil-Vincente, qu'on regarde comme le Plaute du Portugal, a servi de modèle à Lopé de Vega, et à Quevedo. Erasme apprit exprès le portugais, pour lire ses comédies. On a recueilli en quatre volumes, et l'on joue quelquefois dans la capitale, les pièces d'Antoine Joseph, qui a été brûlé pour crime de judaïsme ; à la troisième rechute, il aima mieux mourir que de se rétracter.

On ne donne le plus souvent à Lisbonne, que des pièces espagnoles. Les seuls poëtes dramatiques qu'aient les Portugais, sont Mello,

Gomez, Mathos, Fragoso, et Cordeyro, dont ils font assez de cas.

## POËTES DRAMATIQUES.

### LES ANGLAIS.

On croit assez généralement, que l'Angleterre n'a eu des théâtres qu'après tous ses voisins. On parle cependant de certains poëtes vagabonds, qui, dès le 14°. siècle, exécutoient des farces en pleine campagne. Les clercs des paroisses de Londres représentèrent des pièces saintes, auxquelles on accouroit de toutes les parties du royaume. Les Anglais eurent donc, comme nous, comme les Italiens, comme les Espagnols, des mystères et même des moralités, qui se jouoient quelquefois par des ecclésiastiques.

L'*éguille de dame Gurton*, sous le règne d'Henri VIII, est regardée comme la première comédie anglaise, c'est-à-dire, la plus ancienne. C'est alors que les écrivains commencèrent à travailler pour le théâtre. Henri Parker composa quelques tragédies ; et Jean Hoker s'exerça dans le genre comique : après eux parurent Sackville, Buckhurst, Norton, Terrys, Heywod et Lillie ; mais l'art n'étoit encore qu'à son enfance ; et ces auteurs mettoient l'enflure à la place de la noblesse ; les pointes, les jeux de mots à la place de la plaisanterie : les tragédies et les comédies violoient également les règles de l'honnêteté et celles du théâtre. Le véritable art dramatique anglais reçut l'existence, et pour ainsi dire, la perfection, de Shakespeare.

## SHAKESPEARE.

Ce poëte, le créateur du théâtre anglais, et poëte par la seule inspiration de la nature, a toutes les qualités du génie. Il est original, vrai, sublime, pathétique. Mais, comme jamais l'art et les écrits de l'antiquité ne furent l'objet de ses études, il a aussi tous les vices de l'ignorance et du mauvais goût. Ses drames sont monstrueux pour la forme, sans unité dans le dessin, sans moralité dans l'action, sans bienséance dans les détails. Son langage est incorrect, obscur, rempli d'expressions populaires ; souvent bas dans le familier, et enflé dans le noble. Mais un de ses défauts les plus remarquables, est son goût pour les jeux de mots. Il n'y a rien qu'il ne sacrifie au plaisir de faire une mauvaise pointe. C'est pour lui, dit un de ses commentateurs, la pomme d'or qui le détourne sans cesse de sa route, et lui fait manquer son but.

Depuis près de deux siècles, la réputation de ce poëte se soutient sur tous les théâtres d'Angleterre. C'est toujours un nouveau plaisir à la représentation de ses drames. Les comédiens voient-ils leur spectacle désert, et le parterre insensible aux différens ouvrages qu'on lui annonce? ils ont recours à ceux de ce grand poëte; et le public y accourt en foule.

Johnson, qui vivoit dans le même temps que Shakespeare, composa des tragédies et des comédies qui eurent alors beaucoup de vogue. Fletcher et Beaumont, ses contemporains, ont travaillé dans le même genre; mais Shakespeare est le premier auteur de la Grande Bretagne pour le théâtre. Jamais poëte ne fut plus inégal; et lorsqu'il est mauvais, il l'est si singulièrement, qu'il est inimitable dans ses défauts comme dans ses beautés. Quiconque possède bien son Shakespeare, en connoît mieux les cerveaux anglais; car son génie est le génie de toute l'île: on en tire la preuve, de ce qu'il est encore l'idole de la nation.

Le génie de Shakespeare ne s'est pas moins affranchi du joug de la rime, que des règles de la vraisemblance. C'est le premier auteur Anglais, qui ait osé employer les vers blancs et la prose, même dans la tragédie. Ceux qui l'ont pris pour modèle, en adoptant ce qu'il a de défectueux, ne l'ont pas également imité dans ce qu'il a de sublime. Ils se sont permis ses négligences; et ne les ont pas rachetées par les mêmes beautés. Un des articles où le Sophocle Anglais paroît le plus admirable, est celui de la morale. On en trouve de fréquentes leçons dans ses drames, appuyées sur des exemples frappans, qui leur donnent encore plus de force.

La première édition de Shakespeare a été imprimée à Londres, en 1623, in-fol.

L'édition de Johnson, Londres, 1793, est en 15 vol. in-8°.

M. de la Place a traduit cinq pièces de Shakespeare, dans son *Théâtre Anglais*. MM. le Tourneur, de Catuélan, et Fontaine-Malherbe, ont donné une traduction complète en 20 vol. in-4°. et in-8°.

## M. HENNET.

M. Hennet, dans sa *Poétique Anglaise*, qui a paru en 1806, en 3 vol. in-8°., donne une idée de la manière de peindre de Shakespeare, dans les traductions des *Monologues de Hamlet et du roi Léar*, et dans un passage *sur la Vie humaine*, extrait de la comédie *Comme vous voudrez*.

## DRYDEN.

Ce poëte s'étoit exercé dans plusieurs genres, et avoit donné son excellente traduction de Virgile, lorsqu'il s'engagea dans la carrière dramatique. Chaque année il donnoit une ou deux pièces de théâtre. *Aureng-Zeb, la Conquête du Mexique, Antoine et Cléopatre*, sont celles qui eurent le plus de succès.

Les œuvres dramatiques de Dryden furent imprimées à Londres, en 1735, en 6 vol. in-12.

## OTWAY.

Cet auteur a composé une multitude de pièces de théâtre, parmi lesquelles on distingue principalement l'*Orphelin*, *Venise sauvée* et *Dom Carlos*. Ce n'est point un poëte du premier ordre ; mais peut-être eût-il fait plus de progrès dans cet art, si ses débauches ne l'eussent tué à trente-cinq ans. Quelques beautés qu'il y ait dans ses ouvrages, il s'y est glissé des irrégularités et des bouffonneries dignes des farces monstrueuses de Shakespeare. Dans sa *Venise sauvée*, le vieux sénateur Antonio mord les jambes de sa maîtresse, et lui donne des coups de pied et des coups de fouet, contrefait le taureau et le chien, et se livre à toutes les singeries, à tous les délires d'un vieux débauché.

## WICHERLEY.

Ce poëte, qui fut long-temps l'amant déclaré de la maîtresse chérie de Charles II, passoit sa vie dans le plus grand monde, en connoissoit les vices, les ridicules, et les peignoit du pinceau le plus ferme, avec les couleurs les plus vraies. Il a fait un Misantrope qu'il a imité de Molière, avec des traits plus forts et plus hardis, mais on y trouve moins de régularité, de finesse et de bienséance.

## GAY.

Les fables de Gay, et son *Opéra des Gueux*, sont les productions de ce poëte qui lui ont donné le plus de célébrité. Jamais pièce ne fut suivie avec tant de fureur en Angleterre, que cet opéra, qui étoit une satire sanglante contre les courtisans et les ministres. Il eut d'abord soixante représentations, et fut repris avec le
même

même succès. Il se répandit bientôt partout le royaume ; et on le joua jusqu'à trente ou quarante fois dans les principales villes. On imprima sur les éventails, les plus jolis airs de la pièce ; on les grava sur les écrans. L'actrice qui représentoit le principal rôle de femme, fit la plus grande fortune, et devint le sujet de tous les entretiens. Tous les lords lui firent la cour ; son portrait orna toutes les boutiques ; on écrivit sa vie ; on lui adressa des vers ; on publia ses bons mots ; enfin miss Fenton épousa publiquement le duc de Bulton, un des plus grands seigneurs de la Grande Bretagne.

Gay fit un second opéra dans le même genre, qui n'est qu'une suite du premier ; mais l'ayant donné au directeur du théâtre, le lord chambellan en défendit la représentation ; et l'on prétend que l'auteur en mourut de chagrin.

Les œuvres de Gay ont été imprimées à Londres, en 1795, 8 vol. in-12.

## CONGREVE.

Le théâtre anglais est redevable à Congreve de ses meilleures comédies. Ses pièces sont pleines de caractères nuancés avec finesse, sans aucun mélange de mauvaises plaisanteries. On y voit partout le langage des honnêtes gens, avec des actions de fripon. Le mérite et la réputation de ce poëte l'élevèrent à des emplois honorables. Il quitta les Muses de bonne heure, et se contenta de composer, dans l'occasion, quelques pièces fugitives, que l'amitié ou l'amour lui arrachoient. Le *Fourbe*, le *Vieux Garçon*, *Amour pour Amour*, l'*Epouse du matin*, le *Chemin du monde*, sont les titres de ses principales comédies.

Il parut, en 1761, une édition de Congreve, Birmingham, Baskerville, en 3 vol. in-8°.

## FARQUHAR.

Ce poëte avoit un génie plus véritablement comique, que la plupart de ses rivaux; mais il étoit resserré par la médiocrité de son état. Avec la fortune de Congreve, il auroit peut-être mieux écrit que lui. On voit dans son *Chevalier Henri Widlair*, quelque chose d'original, que nul de ses contemporains n'a saisi dans la comédie.

L'édition de Farquhar parut à Londres, 1760, en 2 vol. in-8°.

## STEELE.

Richard Steele, dont on connoît les ouvrages de philosophie et de critique, débuta dans les lettres par un poëme sur la mort de la reine Marie, épouse de Guillaume III, et continua par des comédies, qui réussirent, telles que le *Tendre Epoux*, les *Amans Menteurs*, le *Deuil à la Mode*, etc.

## ADDISSON.

Sa tragédie de *Caton*, qui passe pour la plus régulière du théâtre anglais, a été traduite dans toutes les langues. Bolinbroke, dans le temps de sa plus grande faveur, assistant à une représentation de cette pièce, les Whigs, qui partageoient la gloire d'un ouvrage enfanté dans le sein de leur parti, et faisoient contre le ministère des allusions malignes des plus beaux endroits de la tragédie, affectèrent de redoubler leurs applaudissemens, surtout aux tirades susceptibles d'application. Non content d'y joindre les siens, le ministre fit venir dans sa loge l'acteur qui avoit joué le rôle de Caton, le loua publiquement, et lui donna cinquante guinées.

La mort de Caton a été traduite en vers français, par Guillemard, Brest, 1767, in-8°.

## DENHAM.

Le chevalier Denham, outre sa tragédie intitulée *la Sophi*, s'est fait un nom par plusieurs pièces de poésies. Sa *Montagne* de Cooper est pleine d'idées brillantes et de descriptions d'après nature. Mais la netteté et la précision sont les qualités principales qui manquent à ce poëme.

Les œuvres de Denham furent imprimées à Londres, en 1703, in-8°.

### REMARQUES.

Les tragédies anglaises sont presque toutes historiques; et les sujets anciens ou modernes leur conviennent également. Le plus grand nombre est tiré de l'histoire d'Angleterre. Shakespeare, qui vivoit sous le règne d'Elisabeth, a introduit sur la scène Henri VIII, père de cette princesse, et ne l'a assurément pas flatté. Il appeloit ses pièces, non des tragédies, mais des histoires, ne changeoit presque rien aux circonstances; et lorsque les événemens d'un règne étoient trop multipliés, il en faisoit deux ou trois tragédies, qu'il intituloit première, seconde ou troisième partie de cette histoire. Elles sont pour l'ordinaire plus longues que les nôtres ; et l'action compliquée est si essentielle dans ces sortes de drames, que nos meilleures tragédies, jouées à Londres, ne feroient nul plaisir au commun du spectateur. Les auteurs Anglais connoissent si bien le goût de leur nation à cet égard, qu'après avoir traduit plusieurs de nos pièces, ils n'ont osé les hasarder au théâtre dans leur simplicité. Phèdre, Mithridate, l'Avare, le Misantrope, n'ont paru à Londres qu'après avoir été surchargés d'intrigues et de spectacles. Toutes ces machines, qui nous paroissent d'un goût grossier et subalterne, sont nécessaires pour remuer un peuple qu'il faut toujours réveiller par la diversité des images et le changement des situations.

La confusion dans l'intrigue, le désordre dans le plan, une multiplicité d'action qui étouffe l'intérêt principal, sont les vices ordinaires des drames anglais, qui tiennent peut-être par là du caractère de la nation. Ces peuples ne veulent pas concevoir que plus le sujet est simple, plus il y a de mérite à le développer. Pour des gens qui se piquent de littérature, doivent-ils ignorer que c'étoit là une grande qualité de Sophocle et d'Euripide, ces premiers maîtres de l'art du théâtre? Soit que l'habitude ait prévalu, soit que les Anglais aient le génie trop tragique pour se plier à la sage régularité des Français et des Grecs, leurs poëtes semblent s'être fait un principe de violer les lois les plus fondamentales de cet art.

Vu les modèles que notre théâtre offre aux Anglais, il est étonnant qu'ils s'obstinent à tourner le dos, dans la plupart de leurs pièces, à ces mêmes règles qu'ils admirent si souvent dans les nôtres. Ces fiers voisins ne veulent rien tenir de nous : il suffit que la raison et le goût soient de notre côté, pour qu'ils cherchent à s'en éloigner. Mais ce qui leur manque du côté des règles, est abondamment remplacé par le choix des situations les plus capables de déchirer l'âme. Nous conduisons une intrigue dramatique avec plus d'esprit, plus de délicatesse ; nous savons piquer davantage la curiosité et soutenir les progrès d'un intérêt qui va toujours en croissant. Ce sont les grandes passions que les Anglais s'efforcent d'exciter. Chez nous, les émotions de l'inquiétude sont le terme où s'arrête le pathétique ; chez eux, on le pousse jusqu'à l'extrême désespoir. C'est au cœur qu'ils portent leurs coups d'une main hardie et vigoureuse; ils en ébranlent toutes les fibres, et ne craignent pas de donner aux spectateurs une dose trop forte de sentiment; ainsi les tragédies qu'ils suivent avec le plus de fureur, sont un assemblage de scènes atroces qui font frémir l'humanité. Mourir est si peu de chose pour ces insulaires, qu'il faut, pour les toucher, des images plus fortes que la mort même.

Les Anglais, à la manière ancienne, ont un prologue à la tête de leurs pièces, et un épilogue qui les termine; mais les prologues des anciens faisoient corps avec l'ouvrage, au lieu que ceux des Anglais sont des morceaux absolument étrangers, qu'on pourroit appliquer à toute autre pièce; aussi leur succès n'est-il pas de longue durée : ceux qui réussissent le plus, ne franchissent guère la troisième ou tout au plus la quatrième représentation. Ils sont toujours remplis de louanges pour la nation britannique, et très-souvent de satires contre la nôtre.

A l'égard de l'épilogue, ce n'est, en général, qu'un amas de quolibets et de plaisanteries grossières, qui révoltent les honnêtes gens. Il seroit peut-être dangereux d'ôter ce plaisir au parterre de Londres. Il ne faut pas le laisser dans le flux des passions, qu'un spectacle, ordinairement plein de carnage et de meurtres, peut exciter.

Qui est-ce qui n'a pas entendu parler de ces scènes de bas comique, qu'on voit paroître avec surprise dans les pièces du genre le plus noble, telles que celles des fossoyeurs dans *Hamlet*, des magiciennes dans *Macbeth*, des savetiers dans *Jules-César*, de Malicome avec le Diable dans le *Duc de Guise*, etc.? C'est encore pour répandre plus de variété, qu'on y introduit de la musique avec des chansons tendres, pieuses ou bouffonnes; qu'on y trouve jusqu'à des conciles, des processions, des mariages, des baptêmes, et des vœux monastiques.

## TRADUCTIONS.

### DE LA PLACE.

On apprendra mieux à connoître les poëtes dramatiques d'Angleterre, et on lira même une partie de leurs ouvrages, dans le Théâtre Anglais que de la Place donna en 1746, en huit volumes in-12. Cet ouvrage, fait sur le modèle du Théâtre des Grecs du P. Brumoy, manquoit à notre langue; et par là, ainsi que par

par d'autres ouvrages estimables, M. de la Place s'est rendu utile à notre littérature. Cette traduction nous a procuré des richesses dramatiques; et ces richesses, pour n'être pas dignes d'être mises en comparaison avec les nôtres, n'en offrent pas moins au lecteur mille beautés à admirer, malgré l'irrégularité ordinaire aux pièces anglaises. Le traducteur s'est attaché à rendre l'original selon le style dans lequel il est écrit, c'est-à-dire, qu'il traduit tantôt en vers, tantôt en prose, et qu'il emploie quelquefois des vers alexandrins sans rimes, qu'on appelle vers blancs, fort en usage en Angleterre, et qui y rendent la versification bien plus facile que parmi nous. Un autre service que M. de la Place a rendu par cette traduction, c'est d'avoir ouvert une source, où ceux de nos auteurs qui n'entendent pas l'anglais, peuvent aller puiser des idées, des situations, des caractères, des sujets même, pour les naturaliser ensuite sur notre scène.

On sait que Voltaire a souvent imité les poètes Anglais, et les a même traduits quelquefois. Sa tragédie de la Mort de César offre plusieurs morceaux du Jules-César de Shakespeare. Il est vrai que ce dernier a réuni, dans cette pièce, les puérilités les plus ridicules, et les morceaux les plus sublimes. Voltaire a évité ce bizarre contraste, et a fait de la pièce anglaise, le même usage que Virgile faisoit des ouvrages d'Ennius.

### PATU, MADAME RICCOBONI.

On peut consulter encore la traduction, aussi fidèle qu'élégante, de quelques comédies anglaises, que Patu donna en 1756.

Madame Riccoboni a aussi publié, en 1769, un nouveau Théâtre Anglais, qui peut beaucoup servir à la connoissance des poëtes dramatiques modernes de cette nation. Sa version est plus fidèle que celle de M. de la Place, qui, lorsqu'il trouve dans les productions britanniques, des images ou des expressions basses et ridicules, a soin de rectifier l'original.

### MADAME LA BARONNE DE WASSE.

On doit à cette dame et à sa sœur, Marie Wouters, la traduction du *Théâtre Anglais*, publiée en 1784—1787, 12 vol. in-8°. Cette collection est, comme on le voit, plus étendue que celle de M. de la Place.

On a une nombreuse collection de pièces anglaises, dans les *Œuvres choisies des plus célèbres auteurs dramatiques Anglais*, tels que Ben Johnson, Richard Steele, Nic. Rowe, etc. Ce Recueil a été imprimé en 1800, 11 vol. in-8°.

# POËTES DRAMATIQUES.
## LES ALLEMANDS.

Au commencement du 18<sup>e</sup>. siècle, la scène allemande étoit dans la plus grande barbarie. Dans les pièces les plus sérieuses, il y avoit toujours un *Hanswurst*, c'est-à-dire, un bouffon, dont le caractère étoit un mélange de la grossièreté d'Arlequin, et de la stupidité de Gilles ou de Pierrot. Dans une tragédie d'Œdipe, ce prince, dans le premier acte, étoit un enfant qu'on portoit dans la forêt; au second, il combattoit en héros contre son père; et dans le troisième, il mouroit de vieillesse. Le drame fameux du docteur *Faustus*, célèbre sorcier d'Allemagne, occupe un espace de vingt-quatre ans.

Dans les grandes villes, certains corps de métiers sont en possession, depuis un temps immémorial, de jouer des farces à toutes leurs processions. On appeloit *Maîtres Chantres* ces sociétés d'ouvriers et de poëtes tout à la fois. Au milieu du 16<sup>e</sup>. siècle, un d'entr'eux, nommé Hansachs, maître chanteur et cordonnier à Nuremberg, avoit un génie si prodigieusement fécond, que ses drames forment des volumes in-folio. On prétend qu'il en a composé plus de six cents, durant le cours de cinquante années.

L'art dramatique est de tous les genres de poésie, celui que les Allemands ont le moins cultivé ; cependant on ne peut pas dire que leur génie s'y refuse totalement. On a divisé leur théâtre en différens âges : le premier commence vers le milieu du 15º. siècle ; et c'est le temps où l'on représentoit chez nous les mystères, et en Allemagne, les jeux de carnaval, auxquels succéda le cordonnier de Nuremberg. On fit alors des traductions de Térence ; mais on s'est toujours tenu fort éloigné de cet excellent modèle.

Le second âge a pour époque le milieu du 17º. siècle ; les Opitz, les Lohenstein, les Gryphius, les Hallemann, les Weisse y parurent avec succès. Le premier traduisit l'*Antigone* de Sophocle, et les *Troyennes* de Sénèque. Les autres donnèrent des pièces tragiques et comiques de leur propre composition. Quoique loin des Corneille, des Racine, des Molière, on trouve cependant dans leurs ouvrages des étincelles de génie. Il est étonnant que la carrière qu'ils venoient d'ouvrir avec assez d'avantage, ait été abandonnée durant soixante ans. L'Allemagne fut ensuite inondée de traductions françaises, sans choix et sans goût. Pradon trouvoit des traducteurs ainsi que Racine; et les productions de ce dernier, totalement défigurées, étoient de niveau avec celles de son foible concurrent.

## GOTTSCHED.

La troisième époque du théâtre allemand, ne remonte pas au delà de 70 ou 75 ans. Le professeur Gottsched fut le premier qui sentit le mauvais état de la scène allemande, et entreprit d'y remédier. Il crut qu'il suffisoit d'en retrancher les farces qui la déshonorent, et d'y substituer des pièces faites d'après les règles de l'art. En conséquence, il s'entendit avec le chef d'une troupe de comédiens, qui tantôt jouoient à Leipsic, tantôt à Brunswick, et traduisit les meilleures pièces du Théâtre Français. Il donna son *Caton mourant*, ouvrage sagement conduit, mais sans noblesse et mal versifié. Il fit ensuite un recueil de ses pièces et de celles de plusieurs auteurs, dont il forma une espèce de répertoire. On a traduit et l'on joue en Allemagne, toutes les pièces de Corneille, de Racine, de Crébillon, de Voltaire, de Molière, de Regnard, de Destouches, etc. On a trois traductions d'*Alzire*, deux d'*Œdipe*, deux de *Mahomet*. Voici les titres des tragédies originairement allemandes, qui ont paru depuis soixante-dix ans. *Caton d'Utique*, la *Saint-Barthelemy*, *Agis*, par Gottsched; *Darius*, par Pitschel; *Timoléon*, par Behrman; *Alceste*, *Aurèle*, par Quistorp; *Arminius, Didon, Canut*, les *Troyennes*, par Schlegel; *Banise*, par Grimm; *Panthée*, par madame Gottsched; *Mahomet IV*, par Kinger; *Vitichab* et *Dankwart*, *Pilade* et *Oreste*, par Derschau; *Octave*, par Camerer; *Arminius*, par Moser; *Placide*, par Stephens; *Dioclétien*, par Hudeman, etc.

Le nombre des comédies est plus considérable. Madame Gottsched en a donné trois ou quatre qui ont eu le plus grand succès.

## LESSING.

Lessing, après avoir publié ses Fables, en 1759, ne tarda pas à travailler à un excellent ouvrage, qui établit solidement sa réputation; c'est le *Laocoon*, ou *Observations sur les bornes de la poésie et de la peinture*, dont M. Vanderbourg nous a donné une bonne traduction (Paris, 1802, in-8°.); dès lors il fut regardé comme le plus profond littérateur de l'Allemagne, et comme celui qui avoit le plus de goût. La bourgeoisie de Hambourg voulut l'avoir pour directeur de son théâtre. Lessing vint à Hambourg, où il donna sa *Dramaturgie*, en 1767. M. Cacault a fait une traduction de cet ouvrage, que M. Junker publia en 1785, 2 vol. in-8°.; c'est un Traité de l'Art dramatique, où Lessing critique beaucoup de pièces de Voltaire, et d'autres auteurs Français. Cet ouvrage, et les drames d'*Emilia Galotti*, de *Nina*, *Nathan le Sage*, etc., ajoutèrent encore à sa célébrité.

## SCHILLER.

Schiller, que l'on pourroit considérer comme le chef de la quatrième époque du théâtre allemand, a souvent égalé les beautés, et souvent évité les défauts de Shakespeare, qu'il avoit pris pour modèle. La critique trouvera sans doute beaucoup à reprendre dans ses ouvrages, mais elle y reconnoîtra aussi des beautés originales et sublimes.

Les premiers drames de Schiller, *les Vo-*

*leurs, la Conjuration de Fiesque, Intrigue et Amour,* sont les seules pièces qu'il ait écrites en prose. Il aspira à une plus haute perfection en adoptant, pour ses autres tragédies, les vers ïambiques que Lessing avoit employés le premier dans *Nathan le Sage.* Son génie brilla d'un nouvel éclat dans la tragédie de *Don Carlos;* mais on a remarqué que le caractère du marquis de Posa étoit imaginaire pour le 16<sup>e</sup>. siècle, qu'il y avoit bien alors des héros espagnols, français, allemands, mais point de héros cosmopolite. Outre cela, on a trouvé qu'une tragédie en un vol. in-8°. de 438 pages, étoit trop longue.

Schiller consacra sept années, tant à l'étude de la philosophie et de l'histoire, qu'à la composition de plusieurs ouvrages estimés, entr'autres de *la Guerre de trente ans.*

Au bout de ce temps, il fit paroître *Valstein.* C'est proprement un cycle dramatique, composé de trois drames différens qui s'enchaînent l'un à l'autre, et dont chacun cependant est censé faire un tout à part; mais cela n'est rigoureusement vrai que du premier et du troisième : le second n'a point un dénoûment véritable; aussi le supprime-t-on à la représentation.

Les

Les ouvrages dramatiques de ce poëte Allemand se distinguent principalement de ceux des autres poëtes, par la variété de leurs formes. Ainsi, dans *Marie Stuart,* il devoit conserver la couleur historique ; dans *Jeanne d'Arc ,* la couleur romanesque du sujet se prêtait à une manière souvent lyrique. Dans la *Fiancée de Messine,* le poëte a essayé de remettre sur la scène les chœurs des anciens ; dans *Guillaume Tell*, il a cru pouvoir se permettre plus d'une incursion sur le territoire de l'épopée.

Le dernier ouvrage que Schiller ait achevé pour la scène, est l'*Hommage des Arts* , intermède.

Ses *poésies lyriques* sont des chefs-d'œuvres dans un genre où l'Allemagne est très-riche en poëtes du premier ordre. On a souvent soutenu que Schiller étoit plus grand poëte lyrique que dramatique.

Dans toutes ses tragédies, on reconnoît une grande connoissance du cœur humain ; on trouve des caractères parfaitement dessinés, et souvent, comme dans *Valstein*, tous les caractères ont ce mérite. Cet ouvrage, considéré comme un poëme historique en dialogues, est un chef-d'œuvre ; on y trouve aussi de belles et fortes situations dramatiques ; mais, s'il faut le dire, nous croyons que l'art dramatique n'étoit pas la vocation de l'auteur. S'il eut partagé son génie entre la poésie lyrique et l'histoire, il auroit peut-être aujourd'hui moins de prôneurs dans son pays ; mais il auroit plus d'admirateurs dans un siècle, et parmi ses compatriotes et parmi les étrangers.

## KOTZEBUE.

Le défaut de goût est ce qui choque dans les ouvrages dramatiques de Kotzebue. Ce défaut se montre chez lui dans le mélange qu'il fait continuellement du sérieux et du bouffon, du noble et du trivial. On ne peut nier cependant qu'il n'ait l'art d'émouvoir le spectateur, mais c'est par des moyens que le goût réprouve. Cet écrivain n'a pas le sentiment du vrai beau moral, rien de ce tact heureux qui se manifeste dans le choix des caractères, dans la manière de grouper, dans l'arrangement des scènes, dans le langage qu'on prête aux passions ; enfin, dans la disposition convenable des ornemens accessoires. Nous nous sommes crus obligés de faire connoître les défauts du Théâtre de Kotzebue, après la vogue qu'ont eue sur nos théâtres, plusieurs de ses pièces, telles que *Misantropie et Repentir*, traduite par madame Molé; les *deux Frères* et l'*Enfant de l'Amour*.

## M. IFLAND.

M. Ifland n'est pas seulement auteur dramatique, mais il est en même temps, comme Molière, excellent acteur. Ses pièces sont caractérisées par un ton léger de conversation, dégagé de déclamations et de tirades.

## TRADUCTIONS.

### JUNKER, LIÉBAULT, FRIEDEL ET M. BONNEVILLE.

La tragédie bourgeoise de *Miss Sara Sampson*, la comédie des *Juifs*, celle de l'*Esprit fort*, et le *Billet de Loterie*, ont été traduites en Français, par Junker et Liébault, en 1772, et forment, avec le *Trésor*, comédie de Gellert, et une pastorale, 2 vol. in-12. Les longueurs et les scènes étrangères au sujet, sont deux défauts qui défigurent presque toutes ces pièces, et qui sont peut-être une suite du caractère national. Il est singulier que de tous les genres de drames, la tragédie bourgeoise, qui a essuyé tant de critiques en France, soit précisément celui que les Allemands paroissent cultiver davantage; c'est, sans doute, qu'il est plus facile d'y réussir que dans les autres.

Le *nouveau Théâtre Allemand*, par MM. Friedel et de Bonneville, 1782 à 1788, 12 vol. in-12, contient des pièces de Lessing, de M. Bertuch, de M. le baron d'Albert, de Richter, de Klopstock, de M. Babo, de M. Dayranost, de Schiller, de M. Engel. C'est une immense collection, une belle entreprise, exécutée avec autant de succès que de courage. Les traducteurs nous ont fait un véritable présent, en faisant passer dans notre langue, de vraies beautés, et en nous faisant connoître un théâtre où règne peut-être moins de goût que dans le nôtre; mais où l'on trouve des beautés plus hardies, plus de naturel, plus de mouvemens, et une plus belle simplicité. Il est fâcheux que ces auteurs descendent fréquemment jusqu'au trivial, se perdent dans les détails, épuisent les descriptions, et alambiquent les sentimens; faute de principes fixes, ils n'ont pu encore faire une tragédie régulière.

## M. LAMARTELLIÈRE.

M. Lamartellière a publié, en 1806, 2 vol. in-8°., une traduction du *Théâtre de Schiller*; il ne renferme que trois pièces de cet auteur, *la Conjuration de Fiesque*, *l'Amour et l'Intrigue*, et *Don Carlos*, avec *Abelino*, de M. Zchocke.

Cette traduction est correcte, énergique et élégante. L'auteur a rejeté en notes les passages les plus faits pour choquer le goût français.

# POËTES DRAMATIQUES.

## LES HOLLANDAIS.

La littérature dramatique commença, pour les Hollandais, dès le 14ᵉ. siècle, par leurs *Spreckers*, et leurs *Rendenrykers* dans le siècle suivant. On représenta, comme partout ailleurs, des sujets sacrés ; mais bientôt l'on se permit dans ces pièces tant de traits mordans, tant d'allusions et de licence, qu'elles furent défendues à plusieurs époques. Le docteur Samuel Coster, malgré les excommunications que tous les prédicateurs fulminoient contre lui, fit bâtir, en 1617, à Amsterdam, un théâtre, où l'on joua les meilleures pièces de ce temps-là.

Parmi ces pièces de théâtre, il faut citer surtout celles de Bridero, et de Coster lui-même, les drames peu nombreux de Brandt, historien célèbre, et de Hooft, tout à la fois poëte et historien, et quelques tragédies de Jean Vos d'Anslo.

Les comédies hollandaises sont des espèces de farces, dont le jeu est assez plaisant, mais que des femmes ne peuvent entendre avec bienséance ; personne n'a encore essayé de prendre Molière pour modèle. Il est vrai qu'on a traduit quelques-unes de ses pièces ; mais ce sont des versions littérales qui, représentant le ridicule des Français, sur une scène étrangère, ne sauroient plaire aux spectateurs par des portraits, dont ils ne connoissent point les originaux.

## VONDEL.

Les Hollandais ne sont pas assez prévenus en leur faveur, pour mettre leurs comédies à côté des nôtres : il n'en est pas de même pour le genre tragique ; leur Vondel leur paroît assez fort pour l'opposer à Corneille et à Racine. Ils disent de lui comme d'Homère, que dans quelque siècle qu'il eût vécu, il eût été un grand poëte ; que si, dès sa jeunesse, il avoit par des études perfectionné ses talens, s'il avoit puisé le bon goût dans les sources de l'antiquité, s'il avoit vécu dans un temps, et chez une nation où la poésie eût été cultivée, il auroit égalé, surpassé même les anciens et les modernes : mais il monta sur le Parnasse, sans le secours d'aucune étude ; et il avoit près de trente ans, lorsqu'il commença à apprendre le latin et le français. Les fruits de sa muse offrent, dans quelques endroits, une imagination si noble et si poétique, qu'on souffre de le voir ensuite tomber si souvent dans l'enflure et dans la bassesse. Ses poésies ont été imprimées en neuf volumes ; et celles qui ornent le plus ce recueil, sont les tragédies de *Palamède*, de la *Destruction de Jérusalem*, et de la *Prise d'Amsterdam*, dont on sera peut-être bien aise d'avoir une idée.

Sa tragédie de Palamède fit beaucoup de bruit, en 1625. Dans le personnage de Palamède, il avoit voulu représenter le célèbre Olden Barnewelt, et il se permettoit des expressions très-fortes contre le prince Maurice d'Orange, et le synode de Dordrecht. Il arriva de La Haye, un mandat contre lui, mais les magistrats d'Amsterdam refusèrent de le livrer; cependant on condamna Vondel à une amende de trois cents florins.

Dans la *Destruction de Jérusalem*, l'empereur Titus et le général Librarius paroissent dans le premier acte, pour faire l'éloge du vainqueur de la Judée. Ne croyez pas que ce soit le général qui se charge seul de louer les exploits de son maître; Titus prend lui-même le soin de s'élever jusqu'aux nues. Librarius a prêté quelques traits à l'image que l'empereur vient de tracer de son propre mérite; et toute la scène n'est qu'un combat entre ces deux personnages, à qui exaltera le plus les actions héroïques de Titus. Parmi les juifs dont on entend les plaintes, la fille de Sion tient le premier rang; c'est une grande princesse, escortée de ses dames d'honneur; mais elle a beau pousser des sanglots, elle ne sauroit amollir la dureté barbare de son vainqueur. Elle veut se cacher dans des masures; on découvre sa retraite; et on la force de suivre le monarque, pour servir d'ornement à son triomphe. Siméon, évêque de Jérusalem, qui s'étoit enfui, revient pour voir le lieu de sa résidence. Il est pris pour un espion; mais il dissipe les ombrages, en déclarant

rant qu'il est de la secte paisible des chrétiens ; ensuite il déclame contre la barbarie des Romains. L'ange Gabriel arrive pour le consoler ; il fait voir que la ruine de Jérusalem, si bien méritée par les juifs, avoit été prédite par les prophètes ; et il étale toutes les réflexions qu'il faut tirer de ce funeste événement.

Le sujet de la troisième tragédie est la *Prise d'Amsterdam,* par les partisans de Florent V, comte de Hollande, tué par Gerard de Velsen. Celui-ci étoit neveu de Gilbert d'Amstel, seigneur de cette malheureuse ville ; et il avoit entrepris cet assassinat, parce que le comte avoit violé sa femme ; c'est par-là qu'Amsterdam fut enveloppée dans la vengeance qu'on exerça contre le meurtrier. Cette ville fut prise à peu près de la même manière que l'ancienne Troie : les ennemis ayant fait semblant de se retirer, avoient abandonné un grand vaisseau qui, sous des fagots, cachoit leurs meilleurs soldats. Les assiégeans traînerent ce bâtiment dans la ville ; on devine le reste du sujet. Cet événement, arrivé la nuit de Noël, donne à l'auteur occasion de répandre, à son ordinaire, de l'onction sur le théâtre. On y voit des évêques, des abbés, des abbesses, des moines, des religieuses, qui parlent tous d'une manière digne de leur profession. L'épouse de Gilbert d'Amstel met son habit de dimanche, pour aller à l'église ; on chante des hymnes propres à la célébration d'une fête solennelle ; et l'évêque d'Utrecht entonne dévotement le cantique de Saint Siméon, mis en très-beaux vers hollandais. La ville est au pouvoir de l'ennemi, qui imite la barbarie exercée par Pyrrhus, dans le palais de Priam. Gilbert se retire dans une forteresse, et veut faire embarquer sa femme et ses enfans, pour les dérober aux insultes des vainqueurs. Cette fidèle épouse ne peut se résoudre à quitter son mari ; elle veut subir le même sort ; et toutes les raisons imaginables ne lui font point changer de résolution. Les enfans se mettent de la partie ; et cette tendre contestation ne finiroit pas, si l'archange Gabriel ne venoit terminer la dispute. Il exhorte cette famille désolée à se soumettre à la Providence, et à quitter la ville pour chercher une retraite en Prusse, où il lui promet un bonheur tranquille. Il annonce la future grandeur d'Amsterdam, et le changement de culte qui doit y arriver, après qu'elle aura secoué la tyrannie espagnole. Cette tragédie, ainsi que celle de *Marie d'E-*

*cosse*, et toutes les autres du même auteur, pèchent du côté des règles et du plan.

Les œuvres de Vondel ont été imprimées à Amsterdam, Franeker, etc., de 1646 à 1723, 10 vol. in-4°.

## ANTONIDES.

Antonides, dont les Hollandais estiment beaucoup le poëme sur la rivière de Kj, qui coule à Amsterdam, n'a donné qu'une tragédie, intitulée : *Trazile* ou *la Chine surprise*.

## FEITH.

Feith s'est distingué par des ouvrages d'un grand mérite. Ses plus belles pièces sont : *Inès de Castro*, *Thyrsa*, *Jeanne Gray* et *Mucius Cordus*.

## CATHERINE LESCAILLE.

Catherine Lescaille mérita le nom de dixième Muse. Elle a laissé sept tragédies, qui sont un des plus beaux ornemens du Théâtre Hollandais.

## MADAME DE WINTER.

On connoît de madame Wilhelmine de Winter, plusieurs pièces de théâtre très-estimées, qu'elle composoit avec son mari, auteur du poëme sur l'Amstel. Elle a écrit deux beaux poëmes, *Germanicus*, en seize chants, et *David*, en douze. Elle avoit une imagination ardente et élevée; les caractères de ses pièces historiques sont parfaitement tracés ; elle a des scènes brillantes et bien conduites ; son style est touchant : l'amour de la patrie y est bien senti et rendu avec grandeur.

Les poëtes dramatiques qui ont brillé depuis Vondel, sont en trop grand nombre pour que nous puissions donner la liste complète, même des meilleurs. On ne peut cependant se dispenser de nommer Focquenbrock et Lucas Pater, très-bons poëtes comiques ; Claus Bruyn, nommé le Poëte des Mœurs, auteur de sept tragédies, et de plusieurs pièces tirées de la Bible ; Jean de la Marre, connu par son poëme de Batavia, où il décrit les Indes orientales, et par sa tragédie de Jacqueline de Bavière, etc.

On peut reprocher aux poëtes Hollandais d'à présent, de chercher plus à briller par des traductions que par des pièces originales. Ils ont d'autant plus de tort, que l'histoire de leur pays leur fournit assez de faits et de grands caractères, qu'ils pourroient mettre sur la scène avec beaucoup de succès.

# POËTES DRAMATIQUES.

## LES DANOIS.

Les poëtes Danois ne font point de tragédies ; ils ont quelques scènes du Cid, traduites par Rostaard, le meilleur de leurs poëtes. M. Rahbeck a publié assez récemment une traduction en vers danois du Tancrède de Voltaire. Quelques-uns accusent leur langue de n'être pas propre au tragique ; mais est-il probable qu'un idiome, dont les tons sont si plaintifs, si touchans, ne puisse pas rendre le pathétique ? D'autres prétendent que le caractère de la nation y répugne ; mais comment prétendre qu'un peuple fier, noble, généreux, ne puisse pas avoir d'écrivains qui traitent de grands intérêts, qui connoissent le cœur humain, qui sachent manier les passions ? Si les Danois n'ont pas de tragédies, ce n'est ni la faute du génie, ni celle de la langue ; c'est la faute des circonstances. La scène n'est née parmi eux que vers le milieu du 18e. siècle ; et le langage de leurs poëtes n'est pas encore le langage des dieux.

## HOLBERG.

Le baron d'Holberg a fait vingt-six comédies. Sa manière est exacte et naturelle; il est presque toujours aussi correct que Térence, quelquefois aussi plaisant que Plaute. La lecture des comiques français ne l'a pas gâté. Point de froids dialogues, point de scènes métaphysiques, point de sentimens quintessenciés. Parmi ses compatriotes, les spectateurs d'un goût délicat lui reprochèrent des plaisanteries trop basses, et la profusion de ce gros sel, qui ne pique que le palais du peuple. Ils prétendent que ce poëte n'a ni le ton de la bonne compagnie, ni la connoissance des usages du grand monde; qu'il ne choisit que des mœurs triviales; qu'il auroit dû faire des ridicules brillans, l'objet de ses bons mots; qu'il auroit dû trouver des personnages, des caractères, des travers plus intéressans: mais ces reproches sont outrés; le baron d'Holberg mérite de l'indulgence, en ce qu'il est le père du théâtre de sa nation. *Mélampe, l'Honnête Ambition, la Journalière, Henri et Perrine,* ne sont point des farces. Ces pièces ont été traduites en français par G. Fursman, Copenhague, 1746, in-12.

## POËTES DRAMATIQUES.

### LES RUSSES.

Les représentations théâtrales furent inconnues en Russie, jusqu'au temps de Pierre-le-Grand (vers 1709); celles qu'on y voyoit alors se bornoient à des exercices de rhétorique, en forme de drames et de comédies, que les directeurs de Séminaires faisoient jouer par leurs élèves. Les sujets de ces pièces étoient ordinairement pris dans l'Histoire Sainte. Les mystères les plus saints de la religion étoient représentés d'une manière très-profane; et les ecclésiastiques se fioient assez sur la foi simple de leurs écoliers et des autres laïcs, pour croire qu'elle n'en recevroit aucune atteinte.

### ROSTOWSKY.

Démétrius Rostowsky est le premier poëte dramatique russe. Ses pièces les plus suivies étoient le *Pécheur pénitent*, *Esther et Assuérus*, la *Naissance de Jésus-Christ*, sa *Résurrection*, l'*Assomption de la Sainte-Vierge*. Elles étoient entremêlées d'épisodes allégoriques. L'évêque Rostowsky mourut en 1709.

L'art dramatique étoit encore, comme on voit, dans son enfance en Russie, lorsque la France avoit les chefs-d'œuvres de Corneille, de Racine, de Molière, lorsque Voltaire annonçoit ce qu'il seroit un jour. On joua les drames de Rostowsky jusqu'au milieu du siècle dernier.

Des Français qui vinrent à Moscou, sous le règne du czar Alexis, répandirent en Russie le goût du théâtre. La plupart des comédies de Molière furent traduites en russe, et jouées avec les anciennes pièces religieuses, non-seulement par les écoliers du couvent d'Iconospaskoi, mais même à la cour, sur un théâtre de jeunes amateurs, à la tête desquels étoit la princesse Sophie, sœur de Pierre Ier. Les troubles qui précédèrent et suivirent l'avénement au trône de ce grand monarque, parurent avoir détruit en Russie le goût des spectacles. Mais Pierre-le-Grand eut à peine créé sa nouvelle capitale sur les bords de la Néva, qu'il y parut une troupe de comédiens Allemands : cette troupe se sépara bientôt, et Pétersbourg se trouva sans théâtre.

Sous le règne de l'impératrice Anne, en 1737, on donna le premier opéra italien. Deux ans après, on fit venir une troupe de comédiens Allemands ; mais elle se retira l'année suivante,

suivante, à la mort de l'impératrice. Des acteurs Français furent alors engagés par la Russie; mais ils n'y vinrent qu'après le couronnement d'Élisabeth.

## SUMAROKOW.

Sumarokow, qui s'étoit fait connoître d'abord par des poésies lyriques et didactiques, parut enfin comme poëte dramatique. L'impératrice Catherine fit jouer devant elle sa première tragédie, intitulée *Chorew*, qui fut couverte d'applaudissemens.

Du temps de Sumarokow, le goût du spectacle étoit devenu si général, que non-seulement les premiers personnages de la cour jouoient des pièces russes, mais on vit s'élever des théâtres italiens, français, allemands et même anglais, qui s'y maintinrent plus ou moins de temps.

Sumarokow est un des premiers poëtes tragiques de la Russie. Ses modèles étoient Racine et Voltaire. Il s'acquit la plus grande faveur du peuple Russe par le choix de ses sujets, qu'il prit presque tous dans l'histoire de son pays, et par l'énergie et la fierté qu'il donnoit à ses caractères. Il a donné plusieurs tragédies en vers alexandrins rimés, quelques comédies en prose, où l'on reconnoît la manière de Molière, et deux opéras, *Alceste*, et *Céphale et Procris*. Ses ouvrages ont beaucoup contribué aux progrès de la langue russe; et il en existe peu dans cette langue qu'on puisse leur comparer pour l'harmonie et l'élégance.

M. Pappa do Poulo a donné, en 1801, en 2 vol. in-8°., la traduction du Théâtre de Sumarokow. Elle paroît exécutée avec soin; le style a été revu par M. Théveneau. On trouvera à la suite de cette traduction une épître sur l'utilité du verre, par Mikaïla Lomonosow.

## LOMONOSOW.

Cet auteur, contemporain de Sumarokow, composa des pièces dramatiques, qui ne sont pas les plus estimés de ses ouvrages.

La Russie possède encore plusieurs auteurs dont les pièces se jouent sur le théâtre.

Kniaschin a fait, entr'autres comédies, celle du *Glorieux*, écrite d'un style très-pur; on la donne toujours avec succès. *L'Enfant gâté*, de Denis Van Wiesen, est toujours vu avec plaisir. Ablesimow a fait l'opéra du *Meunier*, qui l'a rendu célèbre : c'est une des pièces favorites des Russes. Bibikow a écrit une seule comédie, le *Corruptible*, qu'on regarde comme une des meilleures du théâtre russe. Alexis Wolchow a fait deux jolies comédies, l'*Amour filial* et l'*Amour propre déjoué*. On a d'Iwan Dmitreswky, l'*Irrésolu*, *Démocrite* et le *Lunatique*. Le major Kopiew et le conseiller intime Cheraskow, sont des auteurs encore vivans.

Le goût des Russes se forme tous les jours ; ils protègent les arts et les sciences. L'immortelle Catherine elle-même leur donna l'exemple. Nous aurions dû mettre cette grande impératrice à la tête des auteurs dont la Russie se glorifie. On lui doit les opéras d'*Iwan Tsarewitsch*, de *Gore Bogatyr*, de *Fedol*, et des comédies, entr'autres le *Philosophe présomptueux*, etc.

Le traducteur du Théâtre de Sumarokow a essayé de nous faire connoître la littérature russe, par des *morceaux* qu'il a traduits en 1800, in-8°. Ces morceaux sont une ode de Trediakowski, plusieurs autres odes de Lomonosow, la première et la seconde Révolte des Strelitz, à Moscow, en 1682, par Sumarokow, une comédie et une tragédie du même auteur.

# POËTES DRAMATIQUES.

## LES CHINOIS.

Les Chinois ont des tragédies, mais elles sont fort différentes des nôtres; on peut en juger par la pièce intitulée, le *Petit Orphelin*, que le Père du Halde nous a donnée d'après la traduction du Père de Premore. Ce drame est entremêlé de chants, placés dans les endroits où il s'agit d'exprimer quelque grand mouvement de l'âme. La règle des trois unités n'y est pas observée; c'est une histoire mise en dialogue, dont les différentes parties sont autant de scènes détachées, qui n'ont d'autre liaison que celle qu'ont entr'elles les actions particulières, exposées par la suite de cette histoire. Il s'agit, dans cette tragédie informe, des aventures d'un enfant depuis sa naissance, jusqu'à ce qu'il eût vengé ses parens; ainsi l'action de la pièce dure environ vingt ans. Voltaire en a profité dans son Orphelin de la Chine, mais en corrigeant les irrégularités barbares de l'original.

La tragédie chinoise a été imprimée séparément, en 1755.

## § III. AUTRES POËTES.
### LES ITALIENS.
### PÉTRARQUE.

Ce poëte tira les lettres de la barbarie où elles étoient encore plongées dans le quatorzième siècle. Il rétablit les bonnes études en Europe ; on lui doit la conservation de beaucoup d'auteurs qui seroient perdus, sans le soin qu'il prit de les rechercher et d'en faire faire des copies. Le Dante, avant lui, avoit donné de l'élévation et du sublime à la langue italienne ; mais il ne lui avoit pas ôté toute sa rudesse : ce prodige étoit réservé à Pétrarque. La langue italienne acquit, sous sa plume, cette facilité, cette abondance, cette harmonie qui semblent être son caractère particulier. Mais n'y a-t-il pas dans tous les éloges qu'on a fait des canzoni de l'amant de Laure, un peu trop d'enthousiasme ? Les poëtes modernes, les Français surtout, ont composé des chansons plus délicates, plus ingénieuses que celles de Pétrarque ; mais on les loue moins, parce qu'elles sont moins anciennes.

L'amour de Pétrarque pour la belle Laure, tout célèbre qu'il est, paroît cependant encore problématique à quelques personnes. Elles ne peuvent concevoir cette passion pour une femme qu'il n'avoit aperçue que par hasard dans une église, qu'il ne vit depuis que rarement à la promenade avec ses compagnes, ou prenant l'air à sa fenêtre, enfin qui fut l'épouse d'un autre, et fort occupée des soins de sa famille ; tandis que Pétrarque, sans cesse dissipé, étoit presque toujours en voyage. Mais, dans ce temps-là, les poëtes se choisissoient chacun une dame pour l'objet de leurs vers ; il y a apparence que Pétrarque ne fit que les imiter, en choisissant la belle Laure. Au reste, si l'on observe que la plupart de ses poésies sont pleines de jeux de mots, de pointes, de tours affectés, qui ne sont guère le langage de l'amour, il faut convenir aussi qu'il y a quelques pièces où ce poëte prend le style du sentiment le plus vif et le plus profond. Je ne connois guère, par exemple, d'ouvrage plus passionné, qu'une ode qui fut faite long-temps après la mort de Laure : c'est sûrement une des meilleures de Pétrarque.

Cette pièce est plutôt une élégie qu'une ode ; et il semble qu'elle peut aller de pair avec les plus belles élégies de Properce. Il y a peut-être moins d'agitations et de fureur ; mais il n'y a pas moins de talent et de sensibilité. Il est bien difficile d'exprimer avec autant de passion, ce qu'on ne ressent que foiblement.

Dans le poëme intitulé le *Triomphe de l'Amour*, l'auteur feint qu'il est transporté dans le lieu où sont rassemblés tous les amans fameux de la fable, et de l'histoire ancienne et moderne. Chacun d'eux raconte fort poétiquement, quoiqu'en abrégé, ses aventures et ses malheurs. À la fin, le poëte voit paroître une jeune beauté, qui devient aussitôt la maîtresse de son cœur. Cet ouvrage offre des détails charmans : vous y trouverez du sentiment et beaucoup d'imagination.

Pétrarque doit être regardé comme le père de la poésie moderne. Nous avions avant lui les troubadours ; mais ils ne peuvent lui être comparés. Il tient la première place parmi les auteurs classiques de l'Italie, et son style y fait loi. Il y a même des enthousiastes qui n'accordent leurs suffrages à des morceaux de poésie, qu'autant qu'ils sont dans le goût et sur les rimes de Pétrarque. C'est dommage que les écrits de cet auteur soient, en général, si monotones : ce sont presque toujours les mêmes idées, les mêmes images, toujours le ton d'une molle langueur.

La première édition de Pétrarque parut à Venise, en 1470, in-4°.

On estime les éditions de Venise, 1756, avec les notes de L. Castelvetro, 2 vol. in-4°., de Paris, Prault, 1768, 2 vol. in-12.

## TRADUCTIONS.

### L'ABBÉ DE SADE.

Nous avons diverses imitations de quelques pièces de vers de ce poëte; mais elles sont répandues çà et là. L'ouvrage où l'on en trouve le plus, est celui que l'abbé de Sade nous a donné en 1764, en 3 vol. in-4°., sous le titre de Mémoires pour la vie de François Pétrarque, tirés de ses œuvres et des auteurs contemporains, avec des notes ou dissertations, et les pièces justificatives. Cet ouvrage renferme non-seulement la vie littéraire et la vie politique de Pétrarque; on y fait entrer une version en vers de tous ses ouvrages, imitation qui tient plus de l'exactitude de la traduction, que de l'élévation de la poésie.

### M. LÉVESQUE.

M. Lévesque, membre de l'Institut, a fait un choix des poésies de Pétrarque, qu'il a traduites

duites en prose dans notre langue, et dont il a formé un volume in-12, imprimé en 1774; on en a fait une nouvelle édition en 1787, partagée en 2 vol. in-18. Ce choix, composé avec beaucoup de discernement, est précédé d'une vie du poëte Italien. Les odes de Pétrarque sont des chefs-d'œuvres. Il y en a plusieurs qui pourroient soutenir la comparaison avec ce que l'antiquité nous a laissé d'excellent dans ce genre. M. Lévesque nous en donne sept ou huit, où il y a des endroits de la plus grande beauté, et qui prouvent combien ont tort ceux qui imaginent qu'on ne trouve dans Pétrarque que des concetti ou des fadeurs; la seconde entr'autres, qu'on a cru adressée au fameux Rienzi, mais qui, selon le sentiment de M. Lévesque et de l'abbé de Sade, paroît bien plus vraisemblablement l'être à Etienne Colonne le jeune, fils de l'ancien, est pleine de chaleur, d'énergie et de sentimens patriotiques.

## M. L'ABBÉ ARNAVON.

Un nouvel historien de Pétrarque (M. l'abbé Arnavon), autrefois prieur de Vaucluse, nous a donné, en 1805, in-8°., *Pétrarque à Vaucluse*. Cet ouvrage est composé de deux parties : la première contient la description de la vallée de Vaucluse ; la deuxième est destinée à faire connoître le héros du livre.

On a du même auteur: *Voyage à Vaucluse*, et *Retour de la fontaine de Vaucluse*.

## RUCCELLAI.

Ce poëte étoit contemporain de l'Arioste ; mais ce n'étoit point son rival. Son poëme intitulé les Abeilles, traduit par M. Pingeron, en 1770, in-12, est plus didactique et bien moins orné que celui de Virgile, quoiqu'en partie tiré de ce poëte. C'est une production qui a cependant son mérite et ses agrémens ; elle est en vers blancs, et très-agréables. C'est dans ce poëme que Ruccellai attribue l'invention de la rime à la nymphe Echo ; idée ingénieuse et qui peint l'effet de ce genre d'ornement. La traduction du poëme est bien faite.

On trouve le poëme des Abeilles réuni à celui de la Culture, d'Alamanni, dans les éditions de Florence, Giunti, 1590, in-8°.; et de Bologne, 1774, in-4°.

## SANNAZAR.

Ce poëte excelloit à faire des vers latins, mais il n'avoit pas négligé sa propre langue ;

et nous avons de lui, en italien, une espèce de pastorale, intitulée *Arcardie*. Ce genre d'ouvrage, mêlé de vers et de récits en prose, a quelque chose de moins frappant que celui qui se soutient par l'action ou la représentation, tels que le Pastor Fido, l'Aminte, et quelques autres ; mais il n'est pas moins susceptible de grandes beautés dans une main aussi habile que celle de Sannazar. Des images riches, agréables et toujours variées, des peintures naturelles de la vie champêtre, font l'ornement de sa prose ; ses vers ont de la force, de la précision, et en plusieurs endroits, on voit un grand fonds de morale philosophique : on y sent un homme dont la vie a essuyé beaucoup de traverses, et qui a formé son jugement dans l'amertume des adversités ; en un mot, au style près, qui, soit par la longueur des phrases, ou par l'usage de certaines expressions, fait quelquefois perdre à la narration une partie de ses grâces, on ne peut s'empêcher d'admirer la fécondité de l'auteur, et l'art qu'il avoit de faire des tableaux agréables.

Ce que Sannazar a écrit en italien, a été imprimé à Padoue, en 1723, in-4°.

## TRADUCTION.

### PECQUET.

Pecquet a donné, en 1737, in-12, une traduction de cette pastorale, où il s'est appliqué à être littéral, sans cependant se rendre esclave de son auteur : cette version est estimable par la douceur de l'expression et la pureté du langage.

### LE BERNI.

François Berni ou Bernia, chanoine de Florence, a donné son nom à une espèce de burlesque, qu'on appelle *Berniesque* en Italie : il excelloit dans ce genre ; c'étoit le Scarron de son pays : il avoit encore le talent de la satire ; et quelques auteurs l'ont mis à la tête des poëtes burlesques Italiens. On a recueilli ses poésies, et l'on en a fait plusieurs éditions : on estime celle de Rolli, Londres, 1721 et 1724, 2 vol. in-8°.

### ANGUILLARA.

La poésie italienne doit à cet auteur, outre une tragédie d'*Œdipe*, une traduction très-estimée des Métamorphoses d'Ovide, en stances de huit vers, mise par les Italiens à côté de l'original. La meilleure édition est celle de Venise, in-4°., 1584, avec de belles figures et des remarques.

## MARCHETTI.

Ce poëte célèbre a donné une infinité d'ouvrages en latin et dans sa langue naturelle; mais le plus connu des Français, et celui peut-être qui a le plus assuré à Marchetti l'immortalité, est sa traduction de Lucrèce. Crescimbeni en a fait les plus grands éloges dans son article sur les traductions; il la met à côté de celles de l'Enéide, par Annibal Caro, et des Métamorphoses d'Ovide, par Anguillara. Marchetti avoit aussi commencé la traduction de l'Enéide en octaves, qu'il n'a poussée que jusqu'au cinquième livre; il n'avoit que seize ans lorsqu'il entreprit ce travail : l'éditeur, rempli de goût, en donne quelques octaves, qui, en effet, décèlent le talent de Marchetti. Il n'y a peut-être pas une traduction en vers mieux faite que celle de Lucrèce en italien; c'est toute la pensée de l'original, toute sa force rendue quelquefois avec autant d'énergie, et presque toujours avec plus de grâce et de facilité. On peut comparer le commencement dans l'un et l'autre poëte, et Marchetti assurément n'est pas inférieur à Lucrèce.

Cette traduction parut à Londres en 1717, in-8º. La meilleure édition est celle qu'a publiée Cambiage, à Londres, en 1779, in-4º.

## M. ALGAROTTI.

L'Assemblée de Cythère est un petit poëme où l'on trouve des idées communes, peu d'invention et beaucoup d'esprit. Ce morceau est élégamment rendu dans notre langue par mademoiselle Menon, 1758, in-12. Sa version joint au mérite d'un style pur et délicat, celui de l'exactitude.

## DOTTI.

Un Romain, qui s'est fixé à Paris, Conti, homme de goût et plein de zèle pour la gloire littéraire de son pays, a publié, en 1758, en deux volumes in-12, petit format, les satires du cavalier Dotti, qu'il possédoit manuscrites. La partie typographique est très-soignée. Des mots vénitiens, souvent employés par le poëte, eussent été difficilement compris ; on en a expliqué à la fin de chaque satire ; on a rendu aussi par des équivalens, certaines expressions proverbiales, dont la valeur n'est sentie que dans des pays où elles sont en usage : tout dépose, en un mot, en faveur des soins que l'intelligent éditeur s'est donnés à tous égards.

Le cavalier Dotti, natif de Lombardie, et qui étoit habitué à Venise, mourut poignardé en 1712, fin tragique qu'il s'attira, selon toutes les apparences, par sa funeste franchise.

## PARINI.

Lorsque les Thompson, les Saint-Lambert, les Bernis et les Zacharie ont voulu chanter les Saisons ou les quatre Parties du Jour, leur Muse, fuyant le séjour tumultueux des cités, s'étoit envolée au loin dans les campagnes, et sur le bord des fontaines, ou au sein des forêts ; la nature prenoit plaisir à se peindre dans leurs tableaux, aussi fraîche et aussi belle que nous l'admirons dans ses ouvrages. Parini n'a pas un goût aussi vif pour les solitudes champêtres. Ses quatre Parties du Jour sont celles qu'on passe à la ville, et dont le détail feroit croire que Rome est bien moins éloigné de Paris que ne le disent nos géographes.

La traduction de cet ouvrage, publiée à Paris, en 1776, petit in-12, avec le texte, sur la sixième édition de l'original faite à Milan, en 1771, est aussi fidèle qu'elle dut l'être pour faire sentir l'auteur Italien. Le traducteur se nomme Jos. Grellet Desprades.

## CASTI.

On trouvera des détails charmans, étincelans d'esprit, et parés de toutes les richesses d'une poésie brillante, dans le poëme des *Animaux parlans*, Paris, Treuttel, 1802, 3 volumes in-8°. La Fontaine va nous en exposer le sujet.

Tout parle en son ouvrage, et même les poissons;
Ce qu'ils disent s'adresse à tous tant que nous sommes,
Il se sert d'animaux pour instruire les hommes.

Le compte que M. Andrieux a rendu de ce poëme dans la Décade Philosophique de l'an X, contient un grand nombre d'imitations en vers. On y reconnoît la grâce piquante et la facilité d'un de nos plus aimables poëtes.

Casti a acquis beaucoup de réputation en Europe par ses *Novelle galanti*, Paris, Molini, 1793, in-8°. Ce sont des chefs-d'œuvres de gaieté, de verve, et surtout de style. Le fonds en est un peu libre, comme celui des Contes de La Fontaine.

Outre les poëmes que nous avons indiqué,
les

les Italiens ont encore plusieurs poëmes didactiques , tant sur la culture en général , que sur des objets particuliers d'industrie champêtre. Ils estiment beaucoup un poëme sur *la Culture*, d'Alamanni , composé en France, et dédié à François premier. La meilleure édition de ce poëme a été faite à Padoue, en 1718, chez Comino, avec le poëme des *Abeilles*.

Il y a eu des Italiens qui ont élevé le Tansillo au-dessus de Pétrarque ; il est auteur d'un poëme intitulé *Il podere*, la Maison de Campagne. Il a paru à Turin en 1769. Son poëme des Larmes de Saint Pierre a été imité par Malherbe.

Valvasone a fait un poëme sur *la Chasse*, qu'il composa dans sa jeunesse ; il a été beaucoup loué par plusieurs poëtes célèbres, et en particulier par le Tasse, dont le témoignage vaut un éloge complet.

La *Riseide*, ou la Culture du Riz, poëme de Spolverini, a été bien accueilli. L'auteur l'a publié à Vérone, en 1758, in-4°., avec de belles figures.

On ne fait pas beaucoup de cas du poëme, intitulé le *Jeu de Cartes*, publié en 1778, par l'abbé Bettinelli.

## LES ESPAGNOLS.

La langue espagnole s'est approprié tous les genres de poésie. Gonzalo de Berceau, moine du monastère de Milan, est le premier qui ait fait des vers en cette langue ; il vivoit au commencement du treizième siècle, et composa la vie de plusieurs saints : il commence ainsi celle d'un Saint Dominique de Silos : « Je veux écrire en vers castillans, » la prose d'un confesseur : c'est le langage » qui se parle entre voisins ; je suis bien » trompé, si mes vers ne valent pas un verre » de bon vin. »

Berceau fut suivi du roi Alphonse, dit le Sage, qui versifia l'histoire d'Alexandre, et composa quelques cantiques. C'est sous son règne que parut le poëte Jean Ruiz, auteur d'un ouvrage où se trouve la guerre entre Don Carnaval et Don Carême.

Carnaval ayant été vaincu la nuit du Mercredi des Cendres, reste malade jusqu'à la Semaine Sainte : ses forces reviennent alors, et le mettent en état de se battre. Secondé d'un brave athlète, qui est le seigneur Déjeuné, il envoie un cartel à Carême, et le Dimanche de Pâques est marqué pour le jour du combat. Carême se trouvant foible, s'habille en pèlerin; et pour éviter un duel qui le tracasse, saute les murs le Samedi Saint et s'échappe. Tout l'ouvrage est rempli de pareils épisodes; l'auteur prend la défense des petites femmes contre les grandes, et finit par ces mots : puisque les grandes ne sont pas meilleures que les petites, il est de la prudence de choisir le moindre mal; et de deux femmes, c'est à la petite qu'il faut donner la préférence.

Tel fut à peu près le goût de la poésie espagnole, jusqu'à la fin du quatorzième siècle; temps où les Français écrivoient, dans une langue barbare, des choses encore plus ridicules.

Jean II, qui mourut vers l'an 1454, favorisa cet art, et lui donna une nouvelle splendeur; on vit alors des ouvrages conduits avec plus de soin, et écrits avec plus de goût. Villena publia un poëme sur les travaux d'Hercule. Perez de Gusman fit paroître des sentences en vers, sur la manière de bien vivre; Lopes de Mendoza fut tout à la fois un auteur galant et moral. On attribue à Rodrigue de Cota une tragédie de Calixte et Mélibée, et une satire contre la cour. Mais celui qui contribua le plus à donner de l'éclat à la poésie, est le célèbre Jean de Mena, natif de Cordoue, qui fut comme le Ronsard de la Castille. Georges Maurique fit des vers très-châtiés, avec plus de facilité qu'aucun autre écrivain de son temps ; on le compare à notre Desportes. On conserve parmi les manuscrits de la Bibliothèque Impériale, à Paris, des poésies du grand philosophe Alonzo de la Torre. Euzima, auteur très-distingué, traduisit en vers les églogues de Virgile, et les ajusta, par d'ingénieuses allusions, aux actions glorieuses des rois Ferdinand et Isabelle. Il composa, sur le même sujet, un petit poëme de la Renommée.

Dans ce siècle heureux pour la poésie, cet art changea de face, et se dépouilla de sa première rudesse. Mena lui fit prendre un ton plus noble ; Maurique en polit le style, et rendit ses rimes plus régulières : Mendoza lui donna la mesure des Provençaux et des Italiens ; Euzima fit naître l'idée de l'imitation, et parler castillan au meilleur des poëtes latins. Mais ce qui acheva de perfectionner ce bel art, fut cette multitude de grands hommes qui parurent au sei-

zième siècle, Jean Boscan, Garcilasso de
la Vega, Diego de Mendoza, Guttiere de
Cerina, Louis de Haro, François de Miranda, Pierre Pudilla, Fernandez de Velasco,
Jérôme Bermudez, Lopé de Vega, François de Médiano, Fernand de Herrera, Manuel de Villegas, Louis de Léon, Rebolledo,
Ulloa, Espinosa, Quevedo, Espinal, etc.

La poésie devoit naturellement fleurir avec
les autres arts qu'on cultivoit alors dans ce
pays; mais après les avoir suivis pas à pas,
elle tomba dans une langueur, dont elle
s'est à peine relevée. Les Italiens, de qui les
auteurs Espagnols avoient d'abord reçu des
leçons, contribuèrent à cette décadence.
Le faux éclat des concetti, des pointes, des
métaphores, des antithèses, des allusions,
des équivoques, passa de l'Italie en Castille,
et devint le goût dominant de la nation. Les
poëtes du seizième siècle, renonçant aux bonnes études pour s'abandonner à la subtilité
de leur esprit, oublièrent jusqu'aux règles
de l'art ; les uns introduisoient sur le théâtre le défaut de régularité et de décence,
le prodigieux et le pédantisme, l'enflure et le
grotesque; les autres firent consister le mérite d'un ouvrage dans le raffinement, l'affec-

tation, l'obscurité ou le précieux. Quelques-uns se servirent de mots nouveaux, de termes sonores, d'expressions emphatiques, de constructions extraordinaires, d'un jargon étranger, au milieu même de leur nation. On cite pour inventeur de ce dernier genre, don Louis de Gongora, qui fut, comme notre Marivaux, le patriarche d'une secte particulière d'écrivains. Les beaux esprits, séduits par cette nouveauté, l'imitèrent avec tant de succès et d'excès, qu'ils déshonorèrent leur chef, et se rendirent avec lui l'objet de la raillerie de leur siècle. Ainsi le goût de la bonne littérature commença à se corrompre en Espagne par Gongora, comme à Athènes par Lycophron, à Rome par Pline et Sénèque, en Italie par Marino, en Angleterre par Cibber, et en France par Marivaux.

Les Espagnols comptent plus de quatre-vingts poëmes épiques ; et le seul qui jouisse de quelque célébrité, est l'*Araucana* de don Alonzo d'Ercilla, dont nous avons fait mention. Eh! comment y auroit-il de bons poëmes chez une nation qui ne veut s'assujettir à aucune règle? Son enthousiasme est presque toujours une fièvre chaude ; son

Pégase, un cheval échappé; son hippocrène enivre comme l'eau-de-vie. Les Espagnols versifient comme ils aiment. Ils ont une quantité étonnante de romances qu'ils savent par cœur, et chantent toujours sur le même air, en s'accompagnant désagréablement de leurs discordantes guitares.

On divise ces sortes de pièces en deux genres : les unes sont héroïques, et roulent sur un trait d'histoire, avantageux à la nation ; les autres ressemblent à nos vaudevilles, mais il s'en faut bien qu'elles en aient la vivacité, la finesse et le sel. C'étoit une espèce de romance, qu'un certain morceau de poésie de Sainte Thérèse, connu en France par la traduction de la Monnoie. La sainte a déclaré que ces vers étoient une production de son amour, et non pas de son esprit; et c'est le seul de ses ouvrages qu'Arnauld d'Andilly n'a osé traduire. Chaque couplet ou chaque stance est terminé par ces vers :

*Que muero porque no muero.*
Je me meurs de regret de ne pouvoir mourir.

## THOMAS DE YRIARTE.

Le poëme de la Musique, publié par cet auteur, 1784, in-8°., est un des poëmes espagnols modernes le plus généralement estimé. Dire qu'il a été imprimé par le célèbre Bodoni, c'est faire assez l'éloge de son exécution typographique. L'annonce d'une traduction française de cet ouvrage, par feu M. Grainville (Paris, 1799, in-12), avoit fait espérer à tous les amateurs une acquisition nouvelle pour l'art et pour notre littérature; mais cette espérance a été trompée, et l'ouvrage est à recommencer.

M. Lhomandie nous a donné, en l'an XII, une traduction aussi médiocre des fables du même Thomas de Yriarte, qui ne méritoient guère de passer dans la langue de La Fontaine.

## LES PORTUGAIS.

Les journaux, qui multiplient les ailes de la Renommée, n'étant point établis en Portugal, n'ont pu nous rien apprendre de la littérature de ce pays; et la Lusiade du Camoëns, dont nous avons parlé plus haut, est presque le seul ouvrage qui nous donne une idée de la poésie lusitanienne. Elle s'honore cependant encore de l'*Ulyssée* de Péreïra de Castro, de la *Fondation de Lisbonne* par Antoine de Souza, du poëme de *Macchabée* par Michel Sylveira, de celui
*d'Alphonse*

d'*Alphonse* par Vasconcellos, du *Portugal reconquis* de don Ménezès, et de la *Henriade* par son fils, le comte d'Ericeira. D'autres poëtes, comme Baccellar, Montemayor, Ribeiro, Emmanuel et Rodrigue Lobos, se sont distingués dans le genre pastoral. Nous ne devons pas oublier Sa-da-Miranda, dont les églogues lui ont mérité le nom de Virgile Portugais, comme à Rodrigue Lobos celui de Théocrite. Miranda est le premier qui ait montré la satire aux gens de sa nation: elle s'introduisit à la cour sous les habillemens de la comédie. Don Fernand de Soto-Mayor, qui avoit épousé une petite-fille de ce poëte, faisoit tant de cas de ses manuscrits, qu'il les prit pour une somme considérable de la dot de sa femme. On connoît de Joseph Freyre, une centurie d'épigrammes; de Flavio Jacobo, deux volumes de distiques moraux; de Diegue d'Andrade, un poëme sur les victoires des Indiens; d'Henri de Gomez, un poëme héroïque de Samson; d'Antoine de Reys, la fable de Poliphême, et une grande partie des Méthamorphoses d'Ovide, en vers burlesques. Le savetier Bandora fut à la fois le Nostradamus et le Maître-Adam des Portugais. Poëte et prophète, c'en étoit trop pour ne pas devenir l'objet de l'attention du Saint-Office. Aussi étoit-il un des criminels qui furent jugés à l'Auto-da-Fé de 1641 ; mais il en fut quitte pour quelques mois de prison. On assure qu'il avoit prédit dans ses vers, la révolution qui a mis sur le trône la maison de Bragance. Ce pays se glorifie encore des poésies du Père Caétano de Lima, d'Eustache d'Almeida, et de MM. Pereïra da Costa, Félix Mendez, Villar-Mayor, Texeira, etc.

# LES ANGLAIS.

## CHAUCER.

Les Anglais regardent Chaucer comme le créateur et le père de leur poésie. Le lieu de sa naissance est aussi incertain que la patrie d'Homère. Plusieurs comtés d'Angleterre se disputent l'honneur de lui avoir donné le jour. On sait qu'il vivoit au quatorzième siècle, sous le règne d'Edouard III, de Richard II et de Henri IV, dont il fut le poëte, l'allié et l'ami. La poésie fut sa principale occupation ; c'est le Ronsard de la Grande Bretagne, mais avec plus de mérite que celui de France. Il respire dans ses ouvrages cette naïveté qui fait le caractère de la littérature naissante, comme la prodigalité du bel esprit en présage la décadence.

Dans ses voyages, Chaucer s'étoit lié d'amitié avec Pétrarque ; mais tandis que ce dernier créoit, pour ainsi dire, la langue et la poésie toscanes, les progrès des arts étoient beaucoup plus lents en Angleterre. Dans les contes du poëte Britannique, les prêtres et les moines ne paroissent pas moins souvent sur la scène, que dans ceux de Bocace. Il en vouloit surtout aux fraudes pieuses, qui, dans ces siècles d'ignorance, défiguroient la religion. La plupart de ses autres poëmes sont des allégories dans le goût de celles de Pétrarque. Il écrivit aussi plusieurs élégies sur des sujets tirés de la fable ou des romans de son temps. Il composa des poésies morales et chrétiennes pour des princesses ses protectrices. Il fit des fables, des ballades et des chansons ; et le style enjoué, sérieux, tendre et galant lui fut également familier. Un monument élevé à sa gloire, dans l'abbaye de Westminster, l'offre sans cesse aux yeux de la nation et des étrangers. Un autre monument encore plus durable, est une très-belle édition de ses œuvres, en 2 vol. in-folio, imprimés en 1721, à Londres, avec une explication des expressions surannées; car les Anglais d'aujourd'hui ont de la peine à l'entendre.

## SPENSER.

Cet auteur excella dans tous les genres, et fut comme le fondateur du second âge de la poésie anglaise. Son origine paroît assez obscure. Il naquit à Londres, fit ses études à Cambridge, et n'eut d'appui que son talent. s'étant retiré à la campagne chez un ami, il devint amoureux de cette Rosalinde, qu'il a tant célébrée dans ses poésies pastorales, et dont il ne chanta que les rigueurs. Cette belle inhumaine ne se lassa point de fournir matière aux plaintes touchantes dont ce poëte malheureux remplissoit ses églogues.

Spenser rechercha la protection de Sidney, le Mécène des beaux esprits de son temps, et lui-même très-bel esprit. Avant que de se présenter, il voulut le prévenir en sa faveur, et lui envoya le chant de son poëme de la *Reine des Fées*, où se trouve l'admirable description du désespoir. Sidney en eut à peine lu quelques stances, que dans le transport de son admiration, il ordonna à son intendant de porter cinquante guinées à la personne qui lui avoit remis ces vers. Mais continuant de lire, et son extase augmentant à chaque page, il ajouta encore cinquante guinées, avec ordre de se dépêcher, de peur qu'en lisant davantage il n'épuisât toute sa fortune.

Le ton du sentiment règne dans tous les ouvrages de Spenser; où la vérité des peintures produit une douce illusion. On se croit transporté dans un séjour d'enchantemens, entouré de nymphes, et en conversation avec les Grâces. Ce poëte a beaucoup d'invention, de grandeur et de feu, et encore plus d'irrégularité et d'inégalité. Son poëme de la *Reine des Fées* est en douze chants, ou pour mieux dire en douze poëmes, chaque chant ayant son héros.

On estime l'édition des œuvres de Spenser, Londres, 1715, 6 vol. in-8°.

## COWLEY.

Cet auteur a laissé imparfait un poëme épique, dont le sujet est tiré de l'Histoire Sainte. Ce sont les infortunes de David, où l'on remarque quelqu'imagination. Il montra du goût pour tous les genres de poésie, excepté pour le dramatique, et fut dans tous les genres un auteur médiocre. Quelques traits anacréontiques plaisent par leur facilité et leur enjouement ; mais ses ouvrages, en général, ne présentent que des sentimens forcés, de languissantes allégories, et des pointes ou affectées, ou plates, ou ridicules. Dans une ode intitulée l'*Extase*, il appelle S. Paul le Christophe Colomb du grand univers, parce que cet apôtre a découvert un troisième ciel, comme Colomb un nouveau monde. Cowley fut employé dans les affaires importantes par les rois Charles I<sup>er</sup>. et Charles II, auxquels il parut toujours fidèlement attaché. Ce dernier l'honora jusqu'à sa mort de son estime et de ses bienfaits.

L'édition des œuvres de Cowley, Londres, 1721, 2 vol. in-8°., est recherchée.

La *Chronique*, espèce d'ode ou de chanson, brille de grâce et d'enjouement ; c'est une de ces inspirations heureuses, de ces originalités sans modèles et sans imitateurs. M. Hennet a traduit cette pièce, page 27, tome III de la *Poétique Anglaise*.

## WALLER.

Edmon Waller, l'Ovide et le Chaulieu de l'Angleterre, étoit contemporain de Voiture, de La Fontaine, de Saint-Evremond et de la célèbre duchesse de Mazarin, avec lesquels il entretenoit des relations. Il était galant dans ses mœurs et dans ses écrits, où l'on reconnoît un esprit délicat et élevé. Il a fait des vers en l'honneur de tous les princes sous lesquels il a vécu; et comme Charles II lui reprochoit qu'il en avoit composé de meilleurs pour Cromwel que pour lui : « C'est, répondit Waller, » que les poëtes réussissent mieux dans les » fictions que dans les vérités. » Son ode du *Triple Combat* est ingénieuse. Il suppose que trois femmes, la duchesse de Mazarin, la duchesse de Porstmouth, et une autre qu'il nomme Chloris, se disputent à l'envi le cœur de Charles II; l'Amour refuse de se déclarer; il craint que celles qu'il aura négligées, ne cessent de lui être fidèles.

Waller eut à Londres la même réputation dont Voiture jouissoit à Paris, et il la méritoit mieux. Voiture vint dans un temps où l'on sortoit de la barbarie : on vouloit avoir de l'esprit, et l'on cherchoit des tours au lieu de pensées. Né avec un génie frivole et facile, il fut le premier qui brilla dans cette aurore de notre littérature. Waller, meilleur que lui, n'étoit pas encore parfait. Ses poésies galantes sont froides et négligées; ses ouvrages sérieux sont d'une rigueur qu'on ne devoit pas attendre de la mollesse de ses autres pièces.

On en prendra une idée dans les *stances à une dame jouant du luth*, traduites par M. Hennet, tom. III, pag. 13 de la *Poétique Anglaise*.

Le panégyrique de Cromwell est le premier monument de la poésie anglaise. Peut-être y trouvera-t-on un trop grand luxe d'idées, trop d'emphase, trop de ce que les Anglais appellent *bombast*. Chaque stance est terminée par une pensée saillante. M. Hennet a traduit celles qui lui ont paru les plus belles; *Poétique Anglaise*, tom. III, pag. 15.

Il a été fait une édition des poésies de Waller à Edimbourg, en 1773, in-8°.

## DRYDEN.

Dryden a eu et conserve encore, parmi les Anglais, la réputation de bon écrivain et et de bon poëte. C'est le grand critique des Anglais, quoique lui-même ait souvent donné prise à la critique. Il s'accommodoit des plus beaux endroits de nos poëtes, et ne manquoit pas ensuite de censurer, dans une préface, la pièce française dont il avoit emprunté les meilleurs traits. Plus il devoit à un auteur étranger, plus il affectoit, pour mieux cacher son larcin, d'en parler avec mépris; bien différent des voleurs Anglais, qui sont du moins très-polis, pour l'ordinaire, à l'égard de ceux qu'ils dévalisent. L'orgueil anglais a fait dire que Dryden déroboit nos écrivains, comme ceux qui volent les enfans des gueux, pour avoir le plaisir de les mieux habiller.

Le premier ouvrage qui ait annoncé ce poëte dans le monde, est son *Retour d'Astrée*, à l'occasion de l'avénement de Charles II au trône d'Angleterre. Il en fut récompensé par la charge de poëte de la cour; à laquelle on joignit celle d'historiographe. Il entra ensuite dans la carrière dramatique; et chaque année il donnoit une ou deux pièces de théâtre.

Son ode pour la *Sainte Cécile* donna l'idée à Pope d'en composer une sur le même sujet ; mais les pensées de Pope n'ont pas la même élévation. On admire le pouvoir de la musique sur l'âme d'Alexandre dans tout le cours de l'ode de Dryden, et l'on est attendri sur le malheur d'Orphée dans l'ode de Pope. La première est écrite avec tout le feu du génie, et la seconde doit son mérite à l'harmonie imitative des vers.

Aussi M. Hennet a-t-il mieux réussi à traduire l'ode de Dryden, le chef-d'œuvre de la poésie lyrique, que la belle imitation de Pope ; *Poétique Anglaise*, tome III, pag. 69 et 191.

Dryden a aussi écrit sur la théologie, sur la politique, sur les arts ; mais de tous ses travaux littéraires, ceux qui ont le mieux établi sa réputation, sont ses traductions en vers d'un grand nombre de poëtes Latins. Celle de Virgile est son chef-d'œuvre. Une partie de Juvenal, Perse entier, presque tout Ovide, les fables anciennes et modernes tirées d'Homère, de Bocace, de Chaucer, se succédèrent rapidement. On remarque dans ses idées, la grandeur, le brillant et la fécondité de l'imagination ; dans ses vers, la douceur, la force, l'harmonie, la facilité, la richesse des rimes ; dans sa prose, la clarté, le nombre, les grâces et les ornemens, sans l'emphase boursouflée du style poétique.

Ses œuvres mêlées ont été imprimées à Londres, en 1760, 4 vol. in 8°.

## POMFRET.

Le *Choix de Vie* de Pomfret ne se ressent en aucune façon de l'humeur sombre et mélancolique qu'on attribue communément aux Anglais. C'est l'ouvrage d'un épicurien délicat, qui sait en quoi consistent les véritables agrémens de la vie. Ce morceau peut servir de pendant à l'épigramme si connue de Martial : *Vitam quæ faciunt beatiorem.*

M. Trochereau a publié, en 1749, un volume in-12, intitulé : *Choix de différens morceaux de poésie*, traduits (en prose) de l'anglais, à la tête duquel est un discours préliminaire, dicté par la raison, et par l'impartialité. Il rend hommage aux talens supérieurs des grands hommes dont il est l'interprète. Ce recueil renferme la traduction de l'*Essai sur la Poésie*, par milord duc de Buckingham; de l'*Essai sur la manière de traduire les poëtes*, par milord comte de Roscomond; du *Temple de la Renommée*, par Pope; de l'*Ode sur le pouvoir de la Musique*, par Dryden; et du *Choix de Vie*, par Pomfret.

Les poésies de Pomfret ont été imprimées à Glascou, par Foulis, 1751, in-8°.

## PRIOR.

Prior a laissé un grand nombre d'odes, de ballades, et de pièces anacréontiques, dans lesquelles on trouve un esprit fin et délicat, une imagination brillante et un goût exquis : on ne compte pas dans ce nombre, sa parodie de l'ode de Boileau, sur la prise de Namur. Les Anglais ayant repris cette ville, leurs poëtes triomphèrent à leur tour; mais ils ne gardèrent ni modération, ni décence dans leurs satires. Celle de Prior contre Despréaux, contre nos généraux, contre Louis XIV, est si outrée, que nous ne nous permettrons pas d'en citer une strophe.

Voyez l'édition de Prior, Edimbourg, 1773, 2 vol. in-8°.

M. Hennet a traduit quelques petites pièces de Prior dans le III°. volume de la *Poétique Anglaise*.

## PARNELL.

Quoique le génie des Anglais les porte plutôt à suivre l'impétuosité de Pindare, qu'à goûter les grâces d'Anacréon, ce dernier a cependant trouvé parmi eux quelques imitateurs. Le poëte le plus connu en ce genre, après Prior et Waller, est Guillaume Parnell, archidiacre d'une église d'Angleterre, et l'ami particulier de tous les beaux esprits de son temps. Il est aussi l'auteur de plusieurs contes, et en particulier de celui de l'Ermite, dont le roman de Zadig paroît être une imitation, et que Parnell avoit lui-même imité d'une histoire tirée du vieux Howel, laquelle se trouve aussi dans le Talmud.

On a une bonne édition de Parnell, Édimbourg, 1773, in-8°.

M. Hennet a adopté les changemens que Voltaire a faits à ce conte, dans la traduction qu'on trouvera p. 107 *de la Poétique Anglaise*, tome III.

Après l'*Essai sur la Critique de Pope*, dit M. Hennet, le meilleur ouvrage anglais dans ce genre, est l'*Essai sur les différens styles en poésie*. Il en a inseré une traduction en vers dans sa *Poétique Anglaise*, tome III, page 99.

## MILADY MONTAGU.

Cette dame, par une singularité bizarre, a fait des églogues de ville et de cour, qui portent le nom des six jours de la semaine : dans la première, intitulée le *Lundi et l'Antichambre*, la femme de chambre d'une dame se plaint que sa maîtresse l'a chassée pour en prendre une autre. Dans le *Mardi* ou *le Café de Saint James*, deux jeunes gens prétendent l'emporter l'un sur l'autre en bonnes fortunes : le plus avantageux se vante que toutes les femmes boivent à sa santé ; l'autre répond que boire à la santé de quelqu'un, n'est pas toujours une faveur, etc.

M. Anson, qui a traduit, d'une manière élégante, les lettres de milady Montagu, les a accompagnées des poésies de cette dame célèbre, traduites en français par M. Germain Garnier, sénateur.

## SAVAGE.

La vie de ce poëte a été remplie d'infortunes, et l'on n'a pas d'exemple de l'acharnement que mit à les lui causer, sa propre mère. Cette vie, écrite par Johnson, est une des plus attachantes de son recueil et celle qui l'encouragea à composer ses vies des poëtes anglais. Savage s'est immortalisé en publiant les indignes procédés de sa mère, dans le poëme du *Bâtard*, poëme dont le début est remarquable par la vivacité des saillies et l'énumération pompeuse des avantages d'une basse naissance, et dont la fin est remplie de sentimens pathétiques et du récit de ses infortunes.

On en trouve une traduction dans la *Poétique Anglaise* de M. Hennet, tom. III, p. 261.

Les poëmes de Savage ont été recueillis à Londres, en 2 vol. in-8°., avec sa vie par Johnson.

La vie de Savage a été traduite par le Tourneur.

## WALSH.

Les Anglais ont traité avec succès le genre pastoral. Pope, Walsh et Gay en ont fixé les principes par leurs préceptes, et marqué les beautés par leurs exemples. Ils ont fait des églogues excellentes et des discours judicieux sur ce genre de poésie. Guillaume Walsh, né dans le comté de Worcester, posséda une charge considérable à la cour de la reine Anne. Dryden le regardoit comme le meilleur critique de sa nation ; et Pope, encore jeune, eut le bonheur de l'avoir pour maître. Il mourut en 1708, âgé seulement de quarante-cinq ans. Il a laissé un recueil de Lettres Galantes, qui n'ont ni la finesse, ni la légèreté des nôtres. Il y parle souvent de se pendre ou de se noyer, par un désespoir amoureux ; mais il conseille à sa maîtresse de ne faire ni l'un ni l'autre, de peur de se faire mal ou de mouiller ses habits.

## GAY.

Les fables de Gay manquent d'invention et de sel ; les réflexions en sont trop longues, et la chute n'en est point heureuse. Gay ne ressembloit à La Fontaine, que par une indolence excessive, et une entière indifférence pour ses intérêts. On préfère ses pastorales à toutes ses autres productions ; et parmi ses poésies diverses, il y en a quelques-unes d'un tour heureux et agréable.

Ses fables ont été traduites en français par madame de Keralio, 1759, in-12.

Les poëmes de Gay ont été imprimés à Edimbourg, 1773, 2 vol. in-8°.

POPE

## POPE.

Une des principales productions de Pope, est l'Essai sur la Critique. C'est un poëme didactique, rempli de préceptes et de règles, où les observations se suivent, comme dans l'Art Poétique d'Horace, sans cette régularité méthodique qu'on eût exigée d'un écrivain en prose. On le compara, lorsqu'il parut, à l'Art Poétique de Boileau, si même on ne le mit au-dessus. Il y a cependant une grande différence entre ces deux morceaux; on doute que les critiques Français eussent été aussi indulgens que les Anglais, si ce poëme eût été enfanté par une de nos Muses. L'ordre et la liaison y manquent absolument : rien n'y fixe l'esprit; et il est difficile d'en lire deux chants sans fatigue. On alléguera peut-être en faveur de Pope, l'Epître aux Pisons, autrement l'Art Poétique d'Horace, où les préceptes sont pêle-mêle. On peut répondre que c'est un très-grand défaut dans le poëte Latin; parce qu'il est évident qu'un ouvrage un peu long, surtout un ouvrage didactique, où tout est confus, lasse nécessairement. Aussi Despréaux, malgré sa vénération pour les anciens, n'a eu garde de se livrer à un pareil désordre ; et c'est ce qui rend son Art Poétique si supérieur à celui d'Horace et au poëme de Pope ; au reste, ce défaut de méthode est commun à tous les écrivains Anglais : ils ignorent encore l'art de lier les idées, de placer les ornemens, de maîtriser les imaginations.

Le but de cet Essai, autant qu'on peut le saisir, est d'apprendre à connoître la portée de son génie, à démêler les différences presqu'infinies qui se trouvent entre les esprits. L'auteur découvre les causes de nos erreurs et de nos faux jugemens ; les sources où il faut puiser pour se former le goût ; en quoi consiste la véritable beauté des ouvrages d'esprit ; avec quelles précautions on doit les lire, pour y discerner le bon du mauvais ; et en général, quelles sont les qualités qui font non-seulement les bons critiques, mais encore les bons auteurs.

Cet ouvrage, traduit en français par M. de Silhouette, qui s'est attaché à la fidélité littérale, a été imité en vers par l'abbé du Resnel. Quoiqu'il y ait, dans la traduction de celui-ci, un très-grand nombre de très-beaux vers, rien néanmoins n'y attache l'esprit ; parce qu'on n'y trouve aucun ordre, aucune liaison, aucune analogie dans les pensées ; et en cela, la copie ressemble parfaitement à l'original. M. Robeton, conseiller et secrétaire du roi George, fut le premier qui traduisit en vers français, l'Essai sur la Critique ; mais on a jugé peu favorablement de son travail.

M. Aignan a donné, en 1801, une traduction du même Essai, en vers libres.

Ce nouveau traducteur de l'Essai sur la Critique, de Pope, paroît avoir senti toute la difficulté de son entreprise, et ne s'est pas fait illusion sur ses moyens. Au lieu de défigurer son auteur par une imitation soi-disant libre, il s'est constamment attaché à suivre son modèle; il s'est seulement permis de substituer des noms français à des noms étrangers qu'on ne connoît pas. En général, on peut dire qu'il a réussi à nous donner une traduction en vers libres, à la fois fidèle et élégante, d'un poëme de Pope, ainsi que de deux discours qui suivent l'Essai sur la Critique.

Il existe une autre traduction en vers, de l'Essai sur la Critique, par le célèbre Hamilton, qui étoit connue en manuscrit depuis long-temps : M. Renouard l'insérera dans la belle édition qu'il prépare des œuvres de l'auteur. Elle nous a paru moins élégante, mais plus fidèle que celle de l'abbé du Resnel.

L'Essai sur l'Homme, du même écrivain, est bien supérieur à son Essai sur la Critique, par le grand nombre d'idées neuves, élevées, hardies, exprimées d'une manière vive et énergique ; mais quelquefois trop concise, source de fatigue pour le lecteur. Ce qui paroît obscur, n'est peut-être qu'extrêmement profond ; et l'on peut appliquer à Pope la réponse que Socrate fit à Euripide, qui lui demandoit son sentiment sur les écrits d'Héraclite : ce que j'entends est plein de force ; je crois qu'il en est de même de ce que je n'entends pas. Cette apparente obscurité vient autant du sujet, que de la manière dont il est traité.

Nous avons plusieurs traductions de cet ouvrage : celle de M. de Silhouette est estimable par la force et par l'élégance de son style. La traduction en vers par l'abbé du Resnel, est une preuve de la ressource qu'un homme d'esprit et de goût peut trouver dans l'élégante clarté et dans la douce énergie de notre langue ; mais son but semble avoir été plutôt de se faire lire par les Français, que de laisser à son auteur l'air étranger, qui ne peut souvent lui être conservé qu'aux dépens de la justesse et de la saine élocution. M. Millot a aussi donné une traduction de l'Essai sur l'Homme, en 1761, in-12, qui passe pour élégante et fidèle.

M. de Fontanes a publié, en 1783, in-8°., une nouvelle traduction de l'*Essai sur l'Homme*, en vers français, précédée d'un discours et suivie de notes. S'il y a évité quelques-uns des défauts reprochés à l'abbé du Resnel, il a eu pour cela beaucoup d'avantages, puisqu'il tourne infiniment mieux des vers que son prédécesseur ; mais il est tombé dans des défauts opposés. En cherchant à être précis, il a quelquefois de la sécheresse et de l'obscurité. Son discours préliminaire offre d'excellens principes de littérature et de philosophie.

Pope, dans ses pastorales, s'est attaché à marquer les travaux champêtres de chaque saison, les scènes rustiques ou les lieux propres à ces travaux ; les différens âges de l'homme, les passions de chaque âge, etc. Ce n'est pas à ce titre seul que ces pastorales sont estimables : tous les connoisseurs y retrouvent le bon goût de l'antiquité ; l'esprit n'y pétille point mal à propos ; les pensées sont naturelles, les vers très-doux et très-harmonieux pour des oreilles anglaises. Ce qui en relève encore le mérite, et ce qu'on ne doit pas ignorer, c'est que Pope les composa à seize ans, et que dans un âge plus avancé il en fut content, et les regarda toujours comme ce qu'il avoit fait de meilleur.

Pope emprunte librement des anciens ; mais ce qu'il y mêle du sien, n'est point au-dessous de ce qu'il prend d'eux. Virgile n'a rien écrit de meilleur en ce genre. L'auteur anglais ne publia ses églogues, que cinq ans après qu'il les eût composées. Il recueillit, pendant cet intervalle, les avis des gens de goût ; car nul écrivain ne prenoit plus de soin de ses ouvrages avant l'impression, ni ne s'en inquiétoit moins ensuite. Ses pastorales sont au nombre de six : les quatre Saisons, le Messie et la Forêt de Windsor, en font le sujet.

C'est particulièrement dans l'épître d'Héloïse à Abailard, qu'on peut appliquer à notre poëte, ce qu'en dit Voltaire, qu'il a réduit les sifflemens aigres de la trompette anglaise, aux sons doux de la flûte. Pope y peint avec des traits de feu, les combats de la nature et de la grâce; c'est une image enflammée de l'amour le plus violent. Cette épître est une imitation amplifiée et poétique de celle de l'amante d'Abailard, monument cher et immortel de leur esprit, de leur goût, de leur tendresse, de leurs infortunes, de leur foiblesse, de leur pénitence. On connoît la belle traduction de M. Colardeau, faite d'après celle du poëte Anglais. On en a donné d'autres en prose et en vers, qui, après celle-ci, ne méritent plus d'être nommées.

En 1710, Pope composa son *Temple de la Renommée*; ce temple, la demeure des conquérans, des héros et des sages, est représenté sous la figure d'un carré, avec quatre portes toujours ouvertes; dans le sanctuaire, se trouvent les bustes d'Homère, de Virgile, de Pindare, d'Horace, d'Aristote et de Cicéron; la Renommée est au milieu d'eux; elle y reçoit l'encens et les vœux d'une foule d'adorateurs. On a reproché à l'auteur, de s'être trop abandonné au feu de son imagination, sans égard à la vraisemblance, et d'avoir mis peu d'ordre dans son poëme; défaut ordinaire des écrits de ce poëte et de tous les ouvrages anglais.

Trochereau a traduit le Temple de la Renommée.

Le succès qu'a obtenu la traduction de la Forêt de Windsor, en vers, par M. Boisjolin, fait regretter que cet estimable traducteur s'en soit tenu à ce premier essai ; son travail a toute l'élégance et l'éclat de l'original. Nous ne faisons que répéter en prose commune, ce que M. Fontanes a dit en vers charmans, à M. Boisjolin, dans une épître sur l'Emploi du Temps. On la trouvera dans le N°. IX de la Décade Philosophique, 12°. année, p. 358.

Il avoit déjà paru une traduction en prose, de la *Forêt de Windsor*, en 1753, par de Lustrac ; celle-ci fut donnée avec les poésies pastorales et le discours de Pope sur ce genre de poésie ; et le tout formoit un volume. Malgré une infinité de fautes qu'on a reprochées à de Lustrac, comme de ne connoître ni la langue anglaise, ni la sienne propre, sa traduction des églogues de Pope a un mérite, c'est qu'on a mis les vers anglais à côté du français ; ce qui pourra faire plaisir à ceux qui se contenteront de lire l'original.

On

On sait gré à M. de Joncourt, qui a recueilli les traductions de Pope, en huit volumes in-12, d'avoir fait entrer dans son choix la version de l'Essai sur la Critique, et de l'Essai sur l'Homme, par l'abbé du Resnel et par M. de Silhouette. M. de Seré, ancien conseiller au Parlement de Paris, et le baron de Schleinitz, ont aussi publié une traduction en prose de l'Essai sur l'Homme, celui de tous les ouvrages du poëte Anglais qui lui a donné parmi nous le plus de célébrité, et lui a attiré dans son pays le plus de louanges et le moins de censures. Une version en prose du Temple de la Renommée, faite par M. Trochereau, et une en vers, par madame du Bocage, grossissent encore cette collection.

Madame d'Arconville publia, en 1764, un mélange de poésies anglaises, en un volume, où se trouve une autre traduction en prose, du même Temple de la Renommée ; elle y a joint *l'Essai sur la Poésie*, de Jean Sheffield, duc de Buckingham, et un poëme de Prior, intitulé *Henri et Emma*, imité de la *belle Brune*, de Chaucer. Le dernier ouvrage, malgré les défauts de goût qui s'y trouvent, est plein de grâces et de sentiment, et respire cette vérité qui est propre à tous les cœurs. Il y a de l'élégance dans la traduction; mais la force de l'expression anglaise est quelquefois énervée; et la première qualité d'une traduction, est de conserver le génie de la langue originale.

Pope a laissé des épîtres morales, des satires, des odes, des fables, des épitaphes, des prologues et des épilogues, qui sont regardés comme des chefs-d'œuvres dans leur genre. La première de ses épîtres morales traite du bon et du mauvais goût, dans l'usage des richesses : cette épître est agréable par son sujet, ingénieuse par ses détails, solide par ses principes, intéressante par ses sentimens ; elle présente un morceau important, qui est le caractère de Timon. On en fit des applications au duc de Chandos; ce qui causa du chagrin au poëte, qui écrivit à ce seigneur pour se justifier. Dans l'épître sur le Véritable Usage des Richesses, Pope ne respire que le bonheur de ses semblables, et l'amour du bien public : il y recommande une vigilance continuelle pour acquérir et conserver le nécessaire, une prudence délicate dans l'emploi du superflu, une justice exacte dans la distribution, en préférant les gens utiles aux fainéans, les besoins de la patrie à des spectacles frivoles, etc. Pope convient qu'il n'a travaillé aucune de ses pièces avec autant de soin que cette épître. Dans la troisième, sur la Connoissance des Hommes, et sur leurs divers caractères, le poëte veut que pour bien connoître les hommes, on s'applique à découvrir leur passion dominante : c'est le grand ressort de la machine. La dernière épître roule sur le caractère des femmes ; elle est adressée à mademoiselle Blounet. Pope y présente une foule de portraits, qui font autant de preuves d'une proposition échappée à cette demoiselle ; savoir, que la plupart des femmes n'ont point de caractère. Il y a deux traductions françaises de ces épîtres ; l'une de M. de Silhouette, dans le premier volume de ses Mélanges de Littérature et de Philosophie ; et l'autre de M. l'abbé Yart, dans le 3e. tome de l'Idée de la Poésie Anglaise : la première a été insérée dans le recueil des œuvres de Pope, indiqué précédemment.

M. Hennet a traduit la *Prière Universelle* de Pope, remarquable par la sublime simplicité des pensées et l'harmonieuse précision du style. Sa traduction est aussi exacte et aussi poétique que celle de Lefranc, et bien moins prolixe que celle de Turgot. *Voyez* Poétique Anglaise, tome III, page 187.

Le même traducteur a fait passer dans notre langue *l'ode pour la Fête de Sainte Cécile* ( *voyez* ci-dessus l'article Dryden), *l'élégie à la mémoire d'une jeune Infortunée,* et la satire intitulée : les *Caractères des Femmes.*

La veuve Duchesne a publié, en 1779, en 8 vol. in-8°., les œuvres de Pope, traduites par différens auteurs, avec le texte anglais mis à côté des meilleures pièces. Cette édition, bien exécutée et enrichie de figures, a été dirigée par l'abbé de la Porte, qui a mis en tête une bonne notice sur la vie et les écrits de l'auteur; elle est plus recherchée que les anciennes collections de traductions françaises en 7 et en 8 vol. in-12. On l'a réimprimée à Paris, en 1796, mais de manière à donner plus de prix à l'édition originale.

## SWIFT.

Le seul écrit qui puisse donner au docteur Swift un rang parmi les poëtes Anglais, c'est l'histoire de ses amours, ou, pour mieux dire, de son indifférence pour une femme qui brûla pour lui d'une flamme inutile. Il y a dans cette production intitulée *Cadenus et Vanessa*, ainsi que dans ses autres poésies, de l'imagination, des vers heureux; mais trop d'écarts et trop de négligence.

Le véritable nom de l'héroïne de ce poëme étoit Esther Vanhomrigh, fille d'un négociant d'Amsterdam, qui s'étoit enrichi en Angleterre. Après la mort de son père, Vanessa alla s'établir en Irlande, où l'ambition de passer pour bel esprit, lui fit rechercher la société du docteur. Vanessa estimoit beaucoup les ouvrages de Cadenus. Un jour tenant en main un volume de ses poésies, Cupidon, cet enfant des Plaisirs, toujours aux aguets pour surprendre les cœurs amoureux, lui décocha adroitement une de ses flèches ardentes, avec tant de force, qu'elle perça le mince volume, lui blessa le sein, et porta dans son cœur une si vive douleur, qu'elle la jeta à l'instant dans une sombre rêverie. Vanessa, à peine âgée de vingt ans, s'imagina, dans son délire, être vieillie, et avoir perdu la vue par ses grandes lectures, apercevant dans la personne de Cadenus, un jeune Adonis qui la ravissoit par les charmes de sa figure et de sa voix : ce fut par ces deux endroits seulement que Cadenus sut se rendre recommandable à sa maîtresse. Swift se contenta de la célébrer dans ses vers, Vanessa s'en plaignit ; l'insensible docteur objecta le devoir : on attribua ses refus à quelques imperfections naturelles, plutôt qu'au scrupule d'une conscience timorée. Quoi qu'il en soit, Vanessa ne put tenir contre tant de rigueur ; elle appela la mort à son secours ; et l'on dit que ce fut la seconde femme que le barbare Swift fit mourir d'amour et de langueur.

On estime les œuvres de Swift, Londres, 1766, 25 vol. in-12, ou 1784, 17 vol. in-8°.; édition de Shéridan.

## WILMOT.

Jean Wilmot, comte de Rochester, le libertin le plus spirituel et le plus aimable seigneur de la cour de Charles II, fit à l'âge de douze ans, une pièce de vers sur le rétablissement de ce prince. Devenu dans la suite un de ses favoris, il composa contre lui des satires qui le firent exiler. Il se consola de sa disgrâce, par d'autres satires et des vers licencieux. Les plaisirs et la débauche ruinèrent sa santé ; et il mourut à trente-trois ans. Quoiqu'il eût fort maltraité les femmes dans ses ouvrages, une femme cependant composa après sa mort une idylle en son honneur. Dans une satire sur l'*Homme,* le comte de Rochester peint l'humanité avec les plus noires couleurs. Celle du *Mauvais Repas,* est une imitation de la satire de Despréaux sur le même sujet ; dans une autre, le seigneur Anglais tourne en ridicule tous ceux qui prennent les eaux de Tundbrige.

Les œuvres de Rochester ont été recueillies à Londres, 1709, in-8º.

La satire *contre l'Homme,* et la satire *contre le Mariage,* ont été traduites par M. Hennet, pag. 45 et 61 du troisième tome de la Poétique Anglaise.

## PHILIPS.

Les trois poëmes de Jean Philips sont intitulés, *Pomone* ou le *Cidre,* la *Bataille de Bleinhem* ou *d'Hochstet,* et le *Précieux Chelin.* Le premier est une imitation des Géorgiques de Virgile. Cet ouvrage, en général, est propre à donner une idée avantageuse de la poésie anglaise ; mais on y trouve assez souvent des traits d'une imagination déréglée.

La bataille de Bleinhem présente quelques morceaux d'une grande force, des éloges excessifs de la nation anglaise, et beaucoup de traits injurieux contre la France. *Le Précieux Chelin* est un petit poëme burlesque, dont les Anglais font grand cas ; ils disent que les étrangers n'ont jamais rien produit de pareil : les plaintes d'un homme réduit à une extrême indigence sont la matière de l'ouvrage. M. Hennet l'a traduit sous le titre de *Bel Écu de six francs*. Il a fait plusieurs changemens en traduisant un poëme, dont le sujet trivial et badin contraste avec un style pompeux et sublime. La traduction en est devenue dès lors un peu moins littérale ; mais la fidélité du traducteur consistoit ici, à plaire et à amuser. Nous croyons qu'il a rempli ce double but. *Voyez* Poétique Anglaise, tome III, pag. 85.

Les poésies de Philips ont été publiées à Londres, en 1720, in-12.

## THOMPSON.

Le célèbre auteur du poëme des quatre Saisons, l'Ecossois Thompson, ne composoit, dit-on, que lorsqu'il étoit ivre ; et cette ivresse le menoit souvent au delà de l'ivresse poétique. Ses autres productions sont le château de de l'Indolence, plein de bonne poésie et d'excellentes leçons de morale ; le poeme de la Liberté, celui de l'Angleterre, quelques tragédies et des odes d'un genre médiocre.

Le poëme des Saisons est rempli d'imagination, et revêtu d'un coloris brillant. Les morceaux de sentiment sont supérieurs à tous les autres ; mais cet ouvrage pèche par une abondance stérile. Lorsque le poète tient entre ses mains une image, il ne la quitte point qu'il ne l'ait épuisée ; si l'on en ôtoit les digressions, les inutilités, les bouffissures, à peine auroit-on la valeur d'un chant. L'auteur a étouffé la poésie sous la physique. Il auroit fallu que ce poëme eût été corrigé par Adisson ou Pope; il sent l'écolier plein de talent, qui a besoin encore de l'œil du maître, et qui ne sait ce qu'il faut retrancher ou ajouter.

On dit encore que Thompson composoit tout d'une haleine, et qu'il écrivoit tout de suite, sans jamais corriger. Il n'y a point assez d'images riantes dans ce poëme : et quel sujet en comportoit davantage ! Le sombre trop répandu dans le tableau, y fait mourir toutes les autres couleurs. Nous ne parlerons point des mêmes expressions, des épithètes parasites, qui reviennent sans cesse. Ce poëme, malgré tous ces défauts, est cependant assuré de plaire; il parle souvent à l'imagination, et quelquefois au cœur.

Parmi les éditions de l'original, on peut choisir l'édition de Londres, 1793, in-8°.

## TRADUCTIONS.

### MADAME BONTEMS.

Madame Bontems, qui a traduit cet ouvrage dans notre langue, a conservé toute la force de l'anglais; elle lui a même quelquefois sacrifié l'élégance française, persuadée qu'un traducteur n'est que l'interprète d'un original, et que la fidélité est la première qualité qu'il doit posséder. Madame Bontems réunit l'énergie et le brillant; elle est presque toujours à côté de son auteur. On pourroit la chicaner sur quelques passages, où elle s'est trompée. Sa traduction, où l'imprimerie a épuisé tout son luxe, consiste en un volume qui parut en 1759 : elle a été souvent réimprimée.

### M. DELEUZE.

M. Deleuze, dans la traduction qu'il nous a donnée de Thompson, a tâché d'approcher, autant que possible, de son original, et de surmonter les nombreuses difficultés qu'il présente à un traducteur. On peut dire qu'il a réuni à la fidélité, la clarté et l'élégance de l'expression. Les notes qu'il a ajoutées pour l'intelligence du texte, et un précis de la vie de Thompson, qui contient en même temps l'analise de ses principaux ouvrages, rendent encore plus complet le travail de M. Deleuze.

## M. FREMIN-BEAUMONT.

La dernière traduction de Thompson, publiée vers la fin de 1806, in-8°., par M. F....B.... ( Fremin-Beaumont ), joint aussi au mérite de la fidélité, celui du style et de la diction. Le traducteur a su donner à sa prose quelque chose de la pompe, de l'élégance et de l'harmonie de la poésie, sans toutefois dénaturer son caractère.

M. Fremin-Beaumont a eu un avantage précieux pour un traducteur, celui d'avoir été précédé dans la carrière qu'il a parcourue, par des athlètes qui y avoient obtenu des succès mérités.

Les plus beaux morceaux du poëme des Saisons ont été traduits par M. Hennet, pag. 283 et suiv. du 3°. vol. de la *Poétique Anglaise*.

## YOUNG.

Les pensées nocturnes du docteur Young, curé de Welwin, sont des ouvrages mélancoliques, dont on ne trouve point de modèles, ni même d'exemples dans les autres langues. Une vie troublée par la perte d'une épouse vertueuse et de deux enfans qui lui étoient chers, le jeta dans une tristesse profonde, dont les accès nous ont valu son beau poëme des Nuits. Cet ouvrage moral, intéressant et philosophique, est le plus original de tous ceux qui sont sortis de sa plume; mais le faux bel esprit, le trivial, le gigantesque, gâtent souvent les beautés sublimes de cette étonnante production. Young employoit ordinairement plusieurs heures du jour à se promener dans le cimetière de son église. Son poëme fait deviner qu'il se levoit souvent pendant la nuit, pour recommencer ses promenades poétiques; aussi, en poursuivant l'homme dans sa carrière, lui montre-t-il à chaque pas le malheur et le tombeau. Ce spectacle sombre et terrible lui fournit des réflexions fortes sur des vérités sublimes, qu'il exprime avec autant de sentiment que d'énergie.

Nous ne parlerons pas de quelques pièces de théâtre, composées par ce poëte ecclésiastique : elles sont, ainsi que ses autres poésies, trop au-dessous de la réputation de leur auteur. Young est un homme de génie dans toute la force du terme. Il n'a qu'un défaut, qu'on reproche, au reste, à tous ses compatriotes, excepté Pope et Adisson, c'est de manquer de goût. Mais l'auteur des *Nuits* n'en est pas moins admirable ; il nous jette, malgré nous, dans une mélancolie profonde, d'où résultent, et plus de sensibilité pour nos semblables, et plus d'amour pour la vertu.

La meilleure édition des Nuits est celle de Londres, 1798, in-8°.

## TRADUCTIONS.

### LE TOURNEUR.

Nous connoissions déjà le caractère du poëte Young, par quelques essais de traductions, dus à une main habile, et qui avoient parus dans le Journal Étranger. Ils ont fait naître le désir d'avoir une version complète de ses *Nuits*. Cette entreprise étoit difficile ; Young devoit trouver moins de traducteurs que tout autre poëte ; il falloit un homme dont l'âme fût, pour ainsi dire, moulée sur le ton de l'original; qui ne fût point effrayé de cette suite de tableaux funèbres ; qui fût capable de s'en pénétrer, et assez philosophe lui-même, pour en créer de pareils. Le Tourneur, connu par plusieurs discours remplis d'éloquence et de philosophie, a fait passer les beautés de ce poëte dans notre langue ; il a senti tout ce que Young avoit senti lui-même, et a toujours rendu avec chaleur ses pensées et ses images. Il marche toujours à côté de son modèle lorsqu'il s'élève; le corrige lorsqu'il s'étend dans des lieux communs ou des répétitions; substitue des idées et des images à celles qui ne peuvent être traduites, ou qui n'auroient aucune grâce dans notre langue.

La nouvelle édition qu'on a publiéé depuis, est plus ample que la première. L'auteur y a joint un autre poëme d'Young : c'est *Jeanne Gray*, ou le Triomphe de la Religion sur l'Amour. Edouard VI avoit laissé le trône à Jeanne Gray, descendante de Henri VII; elle étoit femme de lord Gilford, fils du duc de Northumberland. Marie, sœur d'Edouard, fut portée sur ce trône par son droit et son parti. Dès qu'elle eût signé son contrat de mariage avec Philippe II, elle fit condamner à mort sa rivale, âgée de dix-sept ans, qui n'avoit d'autre crime, que d'être nommée dans le testament d'Edouard pour lui succéder : elle périt sur un échafaud en 1554, ainsi que son mari, son père et son beau-père. C'est le malheur de cette reine qu'Young a chanté.

A la suite des Nuits, on a mis une traduction du *Jugement dernier*, de la paraphrase du livre de *Job*, de la *Revue de la Vie*, et de quelques pensées détachées du même auteur, où l'on retrouve son génie et son ton particulier. Le Tourneur a fait, dans les *Nuits*, des transpositions qui corrigent bien des fautes échappées à l'auteur ; il a traduit la lettre quand il a pû la traduire sans choquer le tour français ; ailleurs il a présenté l'image équivalente ; toujours il a rendu le sentiment, et partout la pensée de l'auteur, à laquelle il a prêté quelquefois de l'énergie.

M. B. Barrère a publié, en 1806, les beautés poétiques d'Young. Les morceaux du poëte Anglais qui choquoient les gens de goût, et en particulier M. Clément de Dijon, ne se trouvent pas dans cet estimable choix.

Colardeau a traduit en vers, ou plutôt imité

les première, seconde et quinzième Nuits d'Young : le peu de succès de cette imitation le détourna de traduire en entier l'ouvrage du poëte Anglais.

Les Satires d'Young, regardées en Angleterre comme le plus correct de ses ouvrages, ont pour but de prouver que l'amour de la renommée est une passion universelle, et la principale cause de nos crimes et de nos travers. Elles sont au nombre de sept dans l'original : M. Bertin les a réduites à deux dans la traduction libre ou plutôt dans l'imitation qu'il en a donnée en 1798, in-18. Il a réuni dans la première, tout ce qui s'adresse aux hommes; la seconde renferme ce qui concerne les femmes. A l'aide de cette division et du retranchement de ce qui est absolument étranger à nos mœurs, cette traduction, assez bien écrite, n'est pas sans intérêt. On lira avec plus de plaisir la traduction libre en vers des Satires d'Young, par M. Lablée, 1802, in-8°.

La satire sur les Femmes a été traduite en partie par M. Hennet, dans sa *Poétique Anglaise,* tome III, p. 339.

## HERVEY.

Hervey a fait un poëme intitulé : *Méditations*

*tions sur les Tombeaux.* Les ouvrages de cet ecclésiastique ont eu un succès prodigieux en Angleterre, surtout les Dialogues de *Theron et d'Aspasion.* Le Tourneur a traduit les Méditations, en un vol. in-12.

Edition de Londres, 1796, 2 vol. in-8°.

## GRAY.

Gray, dit M. Hennet dans sa *Poétique Anglaise,* se trouvant un jour à une vente de livres, regardoit une belle collection des meilleurs auteurs Français, très-bien reliée, et du prix de cent guinées; il témoignoit à un de ses amis le regret d'être hors d'état de l'acheter : la duchesse de Northumberland, qui l'entendit, s'informa adroitement, de cet ami, qui il étoit. Ils se retirèrent avant elle; et Gray trouva, en rentrant chez lui, la collection, avec un billet de la duchesse, qui le pria de l'excuser si elle lui offroit un aussi foible gage de sa reconnoissance, pour le plaisir qu'elle avoit éprouvé à la lecture de l'*Élégie sur un Cimetière de campagne.*

Les cent vingt vers qui composent cette pièce, ont conduit Gray à l'immortalité. Pensées, sentimens, images, expressions, tout est simple et sublime, touchant et majestueux : la solennité du sujet se répand sur le lecteur ; la teinte sombre et religieuse s'empare de l'âme, le cœur se resserre, l'esprit s'élève ; et l'on reste, après l'avoir lue, dans une profonde méditation : le livre est refermé, et on la lit encore.

L'admiration de M. Hennet, de qui nous empruntons ces détails, pour ce chef-d'œuvre de la poésie anglaise, ne pouvoit que le seconder dans la traduction en vers qu'il en a donnée : aussi de toutes celles que nous avons lues ( et il y en a plus de dix ), la sienne, et celle de M. Kérivalant, nous ont paru les meilleures.

Gray a encore composé plusieurs petites pièces de vers, qui ne sont pas à comparer avec sa fameuse Elégie. M. Lemière en a donné une traduction, 1798, in-8°. Il s'est tenu scrupuleusement à rendre la lettre et le sens. Le texte original, imprimé en regard, est conforme à la belle édition donnée par Mason, ami de Gray, en 1775, in-4°.

## GOLDSMITH.

Le *Village abandonné* est très-connu en Angleterre : ce poëme a pour but de combattre l'excès du luxe, l'amour de l'or, l'esprit de trafic et de commerce ; d'y opposer les avantages de la vie agricole, source des véritables richesses. *Léonard* a pris le fond de ce poëme pour son idylle du *Village détruit*. On lira encore avec plaisir dans le recueil des poésies de M. Monvel fils, 1801, in-8°., *Lismor, ou le Village abandonné*. L'auteur Français a conservé assez bien le caractère de l'original, ce mélange de sensibilité spirituelle, d'ironie douce et de naïveté piquante, qu'on trouve dans ce poëme.

Le *Voyageur*, autre poëme de Goldsmith, contient des descriptions agréables et des pensées profondes. M. Hennequin, aujourd'hui membre du corps législatif, en a inseré une bonne traduction à la suite de celle de Jacques Manners, etc., Riom, 1801, in-12.

## DARWIN.

Darwin a mis en vers, dans ces derniers temps, sous le nom d'*Amours des Plantes*, le système de Linnée. Les noms de *Bergers*, d'*Amantes*, etc., remplacent ceux de *pistiles* et d'*étamines*. L'objet que se propose le poëte Anglais, est de détruire l'ouvrage d'Ovide, qui, par la puissance de la poésie, transforma en arbres et en fleurs des hommes, des femmes, des dieux et des déesses. Darwin veut leur ouvrir les prisons végétales, dans lesquelles ils sont enfermés depuis si long-temps; il annonce l'intention formelle de les rendre à leur premier état; il veut les faire passer sous les yeux du lecteur. Ce poëme a eu le plus grand succès en Angleterre, et semble ne le devoir qu'aux détails : c'est par les comparaisons que l'auteur a cherché à donner à son ouvrage une physionomie poétique, mais elles manquent quelquefois de justesse.

J.-P. Deleuze a publié, en 1799, in-12, une traduction de ce poëme. Nous oserons dire que le traducteur fait oublier les défauts de l'auteur Anglais, par le mérite de sa traduction; il a presque à chaque vers, le mérite d'avoir vaincu la difficulté, sans que le lecteur soupçonne la peine qu'il a fallu prendre pour remporter la victoire. M. Deleuze a fait précéder son ouvrage, d'une exposition abrégée du système de Linnée, et d'un discours préliminaire, qui renferme un résumé intéressant de différens poëmes latins ou français sur la botanique.

# AUTRES TRADUCTIONS
## DES POËTES ANGLAIS.
### L'ABBÉ YART.

Parmi les productions des auteurs Anglais, il y en a que l'on se presse trop de traduire en notre langue; il y en a d'autres aussi, que l'on n'a pas assez de soin de nous faire connoître. Des traducteurs sans goût prennent sans choix tout ce que le hasard leur fournit, et veulent nous faire lire en français, ce que les Anglais eux-mêmes méprisent, et qu'on ne lit point en Angleterre. L'abbé Yart, de l'académie de Rouen, a évité ce défaut dans le choix qu'il a fait de plusieurs petites pièces de poésies qu'il a traduites, et dont il a formé un recueil en huit volumes, publié de 1753 à 1756.

Un grand nombre de remarques littéraires, historiques et critiques, font une partie considérable de cet ouvrage. On voit aussi à la tête de chaque pièce traduite, un discours préliminaire, dans lequel on trouve des observations judicieuses.

A mesure qu'un auteur nouveau paroissoit sur la scène, l'abbé Yart s'est cru obligé de l'annoncer par un Traité, une Dissertation, un Discours Préliminaire, une Préface, une Epître, ou tout au moins un Avertissement, où il dit deux mots de l'auteur en question, et disserte ensuite longuement sur le genre d'ouvrage dans lequel il a excellé.

De tous les discours que l'abbé Yart a mis à la tête de chaque article de son recueil, celui qu'il a fait sur la Fable, paroît mériter la préférence. Le caractère de cette espèce de poésie, et le génie des auteurs anciens et modernes qui ont écrit dans ce genre, n'ont point échappé à son juste discernement.

Le genre d'ouvrage sur lequel M. l'abbé Yart s'est étendu avec le plus de complaisance, est celui des épitaphes. Il prétend que les Anglais ont beaucoup mieux réussi que nous dans ces petites pièces ; et que comme leurs funérailles sont célébrées avec plus de magnificence, leurs épitaphes sont aussi écrites avec plus d'élégance et d'esprit. Cependant, si l'on en juge par toutes celles qu'il a traduites, on en concevra une idée moins avantageuse. Ce ne sont, pour la plupart, qu'un abrégé assez sec de la vie du défunt, entremêlé de louanges hyperboliques. Parmi les vingt-cinq que nous offre ce recueil, on n'en trouve pas une qui mérite une attention particulière.

On reproche d'ailleurs à l'abbé Yart, d'avoir horriblement défiguré la plupart de ses originaux.

### M. HENNET.

Le Traité de M. Hennet est le plus complet que l'on ait sur la poésie et les poëtes Anglais. La nation anglaise n'a rien en ce genre de plus satisfaisant. Cet ouvrage plaira en France, à ceux qui étudient la langue anglaise, à ceux qui la savent, et même à ceux qui ne veulent pas l'apprendre. Il plaira aussi également aux personnes qui lisent pour s'instruire, et à celles qui n'estiment d'un livre que le plaisir qu'elles trouvent à le lire. Des recherches nombreuses, une grande variété, et beaucoup d'esprit et de goût dans le choix des poëtes et des divers morceaux cités et traduits, voilà ce qui assurera le succès de la *Poétique Anglaise*, en 3 vol. in-8°., Paris, 1806.

## LES ALLEMANDS.

Ce ne fut guère qu'au treizième siècle, que la poésie commença à s'élever en Allemagne du sein des profondes ténèbres de la barbarie.

Les *Minnesingers* furent, dans ces contrées, ce que les Troubadours ont été en France ; ils ont fleuri sous les empereurs de la maison de Souabe : on en connoît jusqu'à cent quarante, presque tous grands seigneurs, parmi lesquels il se trouve même des souverains ; on admire dans ces poëtes l'élégance et la naïveté.

La poésie allemande a essuyé à peu près le même sort que l'italienne ; l'affectation de l'art vint gâter les leçons qu'on pouvoit emprunter des grands modèles, tels qu'Opitz, et qui n'ont été d'abord suivies que des Logau, des Canitz et des Wernick. Breitinger et Bodmer ont fait à part une espèce de Code de Poésie, qui leur est particulière : leurs disciples ne s'occupèrent que du soin de parler à l'imagination, et de l'ébranler par des images vigoureuses ; ils négligèrent et rejetèrent même cette âme de la poésie, le sentiment, sans lequel rien ne plaît.

Il s'éleva enfin des hommes nourris de l'étude des anciens, animés par le génie, et doués de ce goût heureux, presqu'aussi nécessaire que le génie ; mais en louant l'abondance des poëtes Allemands, dans plusieurs genres, on est obligé d'avouer qu'ils ont beaucoup à désirer dans le dramatique ; qu'ils ont

ont très-peu d'auteurs qui approchent de Racine, et qu'à peine en ont-ils un seul, qu'ils puissent regarder comme original. Dans la comédie, surtout, ils sont incapables jusqu'ici d'entrer en lice avec Molière. Ils ont dans ce genre, quelques pièces où il y a de l'esprit, de la finesse et de la correction ; mais voilà à peu près tout ce qu'on y trouve.

Pour le lyrique, les Allemands ont, si on les en croit, un Anacréon dans Gleim, dans Weisse et dans Hagedorn ; un Chaulieu, un Rousseau et même un Horace dans Utz. Lessing, Gellert, Hagedorn, Lichtwehr, se sont illustrés dans la fable ; cependant on ne peut metttre ces fabulistes à côté de La Fontaine, et même de Richer. Les Gessner, les Roff, les Gartner, les Gellert enfin, ont donné des chefs-d'œuvres dans la poésie bucolique et pastorale. Peut-être en général, ces auteurs se sont-ils trop attachés à imiter les modèles que l'antiquité nous présente, et pèchent-ils quelquefois par un entassement d'images, qui sont l'effet d'une stérile abondance. A entendre encore les Allemands, nous n'avons pas de satiriques préférables à Rabener, à Canitz, à Haller. On convient que du côté de la poésie pittoresque, les Allemands, comme les Anglais, nous sont infiniment supérieurs : ce défaut nous vient du peu de soin qu'ont nos jeunes poëtes, d'étudier la nature dans elle-même. Le bel esprit, la philosophie surtout, le prétendu ton de la bonne compagnie, ont fait un tort irréparable à notre poésie.

M. Kleist, chez les Allemands, est mis à côté de Thompson : Cramer, poëte lyrique, a traduit les sept Psaumes avec toute l'énergie de l'enthousiasme qui enflamme l'original. Il est encore connu par plusieurs odes sacrées, dont rien n'égale le pathétique et le sublime. Le baron de Cronegk mérite une place parmi les poëtes Allemands; il est mort à la fleur de son âge, regretté et pleuré de ses amis, pour ses talens et ses mœurs douces. Son beau poëme intitulé la *Solitude*, suffiroit seul pour lui faire une réputation. M. Gellert est, sans contredit, une des premières Muses de ces contrées; ses fables et ses contes seront immortels; ses comédies lui ont acquis le nom de Térence Allemand. On a encore de cet écrivain estimable, un roman intitulé la *Comtesse Suédoise*; dont nous possédons deux traductions françaises, l'une de 1754, par Formey; l'autre anonime,

Paris, 1779. Gessner nous est connu par son poëme de la Mort d'Abel, et par ses Idylles. Les Pensées du matin, de Haller, son fragment sur l'Eternité, ses Alpes, sont autant de morceaux où brille la poésie la plus sublime.

## GELLERT.

C'est celui qui paroît avoir porté le plus haut la gloire des lettres en Allemagne. Il a fait des fables, des contes, des poëmes sur l'honneur, sur la richesse, sur l'orgueil, sur l'humanité, etc.; un roman, une pastorale et des comédies. On le félicite de ne s'être point amusé à saisir de petites nuances de ridicules, presqu'imperceptibles, et propres seulement à être jouées devant un peuple de métaphysiciens, si jamais il en naît un. On nous fait entendre cependant, que ses pièces sont dialoguées d'un style diffus et traînant, et que l'intrigue en est froide.

Les fables de Gellert ont été traduites en français, avec exactitude, par Toussaint, Berlin, 1768, 2 vol. in-12.

## HALLER.

Le recueil des poésies de ce médecin Allemand, traduites en français en 1752, par Tscharner, et réimprimées avec d'autres poésies allemandes, en 1775, renferme des morceaux dignes d'estime. Presque toutes ses pièces sont philosophiques et morales. Les Alpes, poëme assez considérable, s'offrent d'abord au lecteur ; et l'on ne peut trop louer cette excellente production. C'est la belle nature parée de toutes ses fleurs, représentée dans toutes ses proportions. On y voit marcher, d'un pas égal, la poésie et la raison, la fiction et la vérité ; par cette heureuse alliance, Haller a produit l'ouvrage en vers, le plus agréable que nous ayons peut-être depuis les Grecs et les Latins. Ce qu'il y a de certain, c'est que ce sujet, aride en apparence, devient d'une fécondité admirable sous la plume de l'écrivain, et qu'il y a répandu de la grandeur, de la majesté, des grâces et de l'enjouement : son but est de peindre le physique des Alpes, et les mœurs innocentes et paisibles de ceux qui les habitent.

Le poëme des Alpes est suivi d'un Essai sur l'Origine du Mal, en trois chants : dans le premier, l'auteur peint les imperfections prétendues de ce monde, et répond, dans le second, à cette question, tant de fois proposée par l'incrédulité : « comment Dieu a-t-il

» choisi un monde sujet à des péchés et à des
» tourmens éternels ? » La chute des anges
rebelles et la corruption de l'homme, sont la
matière du dernier chant.

Le poëte déride quelquefois le front de son
austère philosophie. Il y a dans son recueil
une pièce intitulée *Doris,* où l'on trouve des
images agréables et des sentimens délicats.
Le désir de revoir sa patrie, la gloire, la
vertu, ont exercé la muse de Haller. Ces
sujets si souvent traités, respirent sous sa
main un air de fraîcheur. On lit encore avec
plaisir sa description poétique du matin :
l'auteur, en général, est un peintre fidèle et
brillant. L'épître sur la Fausseté des Vertus
humaines, présente un tableau de l'inhu-
manité des pères, qui forcent une fille aimable à prendre le parti du couvent ; elle est
peinte avec autant de force que de vérité.

On peut regarder Haller, comme le Pope
de l'Allemagne. On s'aperçoit, en lisant
son recueil, d'un rapport marqué entre les
ouvrages de ce dernier et les siens ; aussi l'ap-
pelle-t-on le poëte Anglais, parce qu'il n'a
traité que des sujets de philosophie, et qu'il
s'est attaché à imiter le style fort et serré
des poëtes de cette nation ; ce qui le rend

quelquefois obscur. Ses admirateurs lui reprochent encore d'être tombé dans quelques fautes de grammaire, et de ne s'être pas entièrement défait du langage de son pays (il est né Suisse), qui ne passe pas pour de l'allemand bien pur. Haller est mort en 1777, conseiller et médecin du roi d'Angleterre, professeur de philosophie à Gottingue, dans le duché de Brunswick, où il y a une fameuse université ; il étoit aussi membre du conseil de Berne, sa patrie.

## M. ZACHARIE.

Le poëme des Quatre Parties du Jour, par M. Zacharie, a passé dans notre langue avec tous les agrémens du burin. Les estampes, d'après les dessins de M. Eisen, sont charmantes ; le poëte s'attache à rendre les objets de la nature, qui peuvent lui fournir des tableaux. Il peint la campagne au retour du soleil ; il représente les plaisirs champêtres du seigneur du village. Dans le chant du midi, l'aurore semble s'élever avec l'astre du jour. La description du soir est sur un autre ton : on voit le calme et le silence succéder au bruit et aux travaux. Les images de la nuit sont sombres comme elle ; le poëte, au sein des ténèbres, s'égare au milieu des tombeaux; il a pris Young pour son modèle, comme dans les autres parties il avoit imité Thompson. M. Zacharie, comme tous les poëtes de sa nation, connoît la nature, et puise dans elle seule tous ses tableaux et toutes ses images; mais il a comme eux, le défaut de vouloir tout peindre, tout dire, tout détailler. Les moindres objets ne sont pas négligés; cette abondance, ce luxe, si on peut s'exprimer ainsi, dépare souvent cet ouvrage, ainsi que ceux des poëtes Allemands. Ils montrent beaucoup de génie; mais ils auroient besoin de goût pour l'épurer.

Outre la traduction en prose, qui parut in-8°., en 1769, l'abbé Alleaume en a publié une en vers, en 1773, qui n'est plutôt qu'une imitation, dans laquelle il y a quelques bons vers; le reste est foible et négligé; la disposition des rimes est souvent peu harmonieuse. On reproche aussi à cet interprète d'avoir trop abrégé le poëte Allemand.

## GESSNER.

On peut regarder les idylles et les poëmes champêtres de Gessner, comme des ouvrages de génie et bien supérieurs à tout ce que les Français ont en ce genre. Un critique qui auroit la force de se refuser au plaisir que font ces écrits, pourroit leur reprocher d'être diffus, d'avoir peu d'action et beaucoup d'images qui ont été déjà employées; mais on pourroit répondre au censeur, que souvent le génie s'écarte du goût. L'auteur du poëme d'*Abel* est nourri de la lecture des anciens et des livres sacrés ; c'est un grand peintre, qui tourne toujours les yeux vers la nature ; il fait allier l'amour de la vertu et celui des plaisirs ; une âme pure s'exhale dans toutes ses productions. M. Huber a traduit le poëme de la *Mort d'Abel;* on lui a aussi attribué la traduction des idylles de Gessner, imprimées à Lyon en 1762, un volume in-8°.; mais on sait aujourd'hui que le véritable auteur de cette traduction, est le célèbre Turgot. M. Meister est le traducteur des nouvelles idylles.

La traduction des pastorales et poëmes de Gessner, publiée, pour la première fois, en 1766, n'est pas de M. Huber, mais de l'abbé Bruté de Loirelle.

M. THÜMMEL.

## M. THÜMMEL.

Cet auteur d'un poëme héroï-comique, intitulé *Wilhelmine*, traduit de l'allemand, dans notre langue, par M. Huber, petit in-8°., 1769, entreprend de chanter les amours d'un ministre protestant, curé d'un petit village. Le sujet est absolument neuf pour nous ; il nous présente des mœurs différentes des nôtres : les plaisanteries allemandes sont aussi d'un autre ton que les plaisanteries françaises ; la hardiesse et l'indécence font le principal caractère de celles de M. Thümmel. Il y a un peu d'imagination dans cet ouvrage ; encore est-elle fort commune. Le poëme a réussi en Allemagne. En France, on ne trouve pas les amours d'un prêtre bien intéressantes ; elles n'y ont pas eu le succès des autres ouvrages qu'on a traduits de cette langue, et qui sont remplis de beautés qui appartiennent à toutes les langues et à toutes les nations : ce badinage se ressent du terroir ; il devoit y rester. On le regarde un moment comme un fruit étranger ; on le goûte pour en connoître la saveur ; et comme elle ne flatte pas, on n'y revient plus.

On a imprimé à Leipsic, en 1769, in-8°., une jolie édition de ce poëme.

## M. JACOBI.

Ce poëte mérite une place distinguée parmi les poëtes les plus aimables. Ses ouvrages ont cette fleur de sentiment et de délicatesse, qui doit perdre beaucoup de son prix, en passant dans une langue étrangère ; il faut s'imaginer ce que deviendroient la plupart de nos chansons ou de nos poésies légères, traduites en allemand. Quel mérite réel ne doivent donc pas avoir les poésies de M. Jacobi, chanoine d'Halberstat, si l'on en rencontre plusieurs qui puissent résister à une pareille épreuve ! On trouve cette traduction dans un recueil imprimé en 1771, un volume in-4°. La première pièce offre la peinture la plus séduisante de cette volupté douce, qui s'allie avec la modestie et la vertu : c'est une espèce d'ode anacréontique ; elle est intitulée : *au Lit de Belinde*. Une autre, qui a pour titre *le Faune*, conserve dans la traduction, cette légèreté, ce coloris tendre, cette fraîcheur, qui doivent se faire sentir bien davantage encore dans l'original. Si l'on est curieux de voir comment l'auteur traite les grandes vérités de la morale, qu'on lise sa réponse à M. Gleim, qui lui avoit dépeint le bonheur dont il jouissoit dans sa retraite.

Œuvres de Jacobi, Halberstat, 1770, 2 vol. in-8°.

# TRADUCTIONS.

### M. HUBER.

M. Huber, encouragé par le succès qu'ont eu les ouvrages de Gessner, qu'il a publiés dans notre langue, a rassemblé dans quatre volumes in-12, en 1766, les meilleures productions des poëtes Allemands, traduites en français. On trouve dans le discours préliminaire, un précis de l'histoire de la poésie allemande; il la divise en quatre âges: le premier comprend le temps des anciens Germains ou des Bardes; le second, celui des Minnesingers ou Chanteurs d'amour, qui fleurirent sous le règne des empereurs de la maison de Souabe; le troisième est celui d'Opitz. Les poëtes modernes forment le dernier âge; ce sont ceux qui ont fourni les ouvrages qui composent cette collection.

Les deux premiers volumes sont remplis de petites pièces détachées, telles que des poésies pastorales, des fables, des contes, des poésies lyriques. M. Huber présente d'abord huit idylles sacrées de M. Schmidt ; les sujets sont tous tirés de la Bible. On y remarque du sentiment et de la vérité, ainsi que dans quatre pastorales judaïques de M. de Breitenbauch. Les traductions des morceaux de cette espèce, doivent nécessairement faire perdre beaucoup du mérite de l'original. Les images caractérisent ces poésies ; mais les Français y désireroient plus de naturel et d'harmonie.

Parmi les autres idylles de ce recueil, il y en a quelques-unes qui avoient déjà paru dans les journaux ; celles de Kleist ont quelque chose de simple et de vrai, qui fait plaisir. Kleist étoit né à Zeblin, en Poméranie, en 1715 ; il entra au service à vingt-un ans, et fut fait officier dans l'armée danoise. En 1740 il se fit présenter au roi de Prusse, servit toujours depuis dans ses troupes, et mourut en 1759, de quelques blessures qu'il reçut à la bataille de Kunersdorf.

*Cecidès et Pachès*, poëme en trois chants, de Kleist, offrent des détails poétiques, mais sans variété ; des images trop fortes et des comparaisons outrées.

Après cet ouvrage, on lit un poëme héroï-comique, en cinq chants, de M. Zacharie, qui en a déjà fait plusieurs autres dans ce genre : l'auteur y veut peindre le grand monde d'Allemagne, les sociétés du bon ton ; la plupart de ses plaisanteries ne plairont pas aux Français. Des Sylphes forment la machine du poëme ; la Discorde y met tout en feu, comme dans le Lutrin et dans la Henriade : on y trouve de l'esprit et quelques parodies assez heureuses d'Homère.

Les *Quatre Ages de la Femme*, du même auteur, ont été faits d'après les Quatre Ages de l'Homme, de M. Werthmüller, citoyen de Zurich ; il y a de l'esprit, et quelquefois de la délicatesse, mais peu d'idées neuves.

Le poëme du *Printemps*, de Kleist, est rempli d'images. L'auteur avoit voulu décrire de même les Quatre Saisons ; mais le poëme de Thompson l'a découragé.

L'Art d'arroser les Terres, par M. Tscharner, et les *Solitudes*, par M. le baron de Cronegk, offrent aussi des détails heureux. Les Allemands connoissent les anciens : ils savent les imiter ; mais le goût ne préside pas assez à leur imitation ; ils ne distinguent pas toujours les beautés vraies et de tous les temps, d'avec celles qui cessent de l'être avec leur siècle.

On lit avec satisfaction, les épîtres morales de ce recueil ; celle de M. le baron de Cronegk, avec ce titre, *A Soi-même*, est simple, poétique et pensée ; on est, en général, plus content de ces épîtres, que des poëmes et des petites pièces anacréontiques, et autres qui composent ce recueil : ici l'on réfléchit, on raisonne, on pense, on exprime simplement et naturellement ce que l'on a pensé ; au lieu que dans la plupart des autres ouvrages, la poésie étouffe tout. Ce sont toujours des ruisseaux qui serpentent dans les prairies à travers les fleurs, des oiseaux qui chantent dans les bois, le soleil qui dore les montagnes, la lune qui dissipe à peine l'obscurité de la nuit, etc., etc. Il y a quelques satires de M. Canitz et de M. Rabener, qui ne sont pas sans mérite.

Il ne faut pas juger de la valeur des différens morceaux qui composent ce recueil, par la traduction qu'en donne M. Huber, qui, dans bien des endroits, est foible et négligée ; mais nous n'en devons pas moins de reconnoissance à ce traducteur, pour nous avoir fait connoître des poëtes, qui, s'ils avoient un peu plus de goût, pourroient nous servir de modèles.

## M. CABANIS.

La littérature allemande a, dans ces derniers temps, changé totalement de face ; ceux qui ne la connoissent que par les premiers recueils qu'on a publiés en France, ne la connoissent plus : au commencement du 18°. siècle, à peine en existoit-il quelque foible annonce. Boedmer et Klopstock sont morts depuis peu. Wieland, qui n'est pas très-vieux, est en quelque sorte déjà du nombre des anciens. En effet, depuis les premiers ouvrages de ces écrivains, la langue a fait des progrès singulièrement rapides ; et l'esprit général de la composition, la manière de sentir, de juger et d'écrire, soit dans les objets de pur agrément, soit dans ceux de morale et de philosophie, n'est plus aujourd'hui la même qu'elle étoit alors.

Meissner n'a pas peu contribué à perfectionner cette langue ; il paroît avoir senti surtout la nécessité d'abréger, de simplifier la phrase : la sienne est presque toujours courte et rapide ; il resserre les cadres, il rapproche les traits frappans, à la manière de plusieurs écrivains Français; et son style a un jet et une vivacité qui ne sont qu'à lui. La plupart des morceaux dont est composé le volume intitulé, *Mélanges de littérature allemande*, ou *choix de traductions de l'allemand*, etc., Paris, Smits, 1797, grand in-8°., sont des traductions des ouvrages de Meissner. M. Cabanis les a faites pour feue madame Helvétius : elles sont écrites avec l'élégance qui caractérise les ouvrages de ce savant distingué.

Un anonime a donné, en 1802, in-8°., une imitation du Printemps de Kleist, en vers français, qui annonce du talent. Il a joint à son travail le Premier Navigateur, le Tableau du Déluge de Gessner, et le Cimetière de Campagne de Gray ; on trouve dans ces différens morceaux, du goût, du naturel, de la grâce, et même de l'harmonie.

### D'ANTELMY.

D'Antelmy, professeur à l'École Royale-Militaire, a donné une traduction des fables de Gotthold-Ephraïm Lessing, et de cinq dissertations de cet auteur, sur la nature de la fable : les idées de l'auteur Allemand, sur ce genre, sont un peu différentes des nôtres ;

peut-être

peut-être a-t-il raison dans son pays, où son ouvrage est estimé. Mais on ne pardonne pas à M. Lessing, les critiques qu'il fait de La Fontaine : pour la Motte, on le lui abandonne. Au reste, la littérature française a toujours des obligations à M. d'Antelmy, de nous avoir procuré une version élégante et fidèle d'une suite de Fables pleines d'esprit et de sel en général, et composées dans un genre nouveau, qui certainement annonce du génie dans l'auteur. L'interprète rend justice à son original ; mais en homme instruit, en traducteur impartial, il est quelquefois d'un avis contraire ; et on lui en sait gré.

## LES HOLLANDAIS.

L'air qu'on respire en Hollande, donne plutôt le flegme propre au raisonnement, que la vivacité qui enfante les saillies de l'imagination. Depuis Vondel, à qui la poésie Hollandaise doit ce qu'elle a d'élevé et de nerveux, à peine en compte-t-on cinq ou six autres, qui aient passablement versifié dans la même langue. En profitant de ce qu'il y a de bon dans ses ouvrages, il n'auroit pas été difficile à des génies, même inférieurs au sien, de l'atteindre et de le surpasser. Mais peu se sont piqués de cette émulation; ils ont préféré les vers latins, qui n'étant point renfermés dans les limites des Sept Provinces, peuvent les payer de leur travail, par une réputation plus étendue.

Une autre raison du peu de progrès de la poésie hollandaise, est tirée comme une conséquence de la première. Le seul Vondel a établi des préceptes de cet art; encore les règles qu'il en donne sont-elles en si petit nombre, qu'on n'en peut recueillir qu'un fruit très-médiocre. Une preuve certaine qu'il n'est pas arrivé à son point de perfection, c'est que les poëtes de cette nation, même les plus applaudis, ne songent ni à observer le repos dans les hémistiches, ni à éviter les enjambemens. Ils en font de si sensibles, que le vers finit quelquefois par un *car*, ou par un adjectif, dont le substantif se trouve au commencement du vers qui suit.

## CATS.

Le seul Cats, grand pensionnaire de Hollande, a évité les défauts que l'on reproche aux poëtes de son pays. Ses vers sont aisés, coulans, bien cadencés, sa diction pure et naturelle, ses pensées fines et délicates, ses descriptions exactes et agréables. Le genre où il est le plus original, c'est dans ses historiettes, ou petits romans en vers, dont il a tiré les sujets de l'histoire ou de la fable. Il auroit bien fait, sans doute, de ne choisir que des matières profanes, et de ne point altérer, par des fictions poétiques, des événemens consacrés dans la Bible.

## ANTONIDES.

Antonides a chanté la gloire d'Amsterdam dans une fiction ingénieuse; et Rotgans a écrit la vie du roi Guillaume, avec tous les ornemens de la poésie épique. Ils ont personnifié les vertus et les vices, et les ont introduits dans leurs vers d'une manière noble et majestueuse. Le Typhon et le Virgile travestis ont été imités par un certain Focquembrock, qui n'a pris que le plan du poëte Français, pour suivre, dans ses expressions, son propre génie, et le goût de ses lecteurs. Un autre, nommé Rusting, a eu tous les talens imaginables pour cette poésie bouffonne;

mais il y mêla un si grand nombre de termes indécens et obscènes, qu'il surpassa la licence des anciens qui ont écrit avec le plus de liberté.

## VONDEL.

Les satires de Vondel, qui regardent les ministres de la religion dominante, ne sont qu'un amas d'injures grossières et triviales, inspirées par une muse harengère. Barlæus, en parlant de sa traduction de l'Enéide, a dit que « Virgile y paroît sans vie, sans » moelle, et les reins rompus. » Ce poëte mourut en 1679, âgé de quatre-vingt-onze ans. Il négligea sa fortune pour les muses, qui lui procurèrent plus de chagrin que de gloire.

## GUILLAUME DE HAREN.

Les *Aventures de Friso, Roi des Gangarides*, poëme en dix chants, ont eu et devoient avoir un grand succès en Hollande. C'est de Friso que la Frise a pris son nom. L'action principale n'a point d'unité, ce qui suffit aux yeux des connoisseurs pour exclure l'ouvrage du rang des poëmes épiques:

mais on ne sauroit lui refuser une place très-distinguée parmi les poëmes simplement héroïques, quoique Friso n'excite point assez d'intérêt, et qu'il soit souvent effacé par Teuphis, le Roi de Taprobane, Orsine, Alexandre, etc. Il y règne une imagination forte sans écarts, des sentimens élevés sans enflure : on y voit que l'auteur a tiré un grand parti des meilleurs écrivains de l'antiquité.

La traduction de ce poëme, faite sur la seconde édition de l'original, par M. Jansen, et publiée à Paris en 1785, 2 vol. in-8°., est un vrai présent pour la littérature française.

L'auteur des *Aventures de Friso*, étoit un homme du mérite le plus distingué. Voltaire lui adressa autrefois trois belles stances, dont la première commence par ce vers :

Démosthène au Conseil, et Pindare au Parnasse.

Quelques poésies du même auteur terminent le deuxième volume de la traduction des Aventures de Friso; ce sont : 1°. Un Eloge de la Paix, en trois chants;

2°. Léonidas, tiré du septième livre d'Hérodote;

3°. Cinq odes, dont une adressée à Marie-Thérèse, reine de Hongrie : ces pièces ne déparent point le poëme qui les précède.

## LES CHINOIS.

On pourra prendre aussi une idée de la poésie chinoise, dans une espèce de roman, traduit par M. Eidous, sous ce titre : *Hau-Kiou-choan*, Histoire Chinoise, à Lyon, 1766, en quatre parties in-12. Il y a divers morceaux traduits d'après les poëtes de la Chine. On y trouve de l'enthousiasme, de l'imagination, de l'allégorie, des figures qui rendent le style plus animé; mais il n'y a ni majesté, ni régularité, ni bienséance. L'imagination chinoise ressemble beaucoup à celle des Orientaux, et n'en vaut pas mieux.

FIN DU TOME PREMIER.

# TABLE

## DES CHAPITRES ET SOMMAIRES

## DU PREMIER VOLUME.

| | | | |
|---|---|---|---|
| Discours *préliminaire.* pag. | j | Eschyle. pag. | 29 |
| CHAPITRE Ier. *Poëtes anciens.* | 1 | Sophocle. | 31 |
| | | Trad. *Le P. Brumoy.* | ib. |
| § Ier. *De la poésie en général.* | ib. | *Dupuy.* | 32 |
| Poëmes épiques grecs. | 4 | *De Rochefort.* | ib. |
| Homère. | ib. | Euripide. | ib. |
| Trad. Mad. *Dacier.* | 12 | Trad. M. *Prévost.* | 33 |
| M. *Bitaubé.* | 13 | Poëtes comiques. | ib. |
| M. *Gin.* | 14 | Aristophane. | ib. |
| *La Motte.* | ib. | Trad. *Le P. Brumoy, Lefranc de Pompignan, M. la Porte Dutheil et autres.* | 35 |
| *De Rochefort.* | 19 | | |
| M. *Le Brun.* | 20 | | |
| *Fénélon.* | 21 | Mad. *Dacier; Boivin.* | 38 |
| Quintus de Smyrne. | ib. | *Poinsinet de Sivry.* | 39 |
| Trad. M. *Tourlet.* | 22 | Poëtes lyriques grecs. | 40 |
| Musée. | ib. | Sapho. | ib. |
| Trad. MM. *Moutonnet de Clairfons, la Porte Dutheil et Gail.* | 25 | Anacréon. | ib. |
| | | Trad. *Remi Belleau.* | 42 |
| | | Mad. *Dacier et autres.* | ib. |
| Hésiode. | ib. | *Gacon.* | 43 |
| Trad. *Bergier.* | 26 | *Poinsinet de Sivry.* | 44 |
| Apollonius de Rhodes. | 27 | M. *Moutonnet de Clairfons.* | ib. |
| Trad. M. *Caussin.* | 29 | M. *Anson.* | 45 |
| Poëtes dramatiques grecs. | ib. | M. *Gail.* | ib. |
| Thespis. | ib. | M. *la Chabeaussière.* | 46 |

| | | | |
|---|---|---|---|
| Pindare. | pag. 47 | Virgile. | pag. 73 |
| Trad. *De Sozzi.* | 48 | Trad. *Marolles, Martignac.* | 81 |
| *Chabanon.* | 49 | *Catrou.* | ib. |
| *Vauvilliers.* | ib. | *Fabre, Saint-Remy.* | 83 |
| M. *Gin.* | ib. | *L'abbé Desfontaines.* | 84 |
| Poëtes bucoliques grecs. | 50 | M. *Binet.* | 86 |
| Théocrite, Bion et Moschus. | ib. | *Segrais.* | ib. |
| Trad. *Longepierre.* | 51 | M. *Delille.* | 87 |
| *Poinsinet de Sivry,* M. *Moutonnet de Clairfons.* | 52 | *Richer, Laroche.* | 90 |
| | | *Gresset.* | ib. |
| M. *Gail.* | ib. | M. *Tissot.* | 91 |
| M. *Geoffroy.* | ib. | MM. *de Langeac et F. Didot.* | ib. |
| Callimaque. | 53 | *Lefranc de Pompignan.* | 93 |
| Trad. M. *la Porte Dutheil.* | 54 | M. *Raux.* | ib. |
| Esope. | ib. | M. *Cournand.* | 94 |
| Trad. MM. *de Rochefort et Gail.* | 55 | M. *Dautroche.* | ib. |
| | | M. *Gaston.* | 95 |
| § II. Des poëtes latins anciens. | ib. | M. *Dufour.* | ib. |
| Plaute. | 56 | *Scarron.* | ib. |
| Trad. Mad. *Dacier.* | 57 | M. *Vicaire.* | 96 |
| *Limiers.* | ib. | Horace. | 98 |
| *Gueudeville.* | 58 | Trad. *Dacier.* | 102 |
| M. *Dottéville.* | 59 | Le P. *Tarteron.* | 104 |
| Térence. | 60 | Le P. *Sanadon.* | ib. |
| Trad. Mad. *Dacier.* | 61 | *L'abbé Batteux.* | 106 |
| *Sacy et Martignac.* | 62 | M. *Binet.* | 107 |
| *L'abbé Lemonnier.* | ib. | *L'abbé Pellegrin.* | ib. |
| Lucrèce. | 64 | M. *Daru.* | 108 |
| Trad. *Panckoucke.* | 67 | M. *le Fèvre de la Roche.* | ib. |
| *Lagrange.* | 68 | Ovide. | 109 |
| *Le Blanc.* | ib. | Trad. *Bannier.* | 112 |
| Catulle. | 69 | M. *Dubois-Fontanelle.* | 113 |
| Trad. *Marolles, la Chapelle.* | 70 | *Malfilastre.* | 115 |
| *De Pezay.* | 71 | Thomas Corneille. | ib. |
| M. *Noel.* | 72 | M. *De Saint-Ange.* | ib. |
| Publius Syrus. | ib. | *Meziriac.* | 116 |
| Trad. *de Sérionne.* | ib. | *L'abbé de Marolles et Kervillars.* | |

| | | | |
|---|---|---|---|
| villars. | pag. 117 | Dujardin. | pag. 150 |
| Bayeux. | 119 | M. Durand. | 151 |
| M. De Saint-Ange. | ib. | Marolles et Bouhier. | ib. |
| Le P. Kervillars. | ib. | M. de Guerle. | 152 |
| Martignac. | 121 | Martial. | ib. |
| M. Poncelin. | ib. | Trad. de Marolles. | 155 |
| D'Assouci. | 122 | Stace. | 156 |
| Benserade. | 123 | Trad. M. l'abbé Cormilliole. | 157 |
| Tibulle et Properce. | ib. | M. de la Tour. | 158 |
| Trad. L'abbé de Marolles. | 125 | Silius Italicus. | ib. |
| La Chapelle. | 126 | Trad. M. Lefebvre de Ville- | |
| Moyvre. | ib. | brune. | 159 |
| M. l'abbé Delongchamps. | 128 | Valerius Flaccus. | ib. |
| Le comte de Mirabeau. | 130 | Claudien. | 160 |
| Phèdre. | ib. | Trad. M. de la Tour. | 162 |
| Trad. Denise. | 131 | Némésien et Calpurnius. | ib. |
| De Sacy. | 132 | Trad. M. de la Tour. | 163 |
| MM. Lallemant et Gail. | ib. | Ausone. | 164 |
| Perse. | 133 | Trad. Saubert. | ib. |
| Trad. Lenoble. | ib. | Manilius. | ib. |
| Tarteron. | 134 | Trad. le P. Pingré. | 165 |
| Lemonnier et Selis. | 135 | Saint Prosper. | ib. |
| Juvenal. | ib. | Trad. Sacy. | 166 |
| Trad. Tarteron. | 136 | § III. Poëtes latins modernes. | 167 |
| Dusaulx. | 137 | Vida. | ib. |
| M. Dubois la Molignières. | 138 | Trad. MM. Batteux et Crignon. | 168 |
| Lucain. | ib. | Jean second. | 169 |
| Trad. Marolles, Brébeuf. | 142 | Trad. M. Moutonnet et le | |
| M. Billecocq. | ib. | comte de Mirabeau. | ib. |
| Masson et Marmontel. | ib. | MM. Heu et Tissot. | 170 |
| Le chevalier de Laurès. | 144 | Théodore de Bèze. | ib. |
| La Harpe. | 145 | Muret. | 171 |
| Sénèque. | ib. | Trad. M. François de Neuf- | |
| Trad. M. Coupé. | 146 | château. | 172 |
| Pétrone. | 147 | Bonnefons. | ib |
| Trad. Nodot. | 149 | Sidronius Hosschius. | ib. |
| Lavaur. | 150 | Le P. Sarbiewski. | 174 |

TOME I.

458 TABLE

| | | | |
|---|---|---|---|
| Dufresnoy. | pag. 175 | L'Arioste. | pag. 213 |
| Trad. *de Piles et Renou.* | 176 et 177 | Trad. *Mirabaud.* | 214 |
| Le P. Sautel. | ib. | Le comte de Tressan. | 215 |
| Masénius. | 179 | Panckoucke et M. *Framery.* | ib. |
| Quillet. | 180 | Théophile Folengo. | 216 |
| Trad. *D'Egly et Caillau.* | | Trissin. | 220 |
| Le P. Rapin. | 181 | Le Tasse. | 221 |
| Trad. *Gazon-Dourxigné* et MM. *Voiron et Gabiot.* | 183 | Trad. *Mirabaud.* | 223 |
| | | M. Le Brun. | 225 |
| Le P. Commire. | ib. | M. Clément. | 226 |
| Santeuil. | 184 | La Harpe. | ib. |
| Huet. | 186 | M. Baour Lormian. | ib. |
| Fraguier. | ib. | Marin. | 227 |
| Massieu. | 187 | Trad. *Fréron.* | 228 |
| La Monnoie. | 188 | Tassoni. | ib. |
| L'abbé d'Olivet. | ib. | Trad. *Pierre Perrault.* | 231 |
| Le P. de la Rue. | 190 | De Cedors. | ib. |
| Polignac. | ib. | M. Creusé de Lesser. | 233 |
| Trad. *de Bougainville.* | 191 | Fortiguerra. | ib. |
| Vanière. | 192 | Trad. *Dumourier.* | 235 |
| Trad. *Berland.* | ib. | Le duc de Nivernois. | 236 |
| Le P. Sanadon. | 196 | Poëtes épiques Espagnols et Portugais. | ib. |
| Le P. Brumoy. | 197 | | |
| L'abbé de Marsy. | 198 | Alonzo d'Ercilla. | ib. |
| Trad. *de Querlon.* | 199 | Le Camoens. | 239 |
| Le P. Doissin. | 200 | Trad. *Duperron de Castera, d'Hermilly et la Harpe.* | 242 |
| Le P. Desbillons. | 203 | | |
| Chap. II. *Des poëtes étrangers.* | 206 | Poëtes épiques : les Anglais et les Ecossais. | 244 |
| § Ier. *Poëtes épiques : les Italiens.* | ib. | | |
| | | Milton. | ib. |
| Le Dante. | ib. | Trad. *Dupré de Saint Maur.* | 249 |
| Trad. *Le comte d'Estouteville.* | 208 | Racine. | 250 |
| M. *Moutonnet de Clairfons.* | ib. | M. Mosneron. | 251 |
| Le comte de Rivarol. | 209 | Mde. du Bocage. | 252 |
| Le Pulci. | ib. | M. Beaulaton. | ib. |
| Boiardo. | 211 | M. Delille. | ib. |
| Trad. *Le Sage.* | 212 | Samuël Butler. | 255 |

| | |
|---|---|
| Trad. *Tonnelay*. pag. 259 | Trad. *Pecquet, l'Esculopier et* |
| Garth. 260 | M. *Choiseul Meuse.* pag. 293 |
| Pope. 261 | Guarini. 294 |
| Trad. *De Silhouette, Duresnel,* | Trad. *Torche et Pecquet.* 297 |
| *Marmontel et autres.* ib. | Bonarelli. 298 |
| Glover. 268 | Trad. *Dubois de Saint-Gelais* |
| Trad. *Bertrand.* 269 | *et l'abbé Torche.* 299 |
| Ossian. ib. | Apostolo-Zeno. 300 |
| Trad. M. *Baour Lormian.* 270 | Trad. *Bouchaud.* 302 |
| M. *Arbaud de Jouques.* 271 | Metastasio. 303 |
| Letourneur. ib. | Trad. *Richelet.* 307 |
| La Baume. ib. | Maffei. 309 |
| Poëtes épiques: les Allemands. 272 | Trad. *Fréret et un anonime.* ib. |
| M. Zacharie. ib. | Gorini. 310 |
| Trad. *La Grange de Montpellier,* | Goldoni. 311 |
| *et* M. *Mentelle.* 274 | Alfieri. 313 |
| Wiéland. 275 | Trad. M. *Petitot.* 314 |
| Trad. *d'Ussieux, de Boaton,* | Poëtes dramatiques : les Es- |
| *de Borch;* MM. *Pernay et* | pagnols. ib. |
| *d'Holbac fils.* 276 et 277 | Lopé de Vega. ib. |
| M. Voss. 277 | Michel Cervantes. 316 |
| Gessner. 279 | Calderon. 317 |
| Trad. *Huber et autres.* 282 | Thomas de Yriarte. 318 |
| Klopstock. 284 | Trad. *Le Sage.* 319 |
| Trad. *Junker, d'Anthelmy et* | Linguet. 320 |
| *un anonime.* 285 | Castera. 321 |
| M. *Petit-Pierre.* ib. | Poëtes dramatiques: les Por- |
| Mde. de Kourzroch. ib. | tugais. 322 |
| Goethe. 286 | Poëtes dramatiques : les An- |
| Trad. M. *Bitaubé.* 287 | glais. 324 |
| Poëtes épiques : les Chinois. | Shakespeare. ib. |
| Kien Long. 288 | Trad. *Laplace, le Tourneur,* |
| Trad. *Le P. Amiot.* ib. | M. *Hennet.* 326 |
| Poëtes dramatiques : les Ita- | Dryden. 327 |
| liens. 291 | Otway. ib. |
| Le Trissin. ib. | Wicherley. 328 |
| Le Tasse. 292 | Gay. ib. |

| | | | |
|---|---|---|---|
| Congréve. | pag. 329 | Italiens. | pag. 365 |
| Farquhar. | 330 | Pétrarque. | ib. |
| Stéele. | 331 | Trad. *L'abbé de Sade.* | 368 |
| Denham. | 332 | M. *Levesque.* | ib. |
| Addisson. | ib. | M. *l'abbé Arnavon.* | 369 |
| Trad. *Laplace.* | 336 | Ruccellay. | 370 |
| *Patu* et Mde. *Riccoboni.* | 338 | Sannazar. | ib. |
| *La baronne de Wasse.* | ib. | Trad. *Pecquet.* | 372 |
| *Poëtes dramatiques : les Allemands.* | 341 | Le Berni. | ib. |
| | | Anguillara. | ib. |
| Gottsched. | ib. | Marchetti. | 373 |
| Lessing. | 342 | Algarotti. | 374 |
| Schiller. | 343 | Dotti. | ib. |
| M. Kotzebue. | 346 | Parini. | 375 |
| M. Ifland. | 347 | Casti. | 376 |
| Trad. *Junker, Liébault, Friedel* et M. *Bonneville.* | ib. | Les Espagnols: | 378 |
| | | Thomas de Yriarte. | 383 |
| M. *La Martellière.* | 349 | Les Portugais. | 384 |
| *Poëtes dramatiques : les Hollandais.* | 350 | Les Anglais. | 386 |
| | | Chaucer. | ib. |
| Vondel. | ib. | Spenser. | 388 |
| Antonides. | 355 | Cowley. | 389 |
| Feith. | ib. | Waller. | 391 |
| Catherine Lescaille. | ib. | Dryden. | 392 |
| Mde. de Winter. | ib. | Pomfret. | 395 |
| *Poëtes dramatiq. : les Danois.* | 358 | Prior. | 396 |
| Holberg. | ib. | Parnell. | 397 |
| Trad. *Fursman.* | ib. | Miladi Montagu. | 398 |
| *Poëtes dramatiq. : les Russes.* | 359 | Savage. | ib. |
| Rostowsky. | ib. | Walsh. | 399 |
| Sumarokow. | 361 | Gay. | 400 |
| Lomonosow. | 362 | Pope. | 401 |
| Trad. MM. *Pappado Poulo* et *Gallet.* | ib. | Swift. | 412 |
| | | Wilmot. | 414 |
| *Poëtes dramatiques : les chinois.* | 364 | Philips. | 415 |
| | | Thompson. | 416 |
| § III. *Autres poëtes : les* | | Trad. Mde. *Bontemps.* | 418 |

| | | | |
|---|---|---|---|
| M. *Deleuze*. | pag. 418 | Zacharie. | pag. 438 |
| M. *Frémin-Beaumont*. | 419 | Trad. *Un anon. et Alleaume*. | ib. |
| Young. | 420 | Gessner. | 439 |
| Trad. *Letourneur et autres*. | 421 | Trad. *Huber, Turgot, de Loirelle*, M. *Meister*. | 440 |
| Hervey. | 424 | | |
| Trad. *Le Tourneur*. | 425 | Thummel. | 441 |
| Gray. | ib. | Trad. *Huber*. | ib. |
| Trad. M. *Lemière*. | 426 | M. Jacobi. | 442 |
| Goldsmith. | ib. | Auteurs divers. | 443 |
| Trad. MM. *Monvel et Hennequin*. | ib. | Trad. *Huber*. | ib. |
| | | M. *Cabanis*. | 447 |
| Darwin. | 427 | Lessing. | 448 |
| Trad. M. *Deleuze*. | 428 | Trad. *D'Antelmy*. | ib. |
| Trad. *des poëtes Anglais*. | 429 | Les Hollandais. | 449 |
| L'abbé *Yart*. | ib. | Cats. | 450 |
| M. Hennet. | 431 | Antonides. | 451 |
| Les *Allemands*. | ib. | Vondel. | 452 |
| Gellert. | 435 | Guillaume de Haren. | ib. |
| Trad. *Toussaint*. | ib. | Trad. M. *Jansen*. | 453 |
| Haller. | ib. | Les *Chinois*. | 454 |
| Trad. *Tscharner*. | ib. | | |

# FIN DE LA TABLE DU TOME PREMIER.

www.ingramcontent.com/pod-product-compliance
Lightning Source LLC
Chambersburg PA
CBHW050248230426
43664CB00012B/1870